Misoginia na internet

FÓSFORO

MARIANA VALENTE

Misoginia na internet

Uma década de disputas por direitos

Misoginia, direito e tecnologia

Em 2002, começaram a circular entre estudantes e professores da Fundação Getulio Vargas e-mails com fotografias feitas na "Giovanna", festa organizada pelo diretório acadêmico da instituição. As fotos foram também publicadas em sites de autoria desconhecida e enviadas a funcionários de bancos — onde as pessoas retratadas poderiam potencialmente um dia trabalhar. Eram imagens tiradas por câmeras escondidas, localizadas em "cafofos", áreas reservadas e fechadas do espaço da festa, onde casais trocavam intimidades.[1] A história circulou entre os internautas — que, naquele ano, eram apenas 7% da população brasileira —[2] enquanto baixavam MP3 e conversavam pelo ICQ.[3]

Em 2005 começou uma saga de muitos anos que a jornalista Rose Leonel enfrentaria, depois de ter imagens íntimas — algumas verdadeiras, outras montagens — enviadas por seu ex-namorado, Eduardo Gonçalves da Silva, a amigos, família e contatos de trabalho. Depois do disparo das fotografias, ela começou a receber ligações de homens, que ora ironizavam, ora perguntavam quanto cobrava por programa: Eduardo havia incluído os números de telefone dela nos e-mails. Leonel era muito conhecida, porque comandava um programa de televisão na cidade de Maringá, no Paraná. A emissora em que trabalhava passou a receber ligações pedindo sua demissão. Em dois meses ela estava desempregada, e nunca se reergueria ao mesmo patamar profissional; algum tempo depois, seu filho se mudou com o pai para a Europa, fugindo da perseguição. A jornalista moveu quatro processos judiciais, e em 2010 Eduardo foi condenado à prisão por quase dois anos.[4]

Doze anos depois da festa Giovanna, em 2014, o Tribunal de Justiça do Estado de São Paulo condenou o Diretório Acadêmico da FGV a pagar uma indenização no valor de 50 mil reais a uma das estudantes, que havia sido fotografada sem consentimento em cenas íntimas com o namorado. O namorado não fez parte do processo, que correu em segredo de justiça.[5]

Quando comecei a pesquisar violência de gênero na internet, em 2014, as imagens sexuais ainda eram a primeira coisa que aparecia em uma busca simples pelo nome de Rose Leonel na internet. Não é mais o caso hoje, embora ainda seja possível encontrá-las. De lá para cá, o que mudou?

Para responder a essa pergunta, este livro propõe reconstruir uma década de discussão de enfrentamento à misoginia na internet no Brasil — de 2012 a 2022. Ao longo desses dez anos, passou-se do não reconhecimento público do problema a um debate que dá conta da dimensão de gênero em muitas violências que ocorrem on-line, e que se espraia por grupos e organizações de diversos campos sociais e localidades. Ao longo dos capítulos, dialogo com outros campos das ciências humanas e das humanidades, mas são as leis que foram aprovadas desde 2012 que organizam o caminho. Essas leis tanto marcam a transformação das preocupações que ganharam o debate público ao longo do tempo como são instrumentos concretos de produção de outros significados e limites. Como pesquisadora no campo do direito e ativista feminista, acompanhei essa história com afinco por toda essa década.

Entretanto, a dimensão jurídica é apenas uma das possibilidades de enfrentamento à misoginia, e ela encerra muitas contradições. Espero que a leitura deste livro contribua para a compreensão da complexidade do problema da misoginia na internet e das disputas sociais travadas pelo direito, além da experiência brasileira nessa interseção. E que, com isso, mais pessoas se interessem e se envolvam no debate, bem como construam novas pontes para outras faces do problema e de seu enfrentamento.

Muitos dados que trago aqui são fruto de pesquisas desenvolvidas coletivamente com várias pesquisadoras no InternetLab, organização independente de pesquisa em que atuo desde a fundação, em 2014, e da qual sou associada e diretora; outros são de produções de pesquisadoras brasileiras e estrangeiras, que vêm construindo um verdadeiro campo vibrante e diverso de pesquisa e atuação em gênero e tecnologia. O diálogo com mulheres de diferentes trajetórias, identidades e variadas formas de atuação foi o mais fundamental na nossa pesquisa em todos esses anos. Pessoalmente, como mulher branca à frente de uma organização de pesquisa em direito e tecnologia há dez anos, tenho inúmeras histórias para contar sobre como o machismo permeia nosso campo, do trabalho no dia a dia à dificuldade de posicionar as pautas de gênero dentro de discussões de regulação e governança de internet. Sei também das minhas limitações para conhecer o racismo e outras discriminações que não experiencio e que são igualmente estruturantes, e, como professora de direito na Suíça desde mais recentemente, começo a compreender a fundo outros desafios e contradições de posição e identidade. Qualquer escrita é uma escrita em primeira pessoa, e busco nestas páginas essa sinceridade e fidelidade tanto às construções coletivas quanto às diferenças. Desejo que essa reconstrução faça jus às poderosas trocas que estabelecemos nesse caminho.

Ao longo do tempo, trabalhamos com conceitos como violência de gênero on-line, discurso de ódio, violência baseada em imagem e violência política. Assim, a escolha de abordagem pelas lentes do conceito de misoginia não é trivial. Então, o que é misoginia? E por que a escolha desse conceito-guia?

O objetivo deste livro é justamente fazer uma reconstrução sistemática dos debates sociais e jurídicos sobre misoginia no Brasil no período entre 2012 e 2022, compreendendo que a internet e os conflitos em torno dela foram catalisadores desse debate. Ainda assim, uma exploração conceitual inicial ajuda. No livro *Down Girl: The Logic of Misogyny* [Garota deprimida: a lógica da misoginia], a professora de filosofia Kate Manne oferece alguns caminhos preciosos. Ela rejeita uma visão comum, "ingênua", de misoginia como uma característica de agentes individuais que tendem a sentir ódio, hostilidade ou emoções afins (associadas, por exemplo, a nojo, medo, desprezo) por mulheres simplesmente por serem mulheres.[6] A rejeição dela vem do fato de que, primeiro, essa atitude com relação a *todas* as mulheres, e não a *algumas* em particular, é muito difícil de identificar. Os motivos por trás das atitudes de uma pessoa são inacessíveis (a não ser ao terapeuta dela, e olhe lá), o que limita a compreensão do fenômeno e, em última instância, silencia as vítimas. Segundo, porque é um modo de ver meramente psicologizante e que não dá conta da natureza política do fenômeno. O conceito de misoginia de Manne é o de um "sistema que opera dentro de uma ordem social patriarcal para vigiar e fazer valer a subordinação das mulheres e para manter a dominância masculina".[7]

Nessa definição há dois aspectos fundamentais: misoginia como característica de sistemas sociais, ou seja, aqueles em que a subordinação de mulheres, ou da maioria delas, encontra amplo acolhimento na cultura, nos valores e nas instituições; e como hostilidade sofrida por mulheres que, em um mundo que favorece homens, não cumprem padrões esperados, por exemplo, não sendo subordinadas, atenciosas e amorosas. A violação desse papel por mulheres percebidas como insubordinadas, negligentes, "fora de ordem"[8] pode gerar essa hostilidade seletiva.

Portanto, falar de misoginia é escolher a lente dessa expressão da diferença, ciente de que é preciso compreender como ela se dá nos mais variados contextos. Isso tem a ver com algo que Kate Manne também reconhece: subordinação não é necessariamente *sucesso* na produção de posições subordinadas, mas *tendência*.[9] Por exemplo, há mulheres que não sentem insegurança e são muito bem-sucedidas, mesmo que a tendência seja as pessoas questionarem mais as mulheres que os homens e isso frequentemente gerar autoquestionamento, mesmo que tanto a cultura quanto as instituições e redes de apoio falhas tornem mais difícil a vida profissional de mulheres, particularmente as que são mães. Pode ser também que, de modo concreto, as atitudes misóginas sejam malsucedidas — por exemplo, uma mulher não se sente afetada por comentários que diminuem seu intelecto. Por fim, nas interseções de poder envolvendo outras diferenças — raça, etnicidade, classe, sexualidade, identidade sexual —, as subordinações podem ser mais complexas. A mulher branca, rica e do Sudeste, herdeira ou profissional de sucesso, em várias situações, terá mais poder que um homem mais pobre, negro, do Nordeste, que exerça atividade profissional menos prestigiada socialmente. Nada disso elimina que a misoginia exista como tendência e com produção de consequências concretas. Caso contrário, só poderíamos falar de misoginia se encontrássemos uma realidade homogênea, uma simplicidade que não condiz com a forma como as relações sociais se desenvolvem.

Isso aponta também para o princípio inegociável do qual parto neste livro, de que não existe só uma forma de ser mulher, e que o modo como diferentes mulheres são afetadas por violências varia de acordo com determinadas características, que, por sua vez, são afetadas por diferentes sistemas de poder. Como lembram Patricia Hill Collins[10] e Sueli Carneiro,[11] "a liberdade é indivisível". Ideias de interseccionalidade (ainda que sem essa alcunha) nasceram nas práticas de movimentos sociais e na luta política de mulheres no Brasil e nos Estados Unidos, e ganharam uma tradução imperfeita na academia, em projetos descritivos que perderam a dimensão da política emancipatória.[12] Um projeto que se afirma interseccional, como este se esforça em ser, precisa adotar uma estratégia analítica que dê novos ângulos de visão sobre um fenômeno social e também uma práxis crítica, com o horizonte de desmantelar de injustiças sociais de raça, classe, gênero e sexualidade.[13] A busca dessa perspectiva crítica com senso de responsabilidade é o norte que orienta este trabalho.

Há ainda algumas diferenciações conceituais importantes para seguirmos. Kate Manne separa misoginia de sexismo (ou machismo): se a misoginia é um sistema de vigiar e fazer valer a subordinação das mulheres, sexismo seria o ramo justificatório dessa hierarquização, um modo de racionalizá-la.[14] No mundo ocidental,* uma das características bastante contrastantes do machismo é a naturalização da diferença entre gênero e sexo, ou seja, fazer parecer que diferenças sociais fazem parte da nature-

* Aqui uma observação: seria equivocado compreender o Brasil como parte do contexto ocidental, mas, como país colonizado, operam no nosso contexto vários regimes simbólicos ocidentais de origem europeia, desafiados e transformados particularmente pelos saberes originários e dos povos africanos. Nesse sentido, Lélia Gonzalez discute as formações inconscientes brancas e europeias no Brasil, que denegam as origens e nossa *amefricanidade*. Ver Lélia Gonzalez, *Por um feminismo afro-latino-americano*. Rio de Janeiro: Zahar, 2020.

za, da biologia das coisas por meio de alegações que não são nem poderiam ser provadas, ou mesmo que contrariam argumentos científicos. A misoginia é o sistema de fazer valer as normas sociais ou expectativas quanto a gênero. Nas palavras de Manne, "o sexismo usa jaleco; a misoginia faz a caça às bruxas".[15]

Para tanto, os métodos da misoginia são vários, entre eles a chamada violência de gênero. A violência de gênero é uma fatia da misoginia, mas tem ganhado mais expressão no debate público, aconteça ela off-line ou on-line, porque a misoginia em si ainda não integrou completamente as discussões sociais e o vocabulário jurídico — muitas pessoas ainda não conhecem o termo. Além disso, é mais fácil relacionar a violência com o direito, como também discutiremos neste livro. Reduzir o problema da misoginia à violência, no entanto, é limitante. Então é preciso expandir o debate para dar conta do fenômeno. Falarei bastante de violência para que possamos, à frente, retomar a misoginia. Afinal, como tratarei adiante, abaixo da superfície, violência é mais controverso que parece.

E por que restringir a abordagem à violência na internet? Até pelo menos o meio da década de 2010, não era sequer cogitado que um ato on-line pudesse ser qualificado como violência. Em novembro de 2015, uma equipe de estudantes da Unicamp que fazia um documentário me entrevistou junto com a pesquisadora Natália Neris, no InternetLab, quando investigávamos o enfrentamento jurídico à disseminação on-line não consentida de imagens íntimas — o chamado *revenge porn*.[16] Na época, as estudantes ficaram surpresas com o fato de usarmos a palavra violência de forma reiterada — algo que, elas disseram, os outros entrevistados não haviam feito. Ao receber esse retorno, ficou claro para nós que nomear essas práticas como violência constitui uma espécie de *statement*; uma afirmação forte e, como veremos, performativa.[17]

Em um momento em que a internet e o que acontece nela são uma preocupação central da sociedade brasileira, particularmente nos debates sobre o papel das tecnologias digitais na democracia, no debate público, na integração social e no exercício de direitos, é fundamental buscar entender como as diferenças de gênero encontram expressão nesse espaço, e quais vêm sendo as batalhas travadas para a igualdade e a liberdade das mulheres nele. Como veremos ao longo deste livro, os conceitos sociais e jurídicos de misoginia vêm sendo definidos no Brasil a partir do contexto e de grandes disputas. Não se chega nunca a um lugar definitivo; ao final, mostro onde essa construção já nos trouxe e para onde ela pode nos levar ainda.

VIOLÊNCIA DE GÊNERO E OS DEBATES DE GOVERNANÇA DA INTERNET

Se pelos idos de 2013 e 2015 nomear um ato on-line como violência era questionado, tratar de questões de gênero e raça em espaços onde se debatem políticas de internet era ainda mais difícil. Houve sempre quem o fizesse: um exemplo notável é a Association for Progressive Communications (APC, Associação de Comunicações Progressistas), uma rede internacional de organizações da sociedade civil que foi fundada em 1990 com uma missão ligada a temas de justiça no campo das tecnologias de comunicação e informação. A APC tem programas de apoio aos direitos das mulheres desde o início daquela década, e participou inclusive da Conferência Mundial sobre a Mulher de Beijing, em 1995. É uma instituição que vem pautando questões de gênero nos espaços onde se discute internet, e, por isso, sua história se confunde com a história mais ampla do tema.

No Internet Governance Forum (IGF, Fórum de Governança da Internet) da ONU, encontro que acontece anualmente desde 2006 com o objetivo de desenvolver recomendações a partir de discussões multissetoriais (governo, setor privado, sociedade civil e comunidade técnica),[18] os debates sobre gênero ganharam devagar algum espaço. Já no encontro de 2009 houve registros de demandas lideradas pela APC e outras organizações para que os encontros seguintes promovessem explicitamente uma abordagem de direitos e a presença e formação de mulheres nos espaços, por meio de uma "coalizão dinâmica de gênero".[19] O assunto foi ampliando seu campo ao longo dos anos, mas com muitos percalços. Em 2014, violência de gênero on-line foi um tema eleito para ser trabalhado entre as sessões, em um mecanismo chamado Best Practices Forum. Em 2015, no IGF que ocorreu em João Pessoa, no Brasil, o Best Practices Forum apresentou então uma pesquisa feita a partir de múltiplas metodologias.* Antes do encontro, as organizadoras, várias ligadas à APC, prepararam uma campanha no Twitter com a hashtag #TakeBacktheTech, ou, em português, algo como "retomemos a tecnologia". Era uma campanha ligada a um projeto muito mais antigo da APC, fundado em 2006, para conectar o tema da violência on-line com as ações antiviolência já realizadas por organizações de mulheres. A referência é explícita às marchas Take Back the Night, sobre violência contra mulheres nas ruas.[20] A campanha on-line de 2016 recebeu muita atenção — mais de 25 mil tweets —, mas não pelo objetivo planejado: a campanha sofreu um ataque coordenado por opositores com mensagens críticas e, o que era muito mais preocupante, com

* Parte desse relato é de uma experiência em primeira pessoa, já que participei da mesa que debateu os resultados dessa iniciativa e a violência de gênero na internet em geral.

imagens de mulheres violentadas física e sexualmente, além de ameaças públicas ou nos e-mails pessoais das organizadoras.[21] Alguns dos opositores se diziam associados ao episódio #Gamergate, uma conhecida campanha de assédio virtual que ocorreu entre 2014 e 2015 na comunidade de videogames ("mundo *gamer*").

Um vídeo de YouTube do canal settle4truth, com alguns milhares de visualizações, fez uma investigação a fundo da campanha e da articulação em torno do Best Practices Forum, com trechos das reuniões, dos chats delas, dos relatórios, e informações sobre a APC e as biografias das mulheres envolvidas no processo. Uma voz em tom conspiratório afirma saber tudo sobre os próximos passos da iniciativa, que supostamente pretendia "acabar com a liberdade de expressão na internet para proteger feministas". E vai além: analisando trechos do relatório, critica especificamente a escolha da expressão "*online violence*" em vez de "*abuse*".[22] Emergia ali um argumento de que igualar o que ocorria na internet ao que ocorria fora dela — violência — seria desproporcional e perigoso.

Esse argumento faz sentido? Só é possível pensar violência em termos relacionais. Não é simples definir o que é violência, e são muitas as tentativas de fazê-lo. Um conceito mínimo válido transculturalmente talvez fosse o de *dano físico não legítimo, ou contestável*.[23] Mas autores como a antropóloga Maria Filomena Gregori apontam como, em particular no campo da violência sexual, podem existir fronteiras tênues na definição de violência, "conotada como atos abusivos passíveis de condenação moral, social ou de criminalização" — para além do dano físico, inclusive. O normal e o abusivo são frequentemente ressignificados — o que a autora chama de *limites da sexualidade*.[24] Quando o ambiente digital entra em cena, é de se esperar que essas fronteiras sejam renegociadas.

São de grande auxílio, também, abordagens antropológicas que veem a violência como um enunciado, um ato performativo. A argentina Rita Segato descreve a violência de gênero não apenas como um ato direcionado a um sujeito, mas também como uma expressão que se coloca na relação entre o agressor e seus pares. A dimensão vertical da violência seria a da diferença, do poder hierárquico — expressa por meio das hierarquias de gênero, raça e sexo. A dimensão horizontal seria a de aliança, reconhecimento mútuo e competição — um sinal aos pares de pertencimento. Como o equilíbrio entre esses dois eixos é instável, o pertencimento é reforçado pela violência.[25] A antropóloga social britânica Henrietta Moore, dialogando com a psicologia, vê na violência interpessoal, especialmente aquela relacionada a diferenças de gênero, raça e classe, não a quebra da ordem social, mas sua manutenção (na forma de fantasias de poder e identidade envolvendo essas diferenças).[26] Em outras palavras, nessas interpretações, a violência tem relação íntima com o poder e a diferença.

Claro, existem os "conceitos oficiais" — jurídicos — de violências, e da violência de gênero em particular. No âmbito jurídico internacional, o reconhecimento de que a discriminação e a violência contra a mulher devem ser pautadas vem de tempos. A Cedaw (sigla de The Convention on the Elimination of All Forms of Discrimination against Women, em português: Convenção sobre a Eliminação de Todas as Formas de Discriminação contra a Mulher) foi adotada na ONU em 1979 e promulgada no Brasil em 2002, e obriga os 189 Estados signatários — até 2022 — a incorporar o princípio da igualdade e assegurar a eliminação de atos de discriminação contra mulheres; na Devaw (sigla de Declaration on the Elimination of Violence Against Women, em português: Declaração sobre a Eliminação da Violência Contra as Mulheres) da ONU de 1993, a violência contra as mulheres é definida como qualquer ato de violência baseado no gênero do qual resulte, ou possa resultar, dano ou sofrimento físico, sexual ou psicológico para as mulheres, incluindo as ameaças de tais atos, a coação ou a privação arbitrária de liberdade que ocorra, quer na vida pública, quer na vida privada. No âmbito das Américas, a Convenção de Belém do Pará, de 1994 (Convenção Interamericana para Prevenir, Punir e Erradicar a Violência contra a Mulher), promulgada pelo Brasil em 1996, reafirma a não discriminação e obriga os Estados a prevenir, punir e erradicar a violência contra a mulher, definida como "qualquer ato ou conduta baseada no gênero, que cause morte, dano ou sofrimento físico, sexual ou psicológico à mulher, tanto na esfera pública como na esfera privada". Como seria de se esperar de uma convenção de 1996, não há qualquer menção à esfera virtual ou digital, mas o conceito de violência estabelecido na convenção se aplica evidentemente a esses casos também — se o ato ou a conduta causa dano, sofrimento físico, sexual ou psicológico.

Esse é o debate teórico e internacional, e ele tem uma expressão jurídica. Veremos como ele se deu nacionalmente. A mensagem dos opositores ao evento de João Pessoa era clara: *atos* on-line não deveriam ser tratados como violência. A mesa no IGF terminou sem maiores incidentes. Hoje, é difícil imaginar que haja controvérsia a respeito de a violência on-line ser ou não violência de fato. Ainda temos um grande legado dela, quando se faz a contraposição simplista entre violências on-line e liberdade de expressão, e quando se ataca sistematicamente o trabalho de justiça de gênero em espaços de debate de políticas de internet. Mas vale lembrar que essa visão de um mundo digital separado do real vem de uma herança mais longa, e foi muito popular nos anos 1990. Naquele momento, ideias tecnodeterministas sobre como a internet era um mundo à parte — e superior — dominaram uma parte importante das discussões sobre tecnologia, de teorizações sobre cibercultura (como em Pierre Lévy)[27] a ideias contundentes sobre a independência e falta de possibilidade de regulação do ciberespaço (como o famoso manifesto de John Perry Barlow, de 1996).[28] Essa visão ainda encontra expressão em explicações sobre o mundo virtual, mas se sustenta cada vez menos.

O GÊNERO DA TECNOLOGIA E A TECNOLOGIA DO GÊNERO

Em vários campos do conhecimento compreende-se que, nas relações sociais, o on-line e o off-line são um continuum.* Ainda em 2015, fiz parte, com Natália Neris e Lucas Bulgarelli, de um estudo de caso sobre um fenômeno chamado Top 10: as "listas das mais vadias", feitas por adolescentes e circuladas nas redes sociais e em aplicativos de mensagens. Essas listas tinham por objetivo avaliar o comportamento sexual de jovens mulheres em suas escolas e bairros.[29] A mídia começou a escrever sobre o fenômeno quando houve notícia de duas tentativas de suicídio

* Já na década de 2010, trabalhos como os da antropóloga Larissa Pelúcio e do sociólogo Richard Miskolci, ambos estudando diferentes plataformas de relacionamento, apontavam nessa direção: "O fato de estarmos imersas em ambientes on-line não nos isenta de ter um corpo, ao contrário. A criação de um avatar, nossa identidade iconográfica, passa por corporificar-se". Ver: Larissa Pelúcio, "O amor em tempo de aplicativos: notas afetivas e metodológicas sobre pesquisas com mídias digitais". In: Larissa Pelúcio, Heloísa Pait e Thiago Sabatine (Orgs.), *No emaranhado da rede: gênero, sexualidade e mídia; desafios teóricos e metodológicos do presente*. São Paulo: Annablume, 2015; "Minha experiência de pesquisa nesses últimos cinco anos me provou que o campo não tem suas fronteiras delimitadas por um site, assim como precisa compreender a articulação entre on-line e off-line, um contínuo no qual nos inserimos assim como nossos sujeitos de pesquisa". Ver: Richard Miskolci, "Novas conexões: notas teórico-metodológicas para pesquisas sobre o uso de mídias digitais". *Cronos*, v. 12, n. 2, 2011.

na Zona Sul de São Paulo.[30] As listas circulavam pela internet (e, portanto, eram um acontecimento on-line em si), mas extrapolaram esse ambiente, e começaram a aparecer xingamentos às adolescentes em muros próximos a escolas. Algumas das informações passaram a circular entre professores e famílias. As adolescentes passaram a sofrer com problemas que iam muito além do on-line: dificuldade de integração, depressão, até que os casos de tentativa de suicídio foram reportados. As reações de resistência também aconteceram nesse continuum: coletivos como o Mulheres na Luta, no Grajaú, promoveram ações como um grafitaço para cobrir os muros pichados com mensagens feministas, e grupos como o Sementeiras de Direitos, em Parelheiros, promoveram ações educativas com jovens sobre a representação da mulher na mídia — todas com alguma expressão também na internet.[31] Para as adolescentes atravessando o problema, faria pouco sentido distinguir de forma estanque o que acontecia na internet do que acontecia fora dela.

Apesar de a natureza da relação entre tecnologia e sociedade ser objeto de muita discussão, a partir de casos como esse parece justo afirmar, junto com muitos outros autores, que tecnologia e sociedade se constituem de forma recíproca.[32] Ou seja, por um lado, a tecnologia impacta a sociedade — desde que se reconheça que as pessoas têm agência e se apropriam das tecnologias a partir de suas vivências e dos lugares sociais em que se inserem. Por outro lado, as características de determinada sociedade também têm um papel no desenho e nas escolhas envolvidas na criação de tecnologias, e com isso elas refletem a sociedade.

A professora e pesquisadora de estudos de gênero e tecnologia Judy Wajcman escreve sobre como, mesmo quando essa coconstrução é reconhecida, nem sempre as desigualdades de gênero são levadas em conta: por exemplo, qual é o gênero (e outras características, como raça e sexualidade) das pessoas desenvolvedoras de determinada tecnologia e que impacto isso tem sobre as escolhas que as moldam.

Um estudo emblemático com lentes de gênero que ajuda a compreender como isso ocorre é o do forno micro-ondas. No livro *Gender and Technology in the Making* [Gênero e tecnologia em construção], Cynthia Cockburn e Susan Ormrod mostram como um eletrodoméstico nos anos 1980 no Reino Unido foi exemplar para pensar a relação entre gênero e tecnologia. Ao estudar o ciclo de vida da tecnologia da Electro UK, uma importante fabricante japonesa, passando pela grande revendedora Home-Tec, e finalmente pelas percepções e usos de usuários e usuárias finais, as autoras mostraram que, ao longo do processo, a oposição binária de masculino e feminino foi reforçada (junto com a dicotomia tecnológico e não tecnológico). Durante a produção, a grande maioria de engenheiros homens pensou inicialmente o micro-ondas como uma tecnologia masculina; na revenda, outros atores testavam e produziam significados, por exemplo por meio da separação entre produtos high-tech (linha marrom) e produtos funcionais para a família (linha branca), na qual acabou sendo inserido o micro-ondas ("para mulheres"). No ambiente doméstico, papéis de gênero passaram a pautar quem usaria efetivamente o eletrodoméstico — e as autoras diagnosticaram que ele não necessariamente diminuiu o trabalho de mulheres (por exemplo, uma entrevistada declarou que agora tinha que esquentar várias versões diferentes para uma mesma refeição).[33] Essas concepções — que envolvem quem usa tecnologias, quem é o destinatário das tecnologias, se são tecnologias simples ou complexas etc. — vão pautando cada etapa do ciclo, e ao cabo ocorrem apropriações que se relacionam com as concepções e negociações em torno dos papéis de gênero.

O entendimento da tecnologia como terreno da masculinidade e da branquitude foi construído historicamente. Algumas tecnologias foram frequentemente associadas a atividades ocidentais e entendidas como masculinas, como artefatos militares e maquinário industrial, enquanto outras utilizadas nos aspectos cotidianos da vida, profissões em que as mulheres têm mais presença, como operação de máquinas ou telemarketing,[34] ou ainda tecnologias ancestrais, não ligadas à era industrial ou a pessoas brancas, são sub-representadas. Outro livro evidencia essa construção: *Recoding Gender: Women's Changing Participation in Computing* [Recodificando o gênero: a mudança na participação das mulheres da computação], de Janet Abbate, sobre o papel cambiante das mulheres na história da computação nos Estados Unidos e na Inglaterra, mostra que as mulheres passaram de líderes entre as programadoras durante a Segunda Guerra Mundial a relegadas a segundo plano com a reconfiguração social (e aumento de prestígio) da profissão do "engenheiro", também localizada em partes do globo.[35] Com isso, as diferenças foram sendo naturalizadas e biologizadas, ou seja, compreendidas como da "natureza biológica" das pessoas — e estruturantes das subjetividades generificadas, como observa Donna Haraway.[36]

Todos esses debates têm efeitos muito concretos. Por exemplo, entender os ambientes on-line e off-line como um continuum permite compreender melhor a realidade, mas não só. Na esfera do direito, ter essa compreensão significa dar a acontecimentos on-line as mesmas consequências jurídicas que são dadas a acontecimentos análogos off-line. Por exemplo, uma ameaça por aplicativo de mensagem deve ser análoga, para o direito, a uma ameaça verbal na rua. Evidentemente, há ações relacionadas ao mundo digital que não encontram expressão jurídica, e então este livro reconstrói algumas das disputas por mudanças que dessem conta de lacunas nas leis. Mas não é sempre o caso. Um ato de violência on-line pode ser entendido como violência doméstica nos termos da Lei Maria da Penha, de 2006 — no mínimo psicológica, mas possivelmente sexual, patrimonial e física. Mas dúvidas quanto à continuidade entre on-line e off-line fizeram com que a lei não fosse acionada por advogados e advogadas e outros atores e atrizes do sistema de justiça em casos de disseminação não consentida de imagens íntimas.* Para evitar tais dúvidas, em 2018, a lei que criminalizou registro não autorizado da intimidade sexual — Lei Rose Leonel — incluiu "violação de sua intimidade" entre as formas de violência psicológica contra mulheres.[37]

Essas discussões são importantes para vislumbrarmos a raiz da questão, a razão fundamental das preocupações deste livro: a misoginia on-line se coloca como obstáculo entre as mulheres e os potenciais da comunicação, distribuição da informação e expressão pela internet. Isso levanta a questão de qual o impacto da internet na vida das mulheres, e em particular no feminismo e outros movimentos emancipatórios. Como a internet muda esses movimentos, e como é mudada por eles — e como isso se dá no caso do Brasil? Vamos já excluir, de imediato, visões tecnossolucionistas de que grandes transformações acontecem quando simplesmente "jogamos tecnologia neles".[38] A relação entre o desenvolvimento da internet e os ativismos, sobretudo os feministas, será explorada mais a fundo no segundo capítulo. No entanto, o entendimento da tecnologia como uma coisa construída de modo mútuo à sociedade é base para o livro todo. A perspectiva sociomaterial feminista considera a inter-

* Essa percepção vem de experiência própria em pesquisa e participação em eventos, bem como de análise de jurisprudência em diferentes pesquisas. Foi a partir de 2016 que pude perceber uma diferença sensível e uma união dos campos e discussões do gênero e do feminismo com as políticas de internet e violências on-line.

conexão instável, porque cambiante, entre tecnologias digitais marcadas por desigualdades e também por projeções utópicas e indivíduos marcados por características de gênero, sexualidade, raça e classe.

A VIOLÊNCIA ON-LINE

Reconhecer um continuum on-line/off-line não é ignorar que o ambiente on-line coloca desafios específicos. A internet aumenta, por exemplo, a rapidez da disseminação de informações, e com ela a gravidade da disseminação não consentida de imagens íntimas, que já existia, mas não ganhava escala. Surgem também condições para novas formas de violência, tal como a invasão de dispositivo informático. Além da reprodução rápida, a internet permite alcançar audiências amplas e realizar ações de multidão (com pequenas ações coordenadas). Na internet existem novas condições de exercício do anonimato ou do pseudoanonimato, efeitos podem se tornar permanentes ou duráveis, e pode ocorrer o cruzamento de audiências antes separadas — trabalho, vizinhança, amigos, futebol —, o que é também chamado de colapso de contexto.[39] Tudo isso está vinculado às *arquiteturas*, que são as escolhas, os desenhos e as funções dos espaços on-line, que, se são privados, como são a maioria dos espaços em que hoje interagimos, são pautados por decisões de agentes privados, que podem incentivar ou amplificar certos comportamentos. O continuum significa principalmente que os efeitos de uma violência on-line não se restringem a esses ambientes, podendo passar ao off-line e se tornar, inclusive, cada vez mais indiferenciáveis.

Como discutido, a noção de violência, em si, é contextual, relacional e mutável. Mas violência on-line se tornou uma categoria amplamente utilizada por vítimas, militantes, instituições de pesquisa, redes de advogadas ativistas, organizações internacionais e legislações. E há um efeito performativo em nomear algo como violência: chama-se atenção para o ato e se conecta o acontecimento com outros atos, com noções de proibido e de transgressão.

Hoje é bastante corrente falar em violência on-line sem que isso, per se, cause grandes surpresas. Ainda assim, no IGF de 2022, que ocorreu em Addis Ababa, na Etiópia, a Coalizão Dinâmica de Gênero continuou lutando por espaço.[40] Além disso, no dia zero do evento, em que aconteciam atividades auto-organizadas, uma das primeiras mesas foi chamada de Future of a Female Web [Futuro de uma rede feminina]. Como o evento, pós-pandêmico, aconteceu em formato híbrido, era possível participar via Zoom. E, novamente, mais de sete anos depois, o evento feminista no IGF foi atacado —[41] agora com novos contornos. Foi um ataque de *zoombombing*, um conceito desenvolvido durante a pandemia de Covid-19, quando as reuniões on-line foram normalizadas, que consiste em atos de perturbação de uma reunião por pessoas não identificadas, que geralmente começam a compartilhar a própria tela e o áudio com conteúdos violentos.[42] Nesse caso, foram imagens de extrema violência física contra mulheres — até que os invasores foram mutados e removidos da sala.

O TAMANHO E AS FACES DO PROBLEMA

Não existem estatísticas oficiais suficientes para compreender o tamanho do problema da violência de gênero on-line. Como ocorre com muitas formas de violência e em particular com violências sexuais,[43] a subnotificação é prevalente, e é comum que dados como raça e orientação sexual não sejam registrados. Mas centros e institutos de pesquisa vêm oferecendo dados importantes. Existem algumas entidades que recebem denúncias de violência on-line — a mais conhecida é a Safernet, que mantém uma central de denúncias e uma de suporte (*helpline*), divulgando dados desde 2007. Por exemplo, em 2021, 273 pessoas procuraram o *helpline* para relatar problemas com exposição de imagens íntimas, contra 304 em 2020.[44] Embora os números possam dar alguma pista sobre as diferentes "violações para as quais internautas brasileiros pedem ajuda" e como as prevalências vão mudando ao longo do tempo, o número não tem valor estatístico e não nos ajuda de fato a compreender a realidade.

Há importantes pesquisas mostrando a prevalência de violências on-line em grupos sociais distintos. A pesquisa TIC Kids Online, do Cetic.br, mostrou que 33% das crianças e adolescentes (usuários de nove a dezessete anos) relatam ter passado por situações ofensivas, que não gostaram ou que as chatearam na internet — 36% das meninas.[45] A Plan International entrevistou 14 mil meninas e mulheres entre quinze e 25 anos de idade em 22 países, e o resultado foi que 58% tinham enfrentado alguma forma de assédio em redes sociais. No Brasil, foram 77%. A definição de assédio desses relatórios incluía "linguagem abusiva e insultuosa", "humilhação proposital", "comentários racistas" e "vergonha corporal". De acordo com a pesquisa, em decorrência desse assédio, as vítimas sofrem com baixa autoestima ou confiança, estresse mental e emocional, sensação de insegurança física e problemas com a família, amigos, escola ou emprego.[46] Em uma pesquisa com mulheres entre dezenove e 23 anos no sul da Índia, a organização IT for Change identificou que mais de um terço já sofreu alguma forma de assédio, abuso ou foi vítima de comportamento indesejado on-line, e em 83% dos casos o ato tinha caráter sexual. A pesquisa apontou também altos índices de consequências psíquicas e na vida acadêmica, e baixos índices de busca ou efetividade de mecanismos de apoio e resposta institucional.[47] Em 2021, o Cigi (Center for International Governance Innovation, Centro de Inovação em Governança Internacional), um *think tank* canadense, realizou uma pesquisa chamada "Apoiando uma Internet mais segura", em dezoito países, com prevalência do sul global, representando a população entre dezesseis e 74 anos.[48] A título de comparação com a anterior, nessa pesquisa, quando considerado apenas mulheres com menos de 35 anos, a prevalência nos dezoito países inquiridos é de 68,7% — e 67,9% no Brasil. As perguntas feitas foram diferentes — questionou-se sobre a experiência com danos (*harms*) na internet, envolvendo coação e assédio, identidade e reputação, privacidade e segurança, e sexualidade.

Além disso, a pesquisa do Cigi envolveu pessoas dos gêneros masculino e feminino, e mostrou que, apesar de não existirem diferenças consideráveis quando se pergunta genericamente sobre sofrer danos, muito mais mulheres e pessoas LGBTQIAP+ relataram que as violências ocorreram em decorrência de seu gênero,[49] bem como efeitos graves na sua vida pessoal. Por exemplo, 49% das mulheres falaram de impactos severos na saúde mental, contra 45% dos homens; 57% das pessoas que afirmam ter sofrido com disseminação não consentida de imagens íntimas relatam essas consequências severas. Um estudo da Pew Research feito nos Estados Unidos em 2021 trouxe resultados na mesma direção: os homens americanos afirmam receber mais assédio (*harassment*) do que as mulheres (43% a 38%), mas 47% das mulheres afirmam que o assédio ocorreu por causa de seu gênero, contra apenas 18% dos homens; no campo específico do abuso sexual, a diferença também se fez sentir: foi relatado por 33% das mulheres com menos de 35 anos, contra 11% dos homens da mesma idade.[50] Mesmo que a prevalência de uma violência em geral não seja mais alta entre mulheres, esses números mostram que os efeitos são mais sentidos, o que parece apontar para as consequências de culturas sexistas.

Apesar de a violência de gênero on-line ser identificada como um problema de proporções significativas ao redor do mundo, há algumas comparações que mostram especificidades do Brasil. Já sinalizei os números extremamente elevados de meninas afetadas por assédio em redes sociais na pesquisa da Plan International na comparação global. A pesquisa do Cigi também traz várias evidências nesse sentido: os brasileiros, e em especial as brasileiras, estão entre as vítimas que relatam consequências adversas relacionadas a esses danos. A título de exemplo, 60% das mulheres brasileiras relatam ter sua liberdade de expressar opiniões políticas afetada (o agregado global é de 38%). Em geral, esses números são bem mais baixos nos países do chamado norte global — na pesquisa, Alemanha, Estados Unidos, Canadá e França —, o que sinaliza, para ligações muito próximas entre violências on-line, características culturais, outras desigualdades e questões institucionais, como capacidades investigativas ou de reparação. Além disso, um número maior de pessoas no Brasil aponta raça como causa do dano mais importante que sofreram — 16,2% no total contra 14,5% global. A diferença é ainda maior no caso de pessoas do gênero feminino e do total de pessoas LGBTQIAP+.[51]

Como essas pesquisas mostram, há formas muito distintas de se caracterizar a violência de gênero on-line — que aqui estamos tratando como uma das mais evidentes manifestações da misoginia on-line. Suzie Dunn, professora da Universidade de Ottawa e pesquisadora do tema, prefere falar em "violência de gênero facilitada por tecnologias digitais" para marcar o continuum com formas de violência existentes anteriormente e incluir aquelas que não acontecem exclusivamente on-line, mas que têm algum componente de facilitação pelas tecnologias digitais (a sigla do conceito é TFGBV, do inglês *technology-facilitated gender-based violence*). Por exemplo, a prática de *stalking*, definida como um conjunto de condutas repetidas e não desejadas que causam medo à vítima — e que, de acordo com a literatura internacional, é mais provável que ocorra com mulheres que com homens —,[52] não é uma novidade do mundo digital, mas é imensamente facilitada por tecnologias digitais e pela conexão com a internet, inclusive por meio de *spyware* e *stalkerware*.[53] Analisando a literatura recente, Dunn categoriza nove formas amplas de TFGBV: assédio, ataques em massa, abuso sexual baseado em imagens, publicação de informação privada (ou *doxxing*), difamação, *stalking*, personificação (*impersonation*, alguém se passando por outra pessoa, a vítima ou outra, para atingi-la), ameaça e discurso de ódio. É uma boa categorização de partida, desde que tenhamos compromisso com a noção de que as fronteiras são móveis, as formas de violência são constantemente atualizadas, e de que existem muitas possíveis subcategorias e sobreposições. Por exemplo, dentro da categoria "abusos sexuais baseados em imagens" estão contempladas tanto a disseminação não consentida de imagens íntimas quanto a *sextorsão* (demandar algum tipo de vantagem de alguém com base na posse de imagens íntimas) e a mídia sintética (manipulação de imagens, com frequência para colocar a imagem de alguém em cenas eróticas ou sexuais, incluindo *deepfakes*). As sobreposições desses atos acontecem em abundância: alguém ameaça uma pessoa de disseminar um *deepfake*, ou dissemina de fato imagens íntimas e junto delas informações privadas, como o número de telefone — como foi o caso de Rose Leonel. Dar concretude a isso é uma forma de não deixar que os números, que são importantes para dar dimensão ao fenômeno, apareçam como estatísticas frias e sem corpo. As histórias e as lutas que são tratadas neste livro envolvem pessoas reais, que passam por medo e sofrimento, mas que encontram estratégias de resistência.

E essas pessoas geralmente são meninas, mulheres, pessoas transgênero, não binárias e não conformistas de gênero, que são infelizmente afetadas de forma bastante indiscriminada. E os estudos empíricos mostram três agravantes da violência de gênero on-line: interseções com outros marcadores sociais da diferença, como raça, sexualidade, deficiência; relações íntimas abusivas; e uma posição vocal, de liderança ou de espaços tradicionalmente ocupados por homens, como é o caso com mulheres na política, ativistas e defensoras de direitos humanos, jornalistas.[54] Por exemplo, a pesquisa do Cigi mostrou números extremamente elevados de violência contra pessoas LGBTQIAP+ no Brasil e também mais elevados que a média no caso de mulheres em alta visibilidade. Nesse último caso, as consequências no país levaram à aprovação da Lei de Violência Política Contra a Mulher, a ser abordada mais adiante.

O desenrolar da visibilização desses casos e de suas consequências vem gerando uma polinização entre questões de violência de gênero on-line e outros debates de políticas que envolvem tecnologias digitais. Há um imenso campo de pesquisas e muitas organizações se dedicando à violência de gênero on-line, e o tema cada vez mais é debatido de forma mais difusa — por exemplo, em suas relações com desinformação (a chamada "desinformação generificada"), com participação econômica e política, e com direitos das mulheres no geral.

Um último adendo sobre essa medição inicial do problema: não há como falar de desigualdade de gênero e ambiente digital sem lembrar que há um contingente de pessoas não conectadas no Brasil, ou que, embora conectadas, ainda estejam sem o que é chamado de conectividade significativa, a qual pressupõe certa frequência e autonomia no uso, acesso a dispositivos e velocidade de conexão.[55] Em inglês, o termo *digital divide* refere-se ao acesso desigual às tecnologias digitais e também à internet, refletindo desigualdades locais e globais e criando outras novas. Em português, traduzimos o termo como "clivagens digitais" ou apenas "exclusão digital". Existem algumas diferentes classificações, mas uma boa forma de se referir a essas diferenças é dividi-las em três níveis:[56] o primeiro refere-se à conexão à internet e ao dispositivo utilizado. Por exemplo, há muitas pessoas que utilizam a internet somente pelo celular. O segundo nível diz respeito a capacidades e ao uso concreto da internet. Avalia-se a frequência e os tipos de atividades realizadas on-line. No terceiro, localizam-se os resultados concretos ou benefícios tangíveis do uso da internet.[57] Essa estratificação da clivagem digital existe para dar conta de mais que o mero acesso, já que muitos outros fatores estão relacionados ao modo como a vida de uma pessoa é impactada pela internet.

Em 2021, 81% da população brasileira era usuária de internet, ou seja, tinha utilizado a internet em qualquer dispositivo nos três meses anteriores.[58] Essa definição de usuário segue padrões internacionais definidos há muitos anos e é importante em termos de comparação entre os países e a série histórica,[59] mas certamente não é suficiente para entender a totalidade das práticas contemporâneas e não enquadra bem os acessos e usos que hoje caracterizam a inclusão digital. Isso quer dizer que, se quando pensamos em um usuário ou uma usuária estamos pensando em alguém que usa a internet todo dia, o número seria menor. Mesmo segundo o critério menos realista, quase um quinto da população brasileira não está conectada.

Ainda seguindo na pista das desigualdades, temos que, na classe A, 98% das pessoas são usuárias, contra apenas 66% nas classes D e E; 82% das pessoas nas cidades estão conectadas, contra 73% no ambiente rural; apenas 57% das pessoas indígenas são usuárias.[60] E, apesar de não existirem diferenças significativas entre mulheres e homens ou pessoas brancas e negras no que diz respeito a serem ou não usuárias, no tipo de acesso e tipo de atividade realizada as diferenças aparecem. Por exemplo, em 2021, 45% dos usuários homens jogavam jogos on-line, contra apenas 30% das mulheres; consideravelmente mais mulheres (68%) que homens (60%), e mais pessoas negras (65%) que brancas (54%) têm acesso *apenas* a dispositivos móveis, o que limita a diversidade de atividades realizadas. É também o caso de 79% das pessoas indígenas e 89% das pessoas nas classes D e E.[61]

Mais uma camada do uso da internet no Brasil pode qualificar o debate: em 2022, 99,8% dos brasileiros e brasileiras utilizavam o aplicativo de mensagens WhatsApp, com a finalidade de se comunicar cotidianamente e manter vínculos, de acordo com pesquisa do InternetLab e da Rede Conhecimento Social. Quarenta e três por cento utilizavam o Telegram, mais focados em acesso a conteúdos que em comunicação. Some-se a isso o fato de que a oferta de internet móvel, no Brasil, é atrelada a volume de dados (franquia) e à prática de *zero rating*, ou seja, a viabilização do uso de determinados aplicativos sem descontar da franquia mensal, e manutenção do acesso a esses aplicativos mesmo após o fim da franquia e bloqueio para outras atividades. Em 2019, o Instituto de Defesa do Consumidor (Idec) analisou 45 planos de quatro operadoras no Brasil e verificou que 43 deles ofereciam *zero rating*: 93% incluíam o WhatsApp.[62] Há muito debate sobre como essas práticas comerciais contribuíram para a adoção desse aplicativo em específico.

Quando pensamos em violências e resistências, a conectividade tem um papel importante, por exemplo, no acesso a informações e na capacidade de reação autônoma, articulação em redes de proteção e criação de contradiscursos. Essa é outra dimensão do continuum on-line/off-line. A normalização da misoginia na internet no Brasil é um amálgama de fatores técnicos e fatores culturais — por exemplo, quando o tema são os grupos de WhatsApp usados entre homens para compartilhar imagens íntimas de mulheres sem seu consentimento. Olhar para tudo isso com cuidado é importante sobretudo para diferenciar nosso debate no Brasil de outros estrangeiros, considerando nossa história colonial violenta, que impregna o problema do começo ao fim e exige um olhar crítico para interpretações estrangeiras generalizantes sobre por que a misoginia é tão prevalente na internet.[63]

CRIME, VIOLÊNCIA E MISOGINIA

Até agora falei de misoginia e de violência, bem como mencionei leis que se referem a elas, sem tratar especificamente de crime. Há uma razão para isso. Sendo o direito resultado de disputas sociais, poder e interesses, ele filtra a realidade de acordo com suas próprias categorias e instituições. Apesar de ele transformar as expressões e as compreensões sociais que o atualizam, ele não dá conta delas inteiramente.

A criminalização é a tipificação penal do conflito e aborda alguns aspectos dele, desfocando outros. Isso depende do poder de voz de quem participa do jogo democrático. Como argumentaram Guita Debert e Maria Filomena Gregori, em um texto de 2008, o mesmo acontece com os conceitos de violência.[64] Vale dizer, a criminalização é apenas uma das formas de o direito se referir à realidade, embora seja comum a identificação entre direito e direito penal.

O que quero dizer é que há conceitos que não fazem parte da gramática do direito ou são filtrados por ele de diferentes formas, e há outros que existem tanto no direito quanto no campo das disputas sociais, mas não necessariamente com os mesmos significados. A misoginia e a violência vêm antes no campo do reconhecimento social, e como tal devem ser pensadas em termos relacionais, das relações sociais. Ainda assim, como vimos no início do livro, a violência faz parte da gramática do direito — por exemplo na Lei Maria da Penha —, enquanto a misoginia ainda não. Este ponto será central adiante.

No Brasil, violência contra a mulher foi um termo elaborado na década de 1980, a partir de experiências políticas de militantes que atendiam mulheres que sofriam violências nos SOS-Mulher e das discussões feitas no cenário internacional.[65] Uma coisa que a literatura sobre a década de 1980 e 1990 mostra é que, na prática das Delegacias de Defesa da Mulher criadas em 1985 no Brasil, a violência contra a mulher, que não era definida na legislação, ia sendo compreendida como os crimes e infrações cometidos em âmbito doméstico, nas relações conjugais.[66] A Lei Maria da Penha, de 2006, veio a definir e qualificar a violência doméstica e familiar contra a mulher sem criar novos crimes, uma vez que já existiam, mas criando um arcabouço de reconhecimento e proteção, que, por sua vez, qualifica o existente.*

* Essa lei define violência contra as mulheres em geral como "qualquer ação ou omissão baseada no gênero que lhe cause morte, lesão, sofrimento físico, sexual ou psicológico e dano moral ou patrimonial", mas sua preocupação central é a definição do que é a violência doméstica e familiar contra a mulher. Vale lembrar que falar em violência de gênero, e não apenas contra a mulher, é também incluir violência contra pessoas transgênero, não binárias e não conformistas de gênero, que sofrem com violências relacionadas ao sexismo, reconhecendo que o sexismo é um sistema que não afeta apenas mulheres cis. A misoginia tampouco. Apesar da celebração, existe a perspectiva crítica de que a lei focou na solução judicial (e nas delegacias), e não no cessamento das agressões e escuta, o que não atenderia aos interesses das mulheres negras e mais pobres. Ver Ana Luiza Pinheiro Flauzina, "Lei Maria da Penha: entre os anseios da resistência e as posturas da militância". In: Ana Luiza Pinheiro Flauzina et al. *Discursos negros: legislação penal, política criminal e racismo*. Brasília: Brado Negro, 2015, pp. 115-44.

Uma parte da discussão sobre violência e crime aposta em uma crítica à "judicialização das relações sociais", como uma "invasão" do direito nelas. Essa crítica vê o fato de o direito se expandir para o campo social como inerentemente negativo. Coincido aqui com a crítica que fazem Marcos Nobre e José Rodrigo Rodriguez, em um texto de 2011, de que só faz sentido falar em expansão do direito (ou ainda em "ativismo judicial") a partir de uma visão normativista, que não dá conta nem do código do próprio direito, nem dos potenciais de transformação que ele carrega. Quem foi que determinou que direitos se efetivam apenas no legislativo?

Quando grupos sociais elaboram discursos e demandas acerca de seus direitos — por exemplo, mulheres que demandam a criação legal das medidas protetivas para o caso de violência doméstica, judicializando, portanto, os casos —, eles também estão negociando com o direito e transformando-o. Mais adequado, então, é pensar na *juridificação*, que pressupõe que a lógica estruturante do direito molda e exclui opções, alternativas e demandas, e contempla ainda a tradução das aspirações de indivíduos, grupos e movimentos sociais, de modo que termos jurídicos também possam resultar na renovação da gramática institucional.[67] Uma tese semelhante é a da *mobilização do direito*, que foca no que há de poder intersubjetivo do direito nos significados construídos pelos e entre os sujeitos no interior da sociedade. O diagnóstico é que as leis e os tribunais são uma arena de disputa importante pelos movimentos sociais, e que há uma dimensão simbólica na linguagem de direitos.[68]

Do ponto de vista estratégico, como nos lembra Fabiola Fanti em seu estudo sobre mobilização de direitos por organizações do movimento feminista na cidade de São Paulo,[69] movimentos sociais adotam uma gama diversificada de ações, que incluem ajuizamento de ações em tribunais, mas também formações, campanhas direcionadas à sociedade ou ao Judiciário, mobilização de tribunais internacionais, participação como *amicus curiae*, entre outras.[70] No Brasil, a Constituição Federal de 1988 foi um grande marco da regulação jurídica das relações sociais, uma vez que começou a organizar demandas por direitos de grupos sociais que o direito e as instituições brasileiras costumam marginalizar, desrespeitar e violentar. Particularmente, o movimento e a bancada feminista se mobilizaram intensamente na Assembleia Constituinte, com ganhos expressivos, bem como o movimento negro.[71]

Portanto, o direito não é algo estático ou com significado predeterminado, posto que também é disputado pela sociedade. E essa tradução da gramática da violência para a gramática do direito, e particularmente do crime, é fortemente criticada por outros setores de movimentos e de crítica social. Parte do feminismo brasileiro, especificamente o feminismo negro, vem realçando como a aplicação do direito penal e o sistema penal como um todo discrimina homens e mulheres negras, tanto da perspectiva de quem é condenado quanto da duração das sentenças de prisão, e da própria violência produzida no cárcere. Em seu livro *Criminalização do racismo*, a professora da PUC-Rio Thula Pires faz uma profunda crítica do instrumento jurídico como incapaz de servir à emancipação e ao reconhecimento, como ainda discutirei mais à frente.[72] De outra perspectiva crítica, feministas celebram conquistas específicas em lutas direcionadas ao Judiciário — para citar alguns exemplos abordados neste livro: a decisão do STJ de 1991 que rejeitou a tese de "legítima defesa da honra", decisão confirmada pelo Supremo Tribunal Federal (STF) em 2021, e decisões do STF declarando inconstitucional a interpretação do aborto de anencéfalos como crime de aborto (2012), ou sobre a constitucionalidade de aspectos da Lei Maria da Penha (também em 2012).

De todo modo, no que diz respeito à misoginia na internet, um conceito social de misoginia foi sendo lapidado e ganhando novas feições, e o direito veio sendo mobilizado pelos movimentos sociais e pelas instituições a partir de diferentes estratégias, que abordarei sistemática e cronologicamente.

UMA DÉCADA DE RESPOSTAS JURÍDICAS

Durante o período abordado neste livro, as disputas jurídicas em torno da misoginia on-line refletiram como a questão se colocava no debate público em diferentes momentos. Como o problema foi sendo filtrado pelas leis e o que ficou de fora? As disputas mostram também a prevalência da escolha por saídas penais, criminalizantes, para o problema da misoginia. A Lei Carolina Dieckmann, de 2012, foi uma resposta legislativa à percepção dos perigos do acesso não autorizado a dispositivos e da violação da privacidade das mulheres. O Marco Civil da Internet, em 2014, regulamentou a visão de que as plataformas precisam agir rapidamente no caso da disseminação não consentida de imagens íntimas, que naquele momento chegava às manchetes nacionais. A Lei Lola, que, em 2018, determinou ser atribuição da Polícia Federal a investigação de crimes on-line que ocorrem com misoginia ("definidos como aqueles que propagam o ódio ou a aversão a mulheres"), surgiu do diagnóstico de que a polícia precisa estar adequadamente equipada para investigar indivíduos e organizações que atacam mulheres. No mesmo ano, duas leis — a do assédio ou importunação sexual e a Lei Rose Leonel — mudaram o Código Penal para criminalizar especificamente os atos de produzir, fazer montagens ou disseminar cenas de nudez e sexo sem autorização dos participantes, com muitas consequências, uma vez que antes esses atos eram enquadrados como injúria ou difamação.

Em 2021, a Lei de *Stalking* respondeu penalmente à preocupação com a perseguição insistente a mulheres, mesmo que os pequenos atos envolvidos no todo não fossem considerados ilícitos. No mesmo ano, após o brutal assassinato da vereadora do Rio de Janeiro Marielle Franco e de seu motorista Anderson Gomes, a Lei de Violência Política foi a resposta legislativa a um crescente reconhecimento sobre a misoginia ser a barreira invisível à participação das mulheres na política, fora e dentro da internet. A memória de Marielle, mulher negra, da favela da Maré, mãe, feminista e bissexual, vive altiva nas lutas por participação efetiva e segura das mulheres, em especial mulheres negras, na política brasileira. Aliado a esse reconhecimento vem também o de que mulheres vocais em outras áreas, como jornalistas e ativistas, são também afetadas de modo desigual por violência, e de formas particulares e intensificadas quando negras, indígenas e LBTQIAP+. Ainda assim, como demonstra esse conjunto de leis com nome de mulher e os casos mais conhecidos, reportados e debatidos de misoginia on-line, é comum que a violência contra mulheres de determinada classe social, normalmente brancas, muito comumente sudestinas, ganhe mais visibilidade e mobilize o debate social e jurídico. A Lei de Violência Política contra a Mulher não se chama Lei Marielle Franco, ainda que tenha sido seu assassinato o gatilho dessa discussão. A seleção de casos notórios de violência que faço neste livro reflete essa desigualdade, que tento suprir com outros dados e relatos, quando disponíveis.

Enquanto isso tudo acontecia no Brasil, o debate internacional também se movia. Para além da história da disputa nos espaços de debate de políticas de internet, dos quais o IGF é apenas um exemplo, aconteceu uma transversalização da pauta da violência on-line. Por exemplo, as relatoras da ONU para violência contra mulheres e para liberdade de expressão dedicaram relatórios recentes ao problema da misoginia, particularmente on-line, para a participação das mulheres na vida cívica e o exercício de direitos.[73] Nos próximos capítulos, faço uma reconstrução sistemática das demandas e contradições nas relações entre gênero e internet no Brasil em torno de grandes casos e dos marcos legais que construíram um arcabouço para o enfrentamento jurídico da misoginia on-line, traduzindo assim essas questões para a esfera do direito e das instituições, e da relação dos debates nacionais com aqueles ocorrendo em outras esferas.

A internet do ativismo e as primeiras leis

Em 2018, os chilenos Paz Peña e Francisco Vera, dois pesquisadores e ativistas com experiência em temas de direitos humanos e tecnologias, criaram o projeto assedio.online (acoso.online, em espanhol),[1] com orientações a vítimas de disseminação de imagens íntimas em catorze países da América Latina — especificamente pensando em mulheres cis heterossexuais e pessoas LGBTQIAP+. Organizações parceiras com conhecimento jurídico sobre cada país — o InternetLab, no caso do Brasil — forneceram informações sobre quais leis existem nos diferentes âmbitos, por exemplo: o que fazer se a violência for caracterizada como doméstica? E se ocorrer no ambiente de trabalho? Como guardar provas para levar às autoridades? Como denunciar o ocorrido às plataformas? Assim, oferecer às vítimas conhecimento sobre seus direitos é uma dimensão central do projeto. A pesquisa do Cigi sobre internet segura já mencionada identificou que, no Brasil, apenas 7% das vítimas procuram a polícia e 14% acreditam que a polícia é efetiva no caso de danos on-line (9% no Chile);[2] ao mesmo tempo, 81% das pessoas avaliam que informação sobre proteção, educação em escolas e leis são muito ou extremamente importantes.

No livro *How to Be a Woman Online? Surviving Abuse and Harassment, and How to Fight Back* [Como ser uma mulher on-line? Sobrevivendo ao abuso e assédio, e como lutar contra eles],[3] Nina Jankowicz, uma pesquisadora norte-americana de desinformação ligada ao Wilson Center, que sofreu ataques misóginos por conta do seu trabalho, organiza estratégias para responder e combater esses casos. A maioria dos exemplos que ela dá de combate à violência on-line é dos Estados Unidos e reflete as características culturais e políticas desse país, mas a categorização de formas de resistência que ela cria dialoga com o que as organizações brasileiras e latino-americanas têm debatido. Primeiro, soluções de segurança digital, como proteger senhas, ativar dupla verificação em contas de redes sociais e e-mail, criptografar comunicações e arquivos (especialmente para quem é mais visível ou lida com conteúdo sensível). Depois, estratégias e modos de lidar com os diferentes tipos de ataques sem amplificá-los — um exemplo é *printar* um ataque misógino e postá-lo sem qualquer identificação de quem ataca para não dar a visibilidade que a pessoa tanto quer; outro é silenciar ou bloquear a pessoa ("seu perfil é seu reinado, não a democracia"). Jankowicz aborda também a importância de redes de apoio e de solidariedade, algo que o projeto assedio. online também afirma ser central para além do enfrentamento jurídico; e trata, sim, das possibilidades de notificação às plataformas no caso de violações de seus termos de uso, e das leis existentes e sua aplicação. Ela discute como a proteção jurídica é frustrante para vítimas de violência de gênero on-line — e, provavelmente por isso, dedica apenas três páginas a estratégias jurídicas e institucionais, dialogando com as professoras Danielle Citron e Carrie Goldberg, que vêm escrevendo sobre as limitações do direito e das instituições que o aplicam no caso norte-americano, e sobre a importância de mesmo assim disputá-lo. Ao ler o livro de Jankowicz, é impossível não estabelecer relações com nosso país e se perguntar: O direito brasileiro está funcionando para as mulheres? Quais demandas estão sendo formuladas pelo feminismo brasileiro? O que foi conquistado e como? Quais as contradições? E que lacunas existem? Tal como as perguntas, são várias as respostas. Mas comecemos com a primeira das leis aprovada especificamente a partir de um caso de violência de gênero na internet no Brasil.

A LEI CAROLINA DIECKMANN

No início de maio de 2012, começaram a circular na internet 36 fotos da atriz Carolina Dieckmann nua. Carolina teve uma postura firme e combativa: abriu um boletim de ocorrência, não sucumbiu ao "vazamento" e falou à imprensa sobre o ocorrido em diversas ocasiões. Ela contou em entrevistas que já fazia cerca de dois meses que vinha sofrendo extorsão — recebia contatos anônimos, por telefone ou pelo e-mail vempropapai200101@hotmail.com, pedindo 10 mil reais para não divulgar as fotos.[4] Uma reportagem do programa *Fantástico*, na TV Globo, de 14 de maio de 2012, mostra o momento em que a polícia chega à casa de um dos "hackers".[5]

Um pequeno excurso aqui: esse uso da palavra "hacker" é bem indicativo de uma forma recuada e preconceituosa de lidar com a tecnologia. A antropóloga e professora de Harvard Gabriella Coleman dedicou uma longa pesquisa a compreender o que se chama de "ética hacker" entre desenvolvedores — uma autorrepresentação envolvendo certos valores, predominantemente libertarianos, e estética ligados a um entusiasmo com as tecnologias, mas expressando também profundas variações e tensões. Alguns autoproclamados hackers inclusive usam a palavra *cracker* para designar (e diferenciar-se de) aqueles que usam *hacking* para crimes e objetivos ilícitos, embora outros afirmem que essa divisão entre bem e mal também não ajude muito a entender que algumas técnicas podem ser usadas para finalidades lícitas e ilícitas, legítimas ou não.[6] Se vamos falar de tecnologia, precisamos levar a sério os debates que são travados entre quem a desenvolve.

Nas reportagens da época, um crime comum — extorsão — era tratado como algo excepcional, misterioso, praticado por obscuros hackers. (Lembremos que oito anos depois faríamos o mesmo com os "hackers de Araraquara", pivôs do que ficou conhecido como Vaza Jato.) Em 2012, a primeira suspeita de Carolina foi que as fotos tinham sido acessadas quando ela deixou o computador para conserto. Os prestadores de serviço chegaram a ser investigados, mas a Delegacia de Repressão contra Crimes de Internet usou programas de contraespionagem até chegar a outro grupo responsável pela disseminação das fotos. Eles descobriram que, na verdade, o acesso indevido tinha sido ao e-mail dela. A Polícia Civil chegou a ter acesso a conversas entre pessoas do grupo e afirmou ter conseguido o IP de um deles. Ao *Fantástico*, o delegado Rodrigo de Souza Valle, inspetor do Grupo de Operações de Portais, disse: "a polícia chega [ao responsável], sim. Pode levar um pouco mais, um pouco menos de tempo, mas a polícia chega".

Furto, extorsão qualificada e difamação: esses foram os crimes pelos quais "os hackers" foram indiciados. Em uma das trocas de mensagens mostradas no *Fantástico*, um deles expressa medo, já que as reportagens falavam em extorsão — "a pena grave aí é essa". E em seguida fazem piada pelo fato de o caso estar sendo investigado — "qualquer coisa vai na cadeia fazer uma visitinha lá pra mim". "Que isso, mano. Não vai dar nada não", responde o outro. Além da crença de que nada ia acontecer — estávamos em 2012, e era muito comum ouvir que a internet era "terra sem lei" —, a fala dos investigados expressava outro fato: não existia nenhuma previsão de punição criminal a acesso não autorizado a computadores e e-mails, nem à disseminação de imagens íntimas sem autorização (que era enquadrada como injúria ou difamação).

E aqui vale um interstício sobre os termos usados no caso. "Vazamento" de imagens íntimas ou, como se diz, de *nudes*, é um termo muito difundido até hoje, que é bastante revelador dos medos e também dos mitos que esse problema traz desde o caso envolvendo Carolina Dieckmann: parece um acontecimento sem sujeito, inevitável e difícil de ser enfrentado, como um cano que estourou ou uma torneira que não fecha. Ao longo deste livro, falarei de disseminação não consentida de imagens íntimas, ou da sigla NCII (que ajuda na comunicação global, já que NCII também funciona e é usada para o inglês *non-consensual intimate images*).* Se "vazamento" apaga o conflito e a dimensão de poder que existe no ato e nas percepções e consequências da NCII, termos como "pornografia de vingança" e "pornografia de revanche" (ou, em inglês, *revenge porn*) erram a mira duplamente. Esses termos ganharam força alguns anos depois, em virtude de casos muito midiatizados de ex-namorados que disseminaram imagens íntimas após términos ou traições.

"Vingança" remete ao comportamento da vítima e pressupõe que existiria uma relação de causalidade entre uma ação ante-

* Existe também uma importância crítica ao termo "intimidade" neste contexto. Como desenvolve a pesquisadora Beatriz Accioly Lins, "íntimo" carrega sexualidade, mas também vergonha, pudor e segredo, e envolve a prática da sexualidade em tabu. "Dentro dessa 'moral sexual hegemônica', a dignidade das mulheres seria tão mais ilibada quanto mais performatizada em termos de discrição, pudor e recolhimento". Ver: Beatriz Accioly Lins, *Caiu na net:* nudes *e exposição de mulheres na internet*. Rio de Janeiro: Telha, 2021, p. 147. Coincido com a crítica, mas me mantenho com o termo, pelo quanto ele ecoa o debate.

rior dela e a disseminação das imagens. Na realidade, quando olhamos para os casos, eles envolvem histórias muito distintas, que várias vezes não têm nenhuma relação com essa narrativa; e, mesmo quando têm, o uso da palavra "vingança" parece estabelecer uma equivalência, certa justificativa para o ato, o que, no contexto de uma violência de gênero, reforça valores misóginos. Já "pornografia" também atrapalha, porque remete a algo que as vítimas não necessariamente reconhecem (uso para fins comerciais ou para excitação sexual de terceiros), e remove os casos do campo da violência e do não consentimento para o campo do que serve ao prazer do outro (embora a pornografia seja outro assunto de controvérsias em que não vou entrar aqui).* Além disso, muitos dos casos documentados de NCII ou de violências correlatas não envolvem necessariamente sexo explícito ou mesmo nudez explícita: é o caso do Top 10, que documentamos em um estudo de caso do InternetLab de 2015 entre adolescentes na Zona Sul em São Paulo, e que envolvia imagens sensuais ou mesmo de perfil de redes sociais veiculadas em conjunto com frases descrevendo a conduta sexual das jovens mulheres.[7]

De volta ao desfecho do caso, justificando-se pela falta de um enquadramento jurídico para o que havia ocorrido, naquele mesmo ano o Congresso Nacional aprovou a lei n. 12 737/12, batizada de Lei Carolina Dieckmann. A lei incluiu no Código Penal Brasileiro o artigo 154-A, que descreve o crime de "invasão de dispositivo informático", com a seguinte redação:

* No campo feminista, há diferentes posicionamentos sobre a pornografia, que remetem também a posicionamentos sobre a sexualidade — de associações com opressão a associações com libertação. Sobre os termos da disputa nos Estados Unidos que ficou conhecida como *sex wars*, nos anos 1970 e 1980, ver Wendy Chapkis, *Live Sex Acts: Women Performing Erotic Labor*. Nova York: Routledge, 1996.

> Invadir dispositivo informático alheio, conectado ou não à rede de computadores, *mediante violação indevida de mecanismo de segurança* e com o fim de obter, adulterar ou destruir dados ou informações sem autorização expressa ou tácita do titular do dispositivo ou instalar vulnerabilidades para obter vantagem ilícita.
>
> Pena — detenção, de 3 (três) meses a 1 (um) ano, e multa.

O artigo tem ainda cinco parágrafos, que preveem detalhes e derivações. Por exemplo, a pena é aumentada de um sexto a um terço na medida do prejuízo econômico, de um a dois terços se houver divulgação dos dados e informações obtidos, e de um terço até metade se o crime é praticado contra o presidente da República, do Supremo Tribunal Federal e de outros órgãos estatais. Já voltaremos a esse detalhe. Além desse crime de invasão de dispositivo informático, a lei também modificou outros dois artigos do Código Penal para prever o crime de interromper "serviço telemático ou de informação de utilidade pública" e falsificação de cartão de crédito ou débito.

Assim, apesar de a Lei Carolina Dieckmann ser uma resposta política ao caso envolvendo a atriz, juridicamente não é o caso — e a lei sequer toca na dimensão de gênero do problema.* Isso porque, em primeiro lugar, o crime de invasão de dispositivo informático não daria conta da invasão de e-mail que ocorreu com Carolina Dieckmann — uma vez que o que se criminalizou foi a invasão de "computador de mesa (desktop), notebook, tablet (ipad e outros), laptop, bem como os smart-

* Em 2021, a lei passou por uma reforma (por meio da lei 14 155/2021), que eliminou esse requisito e aumentou a pena. Isso quer dizer que qualquer acesso não autorizado pode ser punido. Essa mudança veio com o objetivo de punir casos em que acessos maliciosos acontecem em dispositivos que não estão protegidos com camadas adicionais de segurança, mas também é criticável pela abertura que introduziu. Por exemplo, acessos por jornalistas e pesquisadores poderiam ser enquadrados, a depender dos sabores políticos.

phones, que hoje constituem verdadeiros microcomputadores, dentre outros a surgir com idêntica finalidade".[8] Em segundo lugar, porque a lei demonstra específica preocupação com a invasão de dispositivos de figuras poderosas, como presidente da República, e com a ocorrência de prejuízo econômico (incluindo os artigos que tratam de falsificação de cartão de crédito e débito), o que mostra que o momento foi aproveitado para lidar com outras preocupações que já estavam na mesa e que nada tinham a ver com o caso.

E como isso aconteceu? A Lei Carolina Dieckmann foi, na verdade, a aprovação de um projeto de lei que já tinha sido proposto na Câmara dos Deputados, em 2011, para criminalizar condutas no campo de crimes cibernéticos. Apresentado pelos deputados Paulo Teixeira, Luiza Erundina, Manuela D'Ávila, João Arruda, Brizola Neto e Emiliano José, o projeto trazia em sua justificativa a intenção de ser uma alternativa a outro projeto, o PL n. 84/1999, que já tinha sido aprovado no Senado e em 2008 estava sendo debatido na Câmara.

O PL n. 84/1999, inicialmente proposto pelo deputado Luiz Piauhylino (PSDB-PE), havia gerado grandes críticas na imprensa e na sociedade civil brasileira. Por causa de um substitutivo (um novo texto) proposto pelo senador Eduardo Azeredo (PMDB-MG), em 2008, que aglutinava o projeto de Piauhylino e outros que tramitavam em conjunto, ele ficou conhecido como Projeto Azeredo — e foi batizado por "ativistas de internet", então uma categoria bastante nova, de "AI-5 digital". Conforme reconstrói Paulo René Santarém no livro *O direito achado na rede*, o projeto era penalizante e não previa garantias às usuárias e aos usuários de internet.[9] Essa era uma tendência dos projetos de lei propostos naquele período: como observa René, apesar de o Brasil ter sido bastante precoce nas iniciativas de regulação relacionadas à internet, a abordagem era predominantemente criminal. Os deputados que propuseram a alternativa faziam críticas semelhantes, afirmando que propostas de criminalização muito abertas criminalizariam o cidadão e a cidadã comuns, e então propunham a criminalização de um conjunto mais limitado de condutas. Foi esse projeto que ganhou rapidamente uma nova roupagem, após o caso envolvendo Carolina Dieckmann, e foi aprovado.

O Projeto Azeredo acabou passando um pouco depois, totalmente reduzido em escopo, prevendo basicamente delegacias especializadas em crimes cibernéticos. A mobilização tinha funcionado, e o objetivo dos deputados que propuseram a alternativa, chegando na Lei Carolina Dieckmann, também. As manifestações contra o Projeto Azeredo, como a campanha #MegaNão, ficaram conhecidas por ter aberto caminho para a aprovação de uma legislação protetiva de direitos fundamentais na internet no Brasil, de que falarei adiante neste capítulo.

O ponto aqui é que existia um contexto anterior, e que a disseminação de imagens íntimas de Carolina Dieckmann — e a sua reação inconformada e resistente — foi o estopim para a finalização daquele processo, sem que a nova legislação reconhecesse, ainda, diretamente o problema que naquele momento começava a ficar explícito.

Um ponto importante ainda ficou descoberto. O caso de Carolina Dieckmann envolveu também outro problema ofuscado pelos acontecimentos e pela aprovação da lei. As imagens íntimas da atriz haviam sido hospedadas em diversos sites e poderiam ser muito facilmente encontradas em uma pesquisa por seu nome em mecanismos de busca como o Google. Após o anúncio pelo advogado de Dieckmann, Antônio Carlos de Almeida Castro, conhecido como Kakay, de que moveria uma ação para pedir que aqueles resultados não fossem mais mostrados, o Google informou, por meio de nota:

> O Google vem a público esclarecer que não interfere em seus resultados de busca. O mecanismo de busca do Google é um indexador, ou seja, uma ferramenta que procura conteúdos disponíveis na internet. Para que um conteúdo não apareça na busca do Google, é necessário entrar em contato com o site que hospeda esse conteúdo e solicitar sua remoção.[10]

Depois de receber uma carta informativa do próprio Google detalhando dificuldades técnicas na remoção dos conteúdos dos resultados de busca, Kakay anunciou, alguns dias depois, que desistiria da ação contra a empresa, já que ela havia mostrado disposição ao diálogo.[11] Essa afirmação do Google, de que não interfere em seus resultados de busca e a remoção deveria ser feita na fonte original, ainda seria repetida por algum tempo. Poucos anos depois, como veremos, a empresa decidiu rever essa postura.

A INTERNET É FEMINISTA?

A forma como o caso de Carolina Dieckmann foi retratado na imprensa da época e o fato de o projeto de lei ter sido aprovado sem grandes debates sobre gênero faz parecer que a violência que foi praticada contra ela aconteceu em um vácuo, ou que a preocupação com que o direito atentasse para a violência contra mulheres na internet não existia. Não é verdade. No capítulo anterior, eu tratei de como organizações feministas vinham pautando os espaços de discussão de políticas para internet ao menos desde os anos 1990. Também a construção da pauta da violência de gênero on-line vem sendo feita desde então, embora somente em meados da década de 2010 ela tenha ganhado um debate estruturado.

Por debate estruturado, quero dizer publicações, organizações dedicadas a isso, trabalhos acadêmicos, espaço na mídia e discussão por parlamentares. Mas o tema já vinha cozinhando em outros espaços, sem furar a bolha, de forma que as matérias na imprensa sobre o caso de Dieckmann sequer faziam alguma referência à dimensão de gênero do que tinha acontecido, e a resposta legislativa veio de forma desconectada a qualquer dessas discussões. Por exemplo, uma matéria do G1 fala em "crimes virtuais", "quadrilha de hackers especialistas em invadir computadores", ligando o caso muito mais ao pânico sobre as muitas formas de delinquência que seriam possíveis com a internet que à dimensão de gênero, essa ligada a uma história que não começa na internet.

> Com exclusividade, o *Fantástico* mostra como foram roubadas as fotos do arquivo pessoal da atriz Carolina Dieckmann, que foram parar na internet. Os repórteres Tyndaro Menezes e Paulo Renato Soares trazem os bastidores da investigação policial que desmontou uma quadrilha de hackers, especialistas em invadir computadores.
>
> [...]
>
> O Brasil não tem lei específica para crimes de informática. Mas isso não significa que quem comete crime virtual fique sem punição. A Justiça se baseia no Código Penal, e no caso da atriz os envolvidos serão indiciados por furto, extorsão qualificada e difamação.[12]

Vale olhar, então, para o espaço onde o tema era de fato discutido e em que pé estava a conversa. Ele ainda não ser então um assunto de senso comum pode ser explicado por meio da teoria de contrapúblicos — mas volto a isso mais adiante. Nos anos 1990, existiu um movimento que ficou conhecido como *ciberfeminismo*: um conjunto de intervenções artísticas, acadêmicas e ativistas que celebrava a internet como um espaço de superação da desigualdade de gênero. O coletivo feminista VNS Matrix, formado em Adelaide, na Austrália, em 1991, afirma ser o primeiro a ter usado o termo no seu *A Cyberfeminist Manifesto for the 21st Century* [Manifesto cyberfeminista para o século 21], distribuído em uma galeria de arte e depois publicado em um outdoor gigante em Sydney. O manifesto é combativo e entusiasta, declaradamente influenciado pelo *Manifesto ciborgue* de Donna Haraway: "somos o vírus da nova desordem mundial/ rompendo o simbólico a partir do interior/ sabotadoras do *mainframe* do pai de família/ o clitóris é uma linha direta para a matriz/ o VNS MATRIX".[13] Em 1995, Sadie Plant, filósofa e teórica cultural britânica, propunha que a fluidez, a horizontalidade e a relacionalidade da internet tornavam-na inerentemente apta à agência das mulheres.[14] Um texto de 1997 de Anna Sampaio e Janni Aragón, ambas professoras nos Estados Unidos, argumentava que a comunicação no ciberespaço era desprovida de indicadores culturais como idade, raça e sexo, e com isso desafiava as construções de racionalidade e masculinidade tradicionais — desde que o anonimato prevalecesse.[15] Já em 1999, Nancy Paterson, artista e professora universitária canadense, publicou um texto chamado "Cyberfeminism" [Ciberfeminismo], em que dizia:

> O corpo, no espaço virtual, não é uma mera interface de usuário; a realidade virtual oferece a oportunidade de negociar, remodelar, ou mesmo deixar para trás a natureza física com a qual estamos, no mundo real, sobrecarregadas. Forças externas que atuam sobre nós impõem restrições, desaparecem. A gravidade, e as leis da física, desaparecem. A entropia e a passagem do tempo tornam-se conceitos sem sentido. Mulheres foram sempre, por virtude ou necessidade, adeptas da queda livre, aterrando-se em experiência física pessoal. Esta habilidade vai ser útil na nossa aventura

em outras dimensões e volta para casa. Por mais hábeis que nos tornemos navegando esses espaços e temporariamente deixando o nosso corpo para trás, é pouco provável que algum dia alcancemos a imortalidade. Virtualidade é o ponto cego do patriarcado.[16]

Nessas expressões, há muito de zeitgeist: 1996 foi o ano em que John Perry Barlow, figura importante no movimento hippie norte-americano e que então havia se tornado um entusiasta das tecnologias digitais de caráter libertariano,[17] publicou seu famoso *A Declaration of the Independence of Cyberspace* [Manifesto pela independência do ciberespaço],[18] advogando pela abstenção de qualquer interferência do Estado no virtual porque este seria superior, "terra da mente", livre das amarras do mundo material. A revista *Wired* publicava umas tantas outras opiniões com visões parecidas, que na época já eram criticadas por serem um tanto parciais, utópicas e ideológicas das relações de produção e de consumo das novas tecnologias.[19] Barlow não tinha, no seu manifesto, a superação da desigualdade de gênero no horizonte. O ciberfeminismo sim. E olhar para trás faz tanto entusiasmo parecer inocente. Existia, de fato, uma questão epistemológica ali, um problema na abordagem da tecnologia como quase um recipiente neutro, desconectado das mazelas do mundo dos corpos.

De outro lado, para evitar anacronismos, vale lembrar que a internet dos anos 1990 tinha pouquíssimo a ver com a internet que conhecemos hoje. Não era povoada de imagens e muito menos de vídeos; os habitantes daquele espaço eram poucos: somente aqueles que podiam ter acesso a um computador, uma linha telefônica, e tinham conhecimento de como a rede mundial funcionava. Em 1998, o Brasil tinha apenas 2,1 milhões de usuários.[20] Não é difícil chegar à conclusão de que muitos recortes de desigualdades se apresentavam. Ao mesmo tempo, fica mais fácil entender por que essa percepção de uma internet sem corpo era sedutora. Mas contar só a parte ciberfeminista também é dar uma versão parcial da história. Outras articulações feministas eram feitas a respeito da internet, sobretudo na América Latina. Além do fato de a misoginia on-line também já existir na época. A professora australiana Emma Jane, em seu livro *Misogyny Online* [Misoginia on-line], lembra de receber e-mails com ameaças de estupro desde 1998.[21]

Assim, podemos ver que movimentos feministas se apropriaram da internet desde o início — bem como fizeram uso das outras tecnologias da comunicação que a antecederam, e foram também transformados por ela. Fazer referência a isso é central por dois motivos: primeiro, porque a internet não é apenas misógina. Com certeza ela vem sendo um espaço de novas possibilidades expressivas também para mulheres, pessoas LGBTQIAP+, negras e indígenas. Segundo, porque se a misoginia é um sistema de vigiar e fazer valer a subordinação das mulheres, como definimos antes, um produto intencional ou indireto da misoginia na internet é atuar nas entranhas desses espaços de articulação e agência.

No livro *Interpreting the Internet: Feminist and Queer Counterpublics in Latin America* [Interpretando a internet: contrapúblicos feministas e queer na América Latina], Elisabeth Jay Friedman apresenta uma pesquisa extensa feita com organizações feministas da América Latina que mostra que não só algumas organizações e coletivos estiveram antenados desde o início sobre como a internet poderia facilitar seus objetivos, como a própria popularização da internet nos anos 1990 permitiu essas articulações. Friedman adota, a partir da sua própria trajetória de pesquisa, uma visão de construção mútua, entendendo que a internet impactou os movimentos feministas e que eles também impactaram a tecnologia. "Eventualmente, eu percebi que a importância da internet é determinada pelo seu uso; neste caso, as muitas formas com que ativistas na América Latina incorporaram a internet ao longo do tempo" — e a região latino-americana foi proeminente, no sul global, nos esforços por conectar contrapúblicos à internet.[22]

Por que falar em contrapúblicos feministas? Historicamente, na América Latina e em outros lugares do mundo, mulheres criaram várias formas de organização para fazer frente às muitas formas de repressão e marginalização, da desigualdade no poder político (mesmo o de votar) à ausência de direitos sexuais e reprodutivos, violências domésticas e no espaço público, precarização do trabalho e sobrecarga de trabalho reprodutivo, representação discriminatória na mídia e no debate público. Essa história pode ser caracterizada por fases, e, diante de uma crescente complexificação de atores e atrizes, a cientista política Sonia Alvarez propõe o uso de *campos discursivos de ação* para dar conta das referências compartilhadas tanto entre práticas feministas mais formalizadas, como ONGs, quanto menos, como coletivos autônomos, reconhecidas as desigualdades entre esses espaços, e as diferenças de abordagens do feminismo.[23] O conceito de *contrapúblico feminista* ou, mais amplamente, *contrapúblico subalterno* vem sendo também progressivamente utilizado por autores e autoras brasileiros:[24] são esferas discursivas alternativas, ou espaços em que pessoas marginalizadas desenvolvem suas identidades, constroem comunidades e formulam estratégias de impacto em públicos mais amplos. Ele remonta à crítica de Nancy Fraser à formulação do conceito de esfera pública de Jürgen Habermas: não existe nem nunca existiu, nem seria desejável que existisse, uma única esfera pública para todas as trocas discursivas de uma sociedade. Na formulação original, a esfera pública de Habermas seria um espaço para homens brancos, de classe média, convencionais, reforçarem seu poder. Nos contrapúblicos subalternos, grupos subalternizados formulam interpretações de oposição a partir de seus lugares, identidades, interesses, necessidades — e seus contradiscursos. Um exemplo que Fraser traz são as feministas norte-americanas que, no fim do século 20, organizaram veículos de comunicação, editoras, conferências, encontros, programas acadêmicos e mesmo um vocabulário específico para dar conta de problemas que não eram suficientemente abordados pela esfera pública — como "cultura do estupro" ou "dupla jornada".[25] Patricia Hill Collins formula algo semelhante, quando fala dos *espaços seguros* em que mulheres negras norte-americanas "fabricam a si próprias de acordo com os papéis das mulheres negras historicamente dominantes em suas próprias comunidades" — em relacionamentos, mas também na atividade de escrita e na música, como o blues.[26] Portanto, falar em contrapúblicos e não em movimentos sociais é focar no momento discursivo, em espaços de desenvolvimento que muitas vezes pré-datam movimentos sociais, aqui entendidos como organizações para transformação social sustentadas ao longo do tempo, ou concomitantes a ele. Uma proposta de diálogo do conceito de contrapúblicos com o de campo discursivo é que o campo discursivo foca no imbricamento crescente entre públicos dominantes e contrapúblicos subalternos, enquanto contrapúblicos focam na produção dos últimos como esfera própria, ainda que seus discursos mirem para fora. Entre os dois focos, fico neste momento com o de contrapúblicos, que vem sendo mobilizado de forma produtiva por pesquisas no campo da comunicação, dando conta, me parece, de estratégias, espaços e formas de apropriação dos meios de comunicação.

OS CONTRAPÚBLICOS FEMINISTAS

Na América Latina, quando a internet começou a se popularizar, já fazia mais de um século que contrapúblicos feministas se organizavam. E fazendo uso de mídias. No Brasil, antes da década de 1870, os poucos chamados "jornais femininos" eram dirigidos por homens, evitavam temas polêmicos e, se mencionavam emancipação, era para mostrar contrariedade.[27] A partir de então, vários jornais feministas começaram a surgir no Rio de Janeiro e outras cidades. Foi notável, em 1873, o lançamento de *O Sexo Feminino*, por dona Francisca Senhorinha da Motta Diniz. O periódico teve três fases, mudou de nome para *O Quinze de Novembro do Sexo Feminino* depois da proclamação da República e durou até 1986, com considerável público (sabe-se que em dado momento imprimiram 4 mil exemplares dos primeiros dez números para atender a um público que incluía até mesmo o imperador Pedro II e a princesa Isabel). Escrito apenas por mulheres e para mulheres, tinha uma linha editorial voltada para provar que mulheres poderiam ser iguais intelectualmente se tivessem oportunidades, e que o grande inimigo das mulheres era a ignorância de seus direitos. Na última fase, o jornal de dona Francisca passou a defender com mais ênfase o direito à educação e ao trabalho.[28] Outros exemplos foram *A Família*, que circulou entre 1888 e 1897, primeiro em São Paulo e depois no Rio, dirigido pela jornalista Josefina Álvares de Azevedo, combativo pela emancipação feminina no ensino superior, divórcio, trabalho remunerado e voto; *O Corimbo*, das irmãs Revocata Heloísa de Melo e Julieta de Melo Monteiro, entre 1884 e 1944 em Porto Alegre; e *A Mensageira*, entre 1897 e 1900, por Presciliana Duarte de Almeida, em São Paulo. Em 1952, Joana Paula Manso de Noronha, argentina radicada no Rio de Janeiro, lançava o *Jornal das Senhoras*, que no primeiro editorial trazia o objetivo de incentivar a educação de mulheres para sua emancipação. Essas e muitas outras publicações repercutiam a notícia de cada mulher que se formava, no Brasil e no exterior, e foram veículos de conscientização e criação de apoio mútuo.

Ao que parece, esses foram todos jornais liderados por mulheres brancas e de elite. Em uma reconstrução feita pela pesquisadora Natália Neris, há registros de imprensa negra pelo menos desde a década de 1820, com o jornal *O Bahiano*, que circulou entre 1828 e 1831 — e houve uma grande proliferação da imprensa negra entre 1910 e 1960 em São Paulo, sufocada pela ditadura militar, para voltar depois com força. Não encontrei registros de jornais de feministas ou mulheres negras nessa época — pode ser pela ausência de dados, ou por a diferenciação de um movimento de mulheres negras tanto dos movimentos negros, quanto dos movimentos feministas (então de características brancas e eurocentristas) ter se dado especialmente a partir da década de 1980,[29] como aponto adiante.

Experiências semelhantes aconteciam na região no mesmo período, como o jornal *La Mujer* no Chile e *El Aguila Mexicana* no México. Eram plataformas iniciais para comunicar e publicizar ideias que não chegavam à mídia dominada por homens brancos. Antes de 1979, há registros de mais de duzentas revistas de mulheres na América Latina — publicações que tratavam de questões de direitos relacionadas à vida doméstica e pública, e se conectavam com pautas políticas, do movimento abolicionista a anarquismo, socialismo e conservadorismo.[30] Encontros presenciais, nacionais e regionais nutriam a produção das comunicações.

Após o sufragismo, os anos 1970 ficaram amplamente reconhecidos como anos de exuberância do feminismo, no mundo e também no Brasil. Foi o ano que a ONU instituiu como Ano Internacional da Mulher, o que gerou uma série de trocas entre ativistas locais e internacionais. Aqui e em outros lugares da América Latina, as mulheres estavam submetidas a um contexto ditatorial repressivo e lutavam por igualdade de direitos e contra a discriminação sexual, mas também pela democracia, contra a censura, por melhores condições de vida. O direito ao prazer e ao aborto ganhou algum espaço.[31] O posicionamento das questões feministas entre outras lutas de esquerda não se deu sem conflitos. Essa foi, no entanto, a época de surgimento de importantes jornais feministas, o *Brasil Mulher* (1975), o *Nós Mulheres* (1976), e o *Mulherio* (1981), que tratavam de temas como discriminação racial, mulher na literatura, direitos sexuais e reprodutivos, violência, trabalho feminino e vida das operárias. Foi também a época de fundação do Movimento Negro Unificado (1978) e do movimento de mulheres negras, as quais afirmavam que identidade nas questões de gênero não significava solidariedade quanto às questões raciais, e vice-versa — a questão de gênero não estava automaticamente contemplada pelo movimento negro.[32]

Entre 1980 e 1990, o número de publicações na América Latina praticamente duplicou. Agora já mais duradouras, como as influentes *Fem*, no México, *Mujer/fempress*, que circulam em vários países da região, e ainda iniciativas como a mexicana *CIMAC*, que dava suporte a outros grupos de mulheres nos seus esforços de comunicação. A máquina de Xerox foi amplamente utilizada por diferentes espectros do feminismo, bem como as rádios comunitárias.[33] Elas já serviam não só para comunicação, mas para formação de identidade, como as conversas que se davam na seção das cartas à editora e os debates de oposição de ideias que a revista *Fem* publicava.

Mesmo quando, diante da transição para a democracia e da política econômica neoliberal a partir dos anos 1980, uma parte do movimento feminista latino-americano começou a se "institucionalizar" em organizações sem fins lucrativos, e conflitos entre "autônomas" e "institucionalizadas" absorveram parte das disputas do movimento, as organizações mantiveram contato por fazerem parte de contrapúblicos nacionais e regionais, tal como os Encuentros Latinoamericanos e Caribeños, que começaram a se organizar a partir de 1981, formando comitês locais em nove países, incluindo o Brasil. As mídias feministas continuaram a ser centrais na discussão pré e pós-Encuentros. Apesar das divergências internas, esforços de construção de coalizão regional foram centrais na aprovação de legislação contra violência contra a mulher, leis antidiscriminação com base em sexualidade e expressão ou identidade de gênero, e casamento homoafetivo.[34] Também foi no final dos anos 1970 e início dos 1980 que se institucionalizaram importantes centros de pesquisa nas universidades com estudos sobre a mulher, como o Núcleo de Estudos Interdisciplinares sobre a Mulher da UFBA, ou o Grupo de Trabalho sobre Estudos da Mulher da Anpocs.[35]

A internet começou a ser popularizada nesse momento pós-ressurgência do feminismo dos anos 1970. Muitas visões utópicas sobre os potenciais da internet argumentaram que ela daria as condições para a formação de uma esfera pública vibrante nos termos habermasianos. Mas a internet se moveu para lugares muito diferentes desde as utopias dos anos 1990, especialmente por causa da construção de espaços murados, com lógicas próprias, controlados por grandes corporações chamadas *big tech*, e pelas formas renovadas de controle estatal sobre as comunicações on-line. As desigualdades sociais aparecem nas tecnologias em sua própria construção, no acesso e nos usos. Mesmo diante disso, contrapúblicos on-line se formaram.* Ainda que estejam presentes na internet, isso não significa que ela seja feminista em sua totalidade. O que interessa e faz sentido investigar é o modo como os contrapúblicos feministas fizeram uso desse espaço.

Assim, há ao menos duas perspectivas importantes na compreensão da relação entre internet e os contrapúblicos feministas: uma que adota uma perspectiva mais histórica, entendendo a internet como mais uma forma de comunicação que transforma e é transformada por contrapúblicos já existentes; outra que olha especificamente para contrapúblicos digitais, aqueles que se formam predominantemente pelas redes, ainda que ligados a movimentos e questões que vão muito além delas.

Apesar de o início da internet ter sido um empreendimento militar nos Estados Unidos e ter ficado sob seu controle por cerca de três décadas, sempre houve programadores e usuários trabalhando para democratizar a tecnologia e criar usos alternativos,[36] inclusive por movimentos de base. Organizações da sociedade civil latino-americana, aproveitando a oportunidade de oferecer às pessoas a participação na Eco-92, da ONU, conseguiram se conectar à internet quando ela ainda não era disponibilizada comercialmente, oferecendo conexão por meio de "servidores civis" para organizações. Era o caso da Alter-Nex, no Brasil, coordenada por Carlos Afonso. Na época, a internet brasileira conectava centros universitários e de pesquisa por meio da Rede Nacional de Pesquisa (RNP), mas não era

* Para o teórico de mídia Lincoln Dahlberg, a internet favorece três características centrais da construção de contrapúblicos: a criação de identidades, de comunidade baseada em novas formas de pensar, e a estrategização de mudança — mas é a apropriação e transformação dessas características por uma comunidade que dão forma aos contrapúblicos. Lincoln Dahlberg, "Rethinking the Fragmentation of the Cyberpublic: From Consensus to Contestation". *New Media & Society*, v. 9, n. 5, pp. 827-47, 2007.

possível se conectar a ela individualmente ou contratar acesso independente.[37]

Na esteira da organização feminista regional que vinha dos anos 1980, e que contava amplamente com as mídias alternativas, ativistas feministas que trabalhavam com tecnologia tiveram um grande papel na conexão de ativistas e grupos. A Association for Progressive Communications (APC), que mencionei no capítulo anterior como uma organização que pautava discussões de gênero nos encontros de políticas de tecnologia desde os tempos remotos, teve nesse momento um papel central.[38] A APC é uma junção de organizações, ou seja, ela articula uma infraestrutura de comunidades já existentes. Um de seus programas mais bem-sucedidos foi o Women's Networking Support Programme (WNSP, Programa de Apoio à Rede de Mulheres), que, em 1993, começou a trabalhar com organizações latino-americanas para treinar grupos de mulheres no uso da internet e em *advocacy* [apoio] de políticas de mídia, a fim de que as mulheres mexicanas se preparassem para a Conferência de Beijing da ONU. Por exemplo, as ativistas Beatriz Cavazos e Erika Smith, por meio da organização mexicana LaNeta, fundaram Modemmujer, que conectava entidades de mulheres para utilizar o e-mail e participar da conferência. Elas ajudaram a criar quatrocentas contas de e-mail, para as quais informações sobre a conferência eram enviadas e depois reencaminhadas por fax, jornais locais e rádios comunitárias. As respostas eram enviadas ao Modemmujer em Beijing, onde eram utilizadas para pressionar a delegação mexicana no local. O WNSP abriu um servidor civil (no NGO Forum, que aconteceu paralelamente à conferência) e trabalhou local e remotamente na abertura de 1 700 contas de e-mail, por onde passaram 62 mil mensagens.[39] Eram assim compartilhadas informações alternativas às fontes oficiais. Com isso, o WNSP da

APC colocava em prática a visão de que a internet não deveria ser apenas um espaço dos homens do Ocidente — e fazia isso de baixo para cima, a partir dos contrapúblicos de mulheres que já existiam.[40] Enquanto isso, trabalhava também com os resultados que saíam do encontro, conseguindo incluir nas recomendações da conferência demandas de treinamento em tecnologias de internet para comunicação sul-sul e sul-norte com o objetivo de promover direitos e igualdade de gênero. Foi um momento crucial para o uso da internet passar a integrar o tecido das demandas feministas.

No fim da década de 1990 e início de 2000, listas de distribuição por e-mail eram extremamente populares entre organizações latino-americanas. As brasileiras não circulavam muito entre os outros países pela diferença linguística.[41] Mas mesmo assim houve muita articulação interna. Por exemplo, na ocasião da Conferência Mundial da ONU contra o Racismo, Discriminação Racial, Xenofobia e Intolerância, um grupo liderado por Criola, no Rio de Janeiro, Geledés Instituto da Mulher Negra, em São Paulo, e Maria Mulher, no Rio Grande do Sul, organizou a Articulação de Mulheres Negras Brasileiras, que coordenou a participação de mulheres negras por todo o país e suas pautas na conferência — especialmente por meio de uma lista de e-mails.[42]

Na região latino-americana, o uso de internet para as atividades-fim das organizações, por exemplo o contato com comunidades, sempre encontrou limites nas desigualdades de acesso, as quais criam novas formas de exclusão. Então, maneiras de enfrentar essa exclusão também foram elaboradas: em 2001, a Cimac no México integrava a internet a uma cadeia maior de comunicações, por exemplo disponibilizando uma pessoa para ler notícias recebidas por e-mail em uma rádio local. O Mulheres do Alto das Pombas, organização de mulheres negras em

Salvador, contava com uma rede de universitárias para enviar e receber e-mails.[43] Em 1999, o Geledés produziu um workshop de internet e *advocacy* de mídia para mulheres em Salvador, e a coordenadora de comunicação Nilza Iraci relatou a dificuldade que foi convencer financiadores de que a internet não era um mero "luxo" diante de problemas como saúde e educação. Foram cerca de vinte mulheres treinadas por quatro mulheres negras, não apenas em capacidades tecnológicas, mas também em questões de desigualdades de gênero e raça e como endereçá-las com as tecnologias digitais nas suas respectivas organizações, com o objetivo de tornar a tecnologia relevante para aquelas mulheres.[44]

Chegada a década de 2010, as organizações já adentravam as redes sociais e os desafios de se comunicar nelas: muitas vezes as mais antigas precisavam contratar pessoas mais jovens, e relatavam as dificuldades de encontrar especialistas em redes que também tivessem conhecimento em gênero e na linguagem da organização.[45] É nesse momento que entram em cena o que chamei de contrapúblicos *digitais*, para me referir a espaços que, mesmo que não estejam exclusivamente pautados nas redes, têm sua gênese muito umbilicalmente ligada a essas novas formas de comunicação. São feminismos de novos contornos que em muitos aspectos se chocam com os anteriores.*

Os pesquisadores Jonas Medeiros e Fabiola Fanti construíram um banco de dados com mais de quatrocentos protestos fe-

* Um aspecto que Flávia Rios e Regimeire Maciel ressaltam é o de que as gerações de "novos ativistas", pós-anos 2000, articulam as demandas principalmente a partir de sua individualidade e experiência própria, enquanto as gerações anteriores articulam mais as experiências coletivas e organizacionais. Ativistas da nova geração também têm um trabalho de resgate das autoras feministas negras e de centrar o feminismo negro em oposição ao branco. Flávia Rios e Regimeire Maciel, "Brazilian Black Feminism in Rural and Urban Spaces". *Agrarian South: Journal of Political Economy*, v. 10, n. 1, pp. 59-85, 2021.

ministas pelo país entre 2003 e 2017. Analisando-os, chegaram à conclusão de que a partir de 2011 houve um aumento expressivo, o que coincide com o início do que vem sendo chamado de "ciclo de protestos" no Brasil (que teve o ápice em 2013, mas seguiu ainda adiante, até o impeachment de Dilma Rousseff).[46] É comum a análise de que, nas décadas de 1990 e 2000, no Brasil, a institucionalização em ONGs, financiadas e com acesso a redes internacionais, e a oportunidade de ativistas históricas fazerem parte de quadros do governo, a partir do primeiro governo Lula (2002-2006), teriam afastado as mulheres das ruas.[47] Essa volta, em 2011, esteve inicialmente ligada a um acontecimento muito específico: a Marcha das Vadias, ou Slut Walk.

A Marcha das Vadias nasceu no Canadá em resposta a uma palestra na Universidade de Toronto, onde um policial afirmou que, para evitar violência, mulheres precisavam parar de usar roupas de vadias (*sluts*). A primeira Slut Walk, em 3 de abril de 2011, foi um protesto que incorporava a palavra *slut* e pautava a liberdade e a autonomia sobre o corpo e a sexualidade. De Toronto, várias marchas começaram a ser organizadas ao redor do mundo; a primeira no Brasil aconteceu em São Paulo, em 4 de junho daquele mesmo ano. No ano seguinte, foi definida uma data unificada, e em 26 de maio de 2012 aconteceram manifestações em mais de trinta cidades — e mais nos anos seguintes.[48] As marchas começaram a ser organizadas de forma descentralizada e por meio das redes sociais. A rápida disseminação delas e dos repertórios utilizados — o "corpo-bandeira", com roupas curtas, topless, palavras de ordem na pele — esteve ligada à disseminação de informações e de imagens também pela internet. Além da corrente de protestos, a importância das Marchas das Vadias teve uma sobrevida: a partir delas foram formados coletivos feministas que continuaram a ganhar expressão.[49] Mas seu significado não foi unânime nos movimentos feministas: coletivos de mulheres negras, como o Coletivo Pretas Candangas, ao observar nas Marchas das Vadias uma predominância de mulheres brancas e universitárias, criticaram as próprias bandeiras, afirmando que para as mulheres negras não são determinadas roupas que levam à sexualização, e que "não queremos reivindicar o direito de ser vadias, mas sim de ser médicas, advogadas, doutoras".[50]

Embora sejam uma marca, inclusive por terem sido tratadas com destaque pela mídia, as marchas faziam parte de um momento de efervescência para muito além delas: acontecia o que Sonia Alvarez chama de uma multiplicação de campos e popularização do feminismo, fosse na cidade, no campo, entre as domésticas, as quilombolas, as indígenas, as lésbicas, as trans, as hip-hopeiras e grafiteiras, e entre todas as feministas negras. Em 2015, a Marcha das Mulheres Negras contra o Racismo e a Violência e pelo Bem Viver evocou também a luta decolonial, como em outras partes da América Latina. Em todo esse movimento, a internet e as redes sociais tiveram papel de destaque, inclusive na agregação para as marchas nas ruas. Jonas Medeiros e Fabiola Fanti observam, no entanto, como a presença das mulheres nas ruas passou, em 2013, para pautas "defensivas" — contra o Estatuto do Nascituro, que, apesar de ser de 2007, voltava a tramitar naquele momento e colocava em risco as já tão reduzidas possibilidades de aborto legal no país. Em 2015, foram as Mulheres Contra Cunha; em 2018, já fora do período do estudo de Medeiros e Fanti, o movimento #EleNão com seus protestos massivos organizados por mulheres contra a eleição de Jair Bolsonaro, o que atesta as relações entre esse processo de espraiamento das conexões via internet e o fortalecimento da direita no país.

Embora o foco aqui tenham sido as ruas, as redes também estiveram efervescentes. Foi na década de 2010 que as grandes plataformas de redes sociais começaram a ganhar escala no Brasil e no mundo. O Orkut, criado em 2004, tornou-se imensamente popular no Brasil entre 2005 e 2007 — entre a parcela de usuários de internet, evidentemente, que se concentrava nas classes A e B.[51] Do fim da década de 1990 ao início da de 2000, a blogosfera ganhou enorme popularidade. Já em 2010, o Facebook assumiu o protagonismo, e começou a popularizar-se também o uso dos aplicativos de mensagens privadas móveis, como o WhatsApp.

Os contrapúblicos feministas foram se formando a partir da construção desses múltiplos espaços. Blogs como o próprio Escreva Lola Escreva, de que ainda tratarei adiante, mas também o Blogueiras Feministas, Blogueiras Negras, Lugar de Mulher; páginas de Facebook como Feminismo sem Demagogia e Moça, Você é Machista, e tantos outros, foram espaços de formação de novos discursos e novas práticas, como uma cultura de denúncia de machismo, racismo e outras situações de violência.[52] Em sua pesquisa de doutorado, a antropóloga Fernanda Kalianny Martins Sousa estuda como a dinâmica de discussão entre internet e outros ambientes de atuação política criou e ressignificou a categoria de relacionamento abusivo dentro do repertório feminista.[53] Em outra pesquisa, dessa vez no doutorado que Jonas Medeiros defendeu em 2016 sobre a formação de coletivos periféricos na cidade de São Paulo, evidencia-se como o uso da internet, e grupos de Facebook em específico, foi central na articulação de mulheres de um extremo a outro da cidade, na divulgação de saraus, no desenvolvimento de debates com gramáticas próprias.[54]

As redes também tiveram, a partir da década de 2010, o papel de agregar públicos, pautas e vocabulários nas chamadas campanhas de hashtags, por exemplo #MeuPrimeiroAssédio, #MeuAmigoSecreto, #EuNãoMereçoSerEstuprada, e tantas outras de grande alcance ou de nicho, como foi o caso da #NãoPoetizeOMachismo, sobre práticas machistas em saraus periféricos.[55] Vimos #MeToo e #NiUnaMenos ganhando visibilidade transnacional. Muitas dessas campanhas transcenderam as redes e ganharam as mídias tradicionais, além do debate fora das redes, furando a bolha dos contrapúblicos. São, além disso, expressões do que chamei anteriormente de construção mútua, isto é, uma demonstração de quando as tecnologias impactam as relações sociais e estas fazem uso das tecnologias, moldando-as.

ARQUITETURAS, CONSERVADORISMO E VIOLÊNCIA

Por mais que as mulheres estivessem on-line e se articulando na rede, a internet estava longe de ser o mar de rosas para elas ou para pessoas LGBTQIAP+ e pessoas negras se expressarem. Esse período foi também o do crescimento das novas direitas, dos protestos conservadores anticorrupção, do impeachment de Dilma Rousseff e da eleição e do governo de Jair Bolsonaro, e, portanto, significativas vitórias antifeministas. Olhar para o modo como os contrapúblicos feministas são impactados ou se constituem pela internet é inescapável para falar de misoginia por dois motivos. O primeiro porque há que se ressaltar a agência e o protagonismo das mulheres nesse espaço para entender como a violência o afeta diretamente. O segundo é que, embora nem a violência nem a ascensão conservadora possam ser atribuídas sem mediações aos sucessos dessas mobilizações e disputas discursivas dos feminismos, há uma conexão entre uma coisa e outra.

Em um experimento que realizamos no InternetLab em 2018, a pesquisadora Natália Neris e eu olhamos para os posts feitos por páginas no Facebook durante a semana do Dia Internacional da Mulher com intuito de mapear os diferentes debates feitos pelas páginas, com a suposição de que alguns temas feministas eram mais proeminentes que outros.[56] Nós usamos as páginas mapeadas pelo Monitor do Debate Político Digital, da Universidade de São Paulo, que as categorizava de acordo com uma leitura do debate político daquele momento: entre os eixos anti-PT (liberais, conservadores, grupos de apologia das forças militares, partidos da base aliada do então presidente Michel Temer e grupos anticorrupção) e "antianti-PT" (não necessariamente apoiadores do PT: eram ONGs, partidos de oposição, grupos de esquerda e movimentos sociais — incluindo páginas do movimento feminista, antirracista e LGBTQIAP+).

O resultado que obtivemos foi completamente diferente do que esperávamos: os posts e as notícias mais compartilhados eram todos do campo conservador, ironizando mulheres políticas do campo progressista (e, a reboque, ironizando as lutas do Dia Internacional da Mulher). Vimos também que os posts do campo progressista eram muito mais numerosos, mas muito menos compartilhados. Isso mostrou, de um lado, o grau de conflito no debate de direitos das mulheres. De outro, o quanto estamos imersas em espaços digitais homogêneos, já que tivemos nossas expectativas frustradas e essa predominância do campo conservador sequer aparecia nas nossas hipóteses.

Existe um lugar-comum sobre a existência de "filtros-bolhas" — ou de "câmaras de eco" ou ainda "*rabbit holes*" — como resultado da personalização da experiência promovida por algoritmos, nas plataformas digitais, que fazem com que as pessoas sejam submetidas majoritariamente a conteúdos próximos de suas preferências e opiniões. Há muita discussão e pesquisa a respeito da dúvida se as pessoas são mesmo submetidas a opiniões mais homogêneas nas redes que fora delas, e isso depende de muitos fatores, como contexto social e a dieta de mídia da pessoa.[57] No livro *O mundo do avesso: verdade e política na era digital*, a professora de antropologia da UFSC Letícia Cesarino afirma que é infrutífero tentar identificar se um algoritmo como o do YouTube causa ou não radicalização, já que algoritmos são previamente programados para fazer algo, mas relacionam-se com usuários reais, que trazem "fatores extra-algorítmicos". É esse amálgama que importa: como procedimentos algorítmicos relacionam-se com usuários, extraindo seus dados para entregar um resultado, mas a partir de seu comportamento.[58] Essa relação é, entretanto, de uma assimetria brutal devido a uma alienação técnica: há uma obscuridade sobre como operam os algoritmos das plataformas de redes sociais. Por exemplo, nas razões pelas quais algo ganha destaque ou é mostrado a nós em detrimento de outra, ou nas diferenças de significado e uso de determinada ação: um like parece servir para eu mostrar contentamento com um post de alguém, mas é usado pela rede social para clusterizar usuários e direcionar-lhes anúncios. Embora a personalização na entrega de conteúdos possa dar uma sensação de empoderamento, os usuários vão tendo uma posição cada vez mais passiva.

No caso do experimento com o 8 de março, nosso espanto foi encontrar postagens muito distantes das que estávamos vendo no nosso uso das redes sociais com base em nossas próprias segmentações homofílicas, isto é, que conectam igual com igual, a partir tanto de escolhas de quem seguimos, quanto de algoritmos. No entanto, importa mais para a misoginia on-line o que está *entre* essas segmentações: embates e violências frequentemente ocorrem no cruzamento de públicos que as mesmas redes permitem. O conceito de *colapso de contexto*, de danah boyd, dá uma dimensão importante do problema: ela estudou como jovens nas primeiras redes sociais tinham dificuldade de gerenciar a separação de papéis sociais e expectativas, algo que é mais controlável no ambiente off-line.[59] Um post para amigos ia parar em professores e avós — assim como passamos a ver opiniões, não intermediadas, de pessoas com quem não temos relação, ou com quem temos relações de outras ordens (por exemplo, a opinião política do seu vizinho). Para Cesarino, o colapso de contexto caracteriza a forma como a mídia digital hoje se organiza como um todo.[60]

Aquela proeminência dos posts de páginas conservadoras tampouco teria nos surpreendido se o livro de Camila Rocha, *Menos Marx, mais Mises*, já tivesse sido publicado (e já o tivéssemos lido). Nele, Rocha analisou a emergência das novas direitas no Brasil nos anos 2010, a partir de sua história muito mais longa, e identificou um momento de grande efervescência nas comunidades do Orkut na década de 2000 — a partir de páginas dedicadas à discussão da obra de Olavo de Carvalho. A história passa por uma diferenciação interna entre os liberais, que acabam se juntando a um conservadorismo não necessariamente liberal na organização dos protestos pelo impeachment de Dilma Rousseff em 2016, formando o amálgama "ultraliberalismo-conservador". Nesse processo, tanto o uso intensivo (e competente) das redes sociais quanto a professada "política de choque" adotada por muitos dos seus representantes como forma de ganhar atenção para suas pautas levaram à imensa popularidade dessas páginas — Rocha fala em dezenas de milhões de pessoas atingidas apenas pelo Facebook em 2014.[61]

Outro ponto central da reconstrução da história de choques entre esses públicos é que, se grupos conservadores na década de 1960 impactaram a sociedade civil e a política por meio do uso do discurso anticomunista, após a redemocratização, grupos conservadores mais antigos e mais recentes voltaram suas atenções às agendas feminista, LGBTQIAP+, antirracista e indígena. Especialmente durante o mandato de Dilma Rousseff, conservadores sentiram o "choque progressista": em quatro anos, a legalização do casamento civil homoafetivo, a garantia de cotas raciais nas universidades, a permissão para interromper a gravidez em caso de anencefalia e a proibição de castigos físicos em crianças fizeram com que se sentissem ameaçados. Em 2003, Jair Bolsonaro afirmou à deputada Maria do Rosário que "não a estuprava porque ela não merecia" (segundo ele, após ela tê-lo chamado de estuprador); em 2011, iniciou uma cruzada contra o que chamou de "kit gay" (uma fake news acerca de um suposto material anti-homofobia distribuído pelo Ministério da Educação). A "ideologia de gênero", termo que vinha sendo usado pela Igreja católica desde a década de 1990, passou a ser repudiada com afinco. Para a cientista política Flávia Biroli e seus coautores, o conceito foi central na organização do campo conservador, particularmente religioso.[62]

Esse contexto não somente complicou o avanço dos movimentos e suas pautas, mas também impôs desafios concretos e diários. Como se poderia esperar, a violência on-line contra ativistas, jornalistas e mulheres na política ganhou proeminência a partir de 2016, como discutirei nos próximos capítulos. Denunciar e debater violência on-line contra mulheres, pessoas LGBTQIAP+ e pessoas negras tornou-se uma atitude mais arriscada, repleta de confrontos e ganhou contornos muito limitados, isto é, negociados com aqueles que esse conservadorismo aceita no debate de violência de gênero. O confronto entre as manifestações on-line do feminismo, antirracismo, ativismo queer e manifestações de representantes das novas direitas, nesses traços amplos, não é exclusivo do Brasil. Autoras que escrevem sobre os Estados Unidos, como Whitney Phillips e Angela Nagle, comentam disputas semelhantes por lá.[63] Mas o contexto brasileiro, dentro do mais amplo latino-americano, traz as muitas particularidades que apontei aqui. Vale ainda reconhecer a multiplicidade das novas direitas — seguindo Camila Rocha, e também a interpretação do filósofo Marcos Nobre, segundo a qual reduzir as novas direitas à extrema direita, e a extrema direita a uma posição meramente de reação ao ganho de campo de agendas emancipatórias dificulta a compreensão da sua complexidade enquanto força antissistema e antiestablishment.[64] Levo esse argumento a sério: é preciso olhar toda a extensão social, política e econômica das questões que levaram ao fortalecimento da extrema direita e à crise da democracia no Brasil. Ainda assim, a agenda de oposição às pautas e conquistas emancipatórias é uma parte relevante da história, e que, dado o nosso objeto, faz sentido ressaltar.

Isso porque foi a partir de 2013 (ano das manifestações e também do fortalecimento do conservadorismo) que casos de violência de gênero on-line começaram a aparecer mais sistematicamente na imprensa e a ganhar expressão mais concreta nos debates legislativos. Lembremos como terminou um ano antes a história entre o advogado de Carolina Dieckmann e o Google, que afirmava não remover links de seu resultado de busca por motivos essencialmente técnicos. Então, embora os debates de violência de gênero na internet — feitos desde muito antes pela APC, encampados pelo treinamento do Geledés, em debate (talvez inicial) pelos contrapúblicos feministas digitais — não tivessem ainda saído de seus nichos e ganhado um debate público mais amplo naquele momento, a big tech estava atenta. A proliferação da disseminação não consentida de imagens íntimas e suas consequências para meninas e mulheres colocaria mais pressão sobre essas empresas na sequência.

Do corpo aos *nudes*: sexualidade, gênero e internet

Em 10 de novembro de 2013, Julia Rebeca, uma adolescente de dezessete anos, foi encontrada morta em seu quarto, em Parnaíba, no Piauí. Ela deixou um recado no Twitter antes de se suicidar: "É daqui a pouco que tudo acaba"/"eu te amo, desculpa não ser a filha perfeita mas eu tentei... desculpa desculpa eu te amo muito...". No dia 14 do mesmo mês, uma adolescente de dezesseis anos também cometeu suicídio no Rio Grande do Sul. A matéria da *IstoÉ* que relatou os casos ligou-os a histórias anteriores, como a de Carolina Dieckmann:

> Se antes a maior ameaça vinha de desconhecidos que invadiam os dispositivos móveis e espalhavam fotos íntimas, os casos mais recentes mostram que o risco agora vem do namorado ou do marido que, ressentido com o término do relacionamento, está disposto a tudo para se vingar. O fenômeno cresceu tanto que ganhou um nome, "pornovingança".[1]

Naquele mesmo ano, uma jovem de dezenove anos de Goiânia teve um vídeo de sexo com o namorado disseminado pela internet. Em depoimento ao *Fantástico*, em 17 de novembro, ela contou que, depois do ocorrido, ela mudou de aparência, deixou de trabalhar e evitava sair de casa:

> Meu celular não parava. O pessoal ligando, ligando. Eu fiz o boletim de ocorrência na sexta-feira. O pessoal não tinha dado muita importância. Quando foi na segunda-feira, eu vi a proporção que tava.
>
> Ele tirou a minha vida, eu não tenho mais vida. Eu não consigo sair, não consigo estudar, trabalhar.[2]

Fran virou meme: no vídeo ela fazia um gesto de o.k. e pessoas começaram a compartilhar imagens fazendo o mesmo em referência ao vídeo.[3] Feministas organizaram uma campanha de contracomunicação nas redes sociais usando a hashtag #SomosTodasFran. Outras criaram um abaixo-assinado para uma lei em que fosse "considerado crime a divulgação indevida de material íntimo (seja vídeo, foto, áudio etc.) em qualquer meio de comunicação". Junto às assinaturas, muitos comentários: "Respeitem a privacidade alheia"; "Nossos corpos, nossos direitos!"; "Pelo fim do machismo! Pelo fim do *porn revenge*! #forçafran".[4] Textos foram publicados em vários blogs feministas, como o Geledés e o Think Olga. A internet estava atenta.

Os casos foram o estopim para a proposição de vários projetos de lei na Câmara dos Deputados e no Senado. Eles tratavam do tema especialmente do ponto de vista penal.[5] Mas uma coisa aconteceu antes disso. Precisamente enquanto os casos aconteciam, o Brasil discutia a aprovação de um marco legal para equilibrar direitos no ambiente digital. O debate de NCII conseguiu espaço nesse processo, adiantando em anos uma conversa que naquele momento era muito incipiente: como fazer as plataformas digitais fazerem mais contra a violência de gênero.

A VIOLÊNCIA DE GÊNERO ENCONTRA OS DIREITOS DIGITAIS: O MARCO CIVIL DA INTERNET

Em 2005, o Ministério Público Federal começou a acordar com empresas de tecnologia como AOL, UOL, Click 21, Terra, IG e Abranet (Associação Brasileira dos Provedores de Acesso, Serviços e Informações da Rede Internet) alguns termos de conduta contra propagação de racismo, exploração sexual infantil e outros crimes. Assim, em 2006, o país já apresentava a tendência de focar nos intermediários de internet, além do agente individual que realiza a conduta em casos de crimes e danos causados no ambiente digital. Foi naquele ano que o MPF assinou com o Google Brasil um Termo de Ajustamento de Conduta (TAC), com a participação da ONG Safernet. Um TAC é um acordo que o Ministério Público celebra com alguém que viola um direito coletivo, como uma forma alternativa de fazer cessar a situação de ilegalidade ou reparar o dano, e com isso possivelmente evitar uma ação judicial.

O MPF vinha solicitando a identificação de perfis criminosos no Orkut; o Google vinha respondendo sistematicamente que esses pedidos deveriam ser endereçados à Google Inc. nos Estados Unidos, afirmando que sua sede no Brasil cuidava apenas de marketing e vendas. Esse argumento era usado com bastante frequência pelas empresas estrangeiras de aplicações de internet naquela época. Mas o TAC colocava fim a uma Ação Civil Pública do MPF contra o Google Brasil, que tentava fazê-lo cumprir mais de cinquenta decisões judiciais. Com o TAC, o Google Brasil teria que notificar o MPF quando identificasse exploração sexual infantil, guardar ou remover dados e certos conteúdos diante de ordem judicial e moderar postagens por meios humanos ou automatizados, além de ser multado pelo eventual descumprimento. Mas não existia uma lei que tratasse especificamente dos intermediários de internet.

Se hoje os debates sobre as plataformas digitais parecem intensos, naqueles anos também foram muito — embora mais em nichos. Foi em 2008 que o Projeto Azeredo, batizado por campanhas da sociedade civil brasileira de AI-5 Digital — mencionado no capítulo anterior —, gerou forte reação e abriu caminho para o debate de uma legislação de caráter civil (em vez de penal), de garantias para usuárias e usuários de internet. Diante desse movimento, em 2009, o Ministério da Justiça deu início às consultas públicas para a construção do Marco Civil da Internet por meio de uma plataforma on-line. Muitas pessoas se dedicaram a refletir sobre a experiência participativa que foi o Marco Civil.[6] Aquele foi um rico debate on-line feito em etapas que por fim chegou a uma lei de direitos e garantias que impõe regras e limites para o acesso a dados e identificação de usuários a neutralidade de rede[7] e o regime para responsabilização dos provedores de aplicações de internet que disponibilizam conteúdos de terceiros, como plataformas de redes sociais, mecanismos de busca e aplicativos de mensagem.

A discussão era e ainda é central. Pensemos no caso de um usuário que posta, em uma rede social, uma ameaça de morte a uma mulher. Ele pode ser processado criminalmente pela ameaça e também pode ser processado na esfera civil para indenizá-la por danos morais ou materiais. Se for um caso de violência doméstica, a mulher em questão pode também obter uma medida protetiva. Mas e a plataforma onde aquela ameaça se encontra? Ela também é juridicamente responsável, o que significa que pode ter de indenizar a mulher por danos morais e materiais? Se sim, a partir de que momento — desde o momento da postagem, a partir de uma notificação por um usuário ou usuária, ou a partir de uma decisão judicial de remoção — ela deve tomar atitude? Que incentivos um ou outro modelo gera? Se for desde o momento da postagem, isso significa que as plataformas têm um dever de checar a licitude de todos os conteúdos postados? O que justifica uma escolha ou outra, do ponto de vista da razoabilidade, dos direitos envolvidos e dos incentivos econômicos nesse tipo de modelo de negócios?

Eram muitas as perguntas envolvidas, e o modelo que saiu vitorioso das consultas públicas sobre o Marco Civil foi o que isenta esses serviços de responsabilidade até o momento em que recebem uma ordem judicial para remoção de um conteúdo. Isso quer dizer que serão responsabilizados pelo conteúdo apenas se, diante dessa ordem, não o fizerem.* Apesar de desobrigadas, isso não afeta a possibilidade de essas empresas desenvolverem regras próprias sobre conteúdos e as aplicarem — a chamada moderação. Mas, no modelo do Marco Civil, a atividade privada de moderação de conteúdos não é regulada.

Foi uma vitória das empresas de aplicações de internet e de ativistas de direitos digitais que argumentavam que o modelo favorecia a liberdade de expressão, já que quem define se um conteúdo é ilícito, nesse modelo, é o Judiciário (e não as empresas). Eles diziam que essa decisão levaria a um melhor equilíbrio entre os direitos em jogo. Isso também evitaria o "superbloqueio": de acordo com o argumento, quando provedores de aplicações são responsáveis por conteúdos ilícitos de terceiros, eles tendem a censurar previamente outras postagens, com receio de responsabilização. A lógica desse argumento vem acompanhada de uma leitura da cultura jurídica brasileira como sendo bastante leniente à censura, especialmente de poderosos, e que a internet poderia virar um espaço controlado pelo grande poder, como os que a antecederam. Como veremos,

* O provedor de conexão, que "conecta o usuário à internet", não é responsabilizado sob nenhuma hipótese: "Art. 18: O provedor de conexão à Internet não será responsabilizado civilmente por danos decorrentes de conteúdo gerado por terceiros".

há controvérsias em torno de todos esses argumentos.* Entretanto, a regra aprovada foi:

> Art. 19. Com o intuito de assegurar a liberdade de expressão e impedir a censura, o provedor de aplicações de internet somente poderá ser responsabilizado civilmente por danos decorrentes de conteúdo gerado por terceiros se, após ordem judicial específica, não tomar as providências para, no âmbito e nos limites técnicos do seu serviço e dentro do prazo assinalado, tornar indisponível o conteúdo apontado como infringente, ressalvadas as disposições legais em contrário.

Após a fase de consultas públicas na negociação do projeto no Congresso Nacional, a indústria de entretenimento, especialmente a Globo, a Associação Brasileira de Emissoras de Rádio e Televisão (Abert) e a Associação Brasileira dos Produtores de Discos (ABPD), hoje Pró-Música Brasil (das quais as empresas do grupo Globo inclusive fazem parte), lutaram fortemente para essa regra não valer para conteúdos que violam direito autoral. O embate entre essas indústrias baseadas no direito autoral contra a disponibilização não autorizada de obras como músicas e filmes na internet já tinha então quase vinte anos. O que elas queriam era um regime de responsabilização mais favorável a elas, que não as obrigasse a judicializar todos os casos para forçar os provedores a removerem, por exemplo, obras musicais compartilhadas sem autorização.[8] Costurando

* Houve também quem, naquele momento, já defendesse modelos alternativos. Trato de algumas dessas questões no quinto capítulo, quando falamos de moderação de conteúdos. Ver, por exemplo, Clara Iglesias Keller sobre as insuficiências do modelo: Clara Iglesias Keller, "Policy by Judicialisation: The Institutional Framework for Intermediary Liability in Brazil". *International Review of Law, Computers & Technology*, v. 35, n. 3, pp. 185-203, 2020.

acordos pela aprovação da lei, o relator do projeto na Câmara dos Deputados, Alessandro Molon (então PT-RJ), criou uma exceção para o caso de violação de direito autoral. O texto final ficou da seguinte forma:

> Art. 19. § 2º A aplicação do disposto neste artigo para infrações a direitos de autor ou a direitos conexos depende de previsão legal específica, que deverá respeitar a liberdade de expressão e demais garantias previstas no art. 5º da Constituição Federal.

E aqui é que as pontas novamente se unem: os dois suicídios, um no Norte, outro no Sul do país, depois dos episódios de NCII, foram amplamente noticiados na reta final de tramitação do Marco Civil e viraram até matéria no *Fantástico*. De acordo com o relato da jornalista Ana Carolina Papp, que contou a história do Marco Civil no seu mestrado, o relator Alessandro Molon atribuiu à comoção pública a inserção de uma regra específica para esses casos:

> Art. 21. O provedor de aplicações de Internet que disponibilize conteúdo gerado por terceiros será responsabilizado subsidiariamente pela violação da intimidade decorrente da divulgação, sem autorização de seus participantes, de imagens, de vídeos ou de outros materiais contendo cenas de nudez ou de atos sexuais de caráter privado quando, após o recebimento de notificação pelo participante ou seu representante legal, deixar de promover, de forma diligente, no âmbito e nos limites técnicos do seu serviço, a indisponibilização desse conteúdo.
>
> Parágrafo único. A notificação prevista no caput deverá conter, sob pena de nulidade, elementos que permitam a identificação específica do material apontado como violador da intimidade do participante e a verificação da legitimidade para apresentação do pedido.

A regra incluída significa que, no caso de imagens e vídeos de nudez ou sexo não autorizados, a plataforma é responsável após uma *notificação privada válida* por parte da pessoa retratada. A intenção é facilitar a responsabilização e, com isso, a rápida remoção desse tipo de conteúdo — sem que a vítima precise ir à Justiça. No início dessa inclusão houve algum entrevero com ativistas de direitos digitais, porque a redação original não exigia que o pedido de remoção fosse feito pelo(a) participante na imagem — o que poderia começar a ser instrumentalizado para remoção de todo e qualquer conteúdo de nudez na internet. O relator ouviu a preocupação e mudou o texto, que chegou a essa redação final.

Com isso, o Brasil aprovava uma lei de responsabilização de intermediários original e que, salvo engano, era a primeira do mundo a endereçar especificamente a responsabilidade deles por NCII praticada por usuários.[9] A regra, entretanto, não se refere a gênero: ela se aplica a qualquer pessoa retratada em imagens íntimas não autorizadas. De todo modo, de acordo com os dados que mostrarei adiante, essa conduta afeta esmagadoramente mais mulheres. Se considerarmos as razões apresentadas para o modelo de responsabilidade de provedores escolhido naquele momento para o Marco Civil, a exclusão de NCII do "regime geral" e a criação de um regime específico para esses casos fariam sentido: nudez ou atividade sexual não consentida não são manifestações que caibam no âmbito da liberdade de expressão, nem geram dúvida ou zona cinzenta relevante sobre a possibilidade de um "superbloqueio" ou censura. Se o "regime geral" faz sentido dez anos depois é um debate (acalorado) à parte, que eu abordarei adiante. O ponto é que ele já não fazia sentido para NCII em 2013.

Apesar de a exploração sexual infantil ter sido um catalisador para esses debates no Projeto Azeredo, naquele momento não foram estabelecidos diálogos entre ativistas de direitos na internet, que participavam das consultas, e as comunidades ativistas feministas, LGBTQIAP+ ou de proteção da criança e do adolescente. De acordo com Sonia Corrêa, Horacio Sívori e Bruno Zilli, em um texto de 2012, isso pode ter tido a ver precisamente com a forma como esses debates entraram no campo legislativo: por meio de sensacionalismo, moralismo sexual e dogmatismo religioso, o que teria levado a propostas vigilantistas que não representavam os debates que essas comunidades faziam em outros espaços.[10]

Em pesquisa publicada em 2016, olhando para as decisões judiciais sobre remoção de NCII e realizando entrevistas com advogadas e outras agentes do sistema de justiça, chegamos à conclusão de que a regra já tinha feito uma diferença.[11] Advogadas e promotoras que buscavam a remoção desses conteúdos percebiam mais agilidade na resposta aos pedidos de remoção (sem necessidade de ordem judicial). Conta para isso também que as plataformas começaram a adotar políticas próprias para retirada de NCII. Até mesmo o Pornhub, uma plataforma de vídeos pornográficos, anunciou em 2015 um formulário para exclusão.[12]

Lembremos que, no caso Carolina Dieckmann, em 2012, o Google respondeu ao advogado da atriz, Kakay, que tinha importantes razões técnicas para não mexer nos resultados de busca. Em 19 de agosto de 2015, porém, o Google anunciou que, em razão de "histórias perturbadoras de *revenge porn*", mudaria suas políticas e criaria um formulário pelo qual as vítimas poderiam pedir a desindexação dos conteúdos dos resultados da busca,[13] embora os conteúdos fossem continuar disponíveis nas fontes originais, sobre as quais o Google não tem controle. Outras empresas, particularmente as que hospedam os conteúdos, seguiram a mesma tendência, e em geral começaram a desenvolver tecnologias e políticas para remover NCII com rapidez. Ainda assim, desafios permanecem nos grupos de aplicativos de mensagens, ou mesmo em plataformas maiores que até possuem políticas de remoção. Por exemplo, em 2022, um fórum na plataforma Reddit começou a ser usado para circular milhares de fotos íntimas de mulheres sem que isso fosse detectado ou controlado.[14] Testei também buscar imagens dos casos de grande visibilidade que descrevo ao longo dos capítulos. Ainda que não na primeira página da busca nem com a mesma facilidade, elas ainda estão lá.

O GÊNERO, A HONRA E O ENQUADRAMENTO DO *NUDE*

A disseminação não consentida de imagens íntimas, ou NCII, é um problema que não adota outros critérios para escolher sua vítima além do gênero. Basta ser mulher. Idade, classe social, raça e etnia, religião e território são fatores que contam para identificar as particularidades ou o modo como se desenvolvem os casos, até como enfrentá-los, mas todas as mulheres estão sujeitas a passar por isso.

Em 2015, ao se discutir gênero e tecnologia, muito se falava sobre como existia um vácuo, uma ausência de proteção para casos de ataques contra mulheres, e particularmente para casos de NCII. No InternetLab, tínhamos a suspeita de que casos chegavam ao Judiciário e então teriam de ser enquadrados de alguma forma. Fizemos uma pesquisa no Tribunal de Justiça do Estado de São Paulo com várias palavras-chave combinadas a fim de encontrar casos de NCII e entender como eles entravam no Judiciário — e como saíam.

A análise dessas decisões, em conjunto com entrevistas e um estudo de caso, virou o livro *O corpo é o código*.[15] Depois de fazer uma triagem manual dos casos — uma vez que a busca com palavras-chave retornava muitos falsos-positivos, como decisões judiciais que citavam trechos de outras decisões judiciais, mas que não versavam a respeito do que estávamos procurando — encontramos noventa causas diretamente relacionadas. E as surpresas já começaram por aí.

A realidade desafia as categorias, e olhar transversalmente para casos na Justiça ajuda a entender como as coisas se desenvolvem para além do debate público e como a mídia pauta os problemas, ainda que o Judiciário já seja um novo filtro. Ao procurarmos casos de NCII, encontramos outros de violências que envolviam a posse de imagens íntimas, mas não (ainda) a sua disseminação. Mulheres que sofriam ameaças, extorsões ou mesmo estupros quando homens demandavam sexo em troca de não disseminar aquelas imagens. Alguns exemplos, nas palavras dos próprios magistrados:[16]

> O acusado manteve com a vítima conversas em sala de bate-papo na internet. Após a vítima ter sido convencida a mostrar partes íntimas de seu corpo, o acusado as gravou e, em seguida, a ameaçou dizendo que queria R$ 1 000,00 para não divulgar o vídeo no YouTube.
>
> O acusado realizou cadastro como usuário no comunicador instantâneo MSN — mantendo contato com a vítima, por aproximadamente 8 (oito) meses, com o codinome "Gustavo Padovani". Utilizou tal programa para registrar vídeos íntimos da vítima no seu computador e ameaçou publicá-las, caso não recebesse a quantia de R$ 2 000,00 (dois mil reais). Ressalvou que sua intenção era apenas desmentir a vítima e lhe mostrar que ela não seria aquela pessoa honrada que dizia ser, negando a intenção de receber qualquer contrapartida por tais imagens. O casal teve um relacionamento na adolescência e a princípio a vítima não sabia que o mesmo era autor das ameaças.

> O ex-companheiro ameaçou divulgar os vídeos íntimos do casal, exigindo entrega de dinheiro e bens móveis, e ameaçou a ex-companheira de morte.
>
> O ex-namorado da vítima (indiciado), utilizando-se de um perfil falso no Facebook, entrou em contato com a ofendida e ameaçou divulgar fotos íntimas desta, que havia armazenado em seu aparelho celular, na rede mundial de computadores (internet), caso ela se negasse a manter relação sexual com ele. Após inúmeras ameaças, a vítima foi até a Academia e manteve relação sexual com ele, sem o seu consentimento. O ex-namorado continuou a ameaçá-la e exigir práticas sexuais.
>
> O acusado (ex-namorado) da vítima, inconformado com o fim do relacionamento e com o fato de vê-la com outro homem, colocou fotos íntimas dela em redes sociais na internet e ainda a ameaçou, por SMS, dizendo que se ela contasse isso a seus pais "iria se foder mais, pois ele faria qualquer coisa, tudo mesmo".
>
> O acusado ameaçou a vítima, publicando mensagens desabonadoras na internet, fotos íntimas do casal e espalhando panfletos pelo bairro, afirmando que a mesma era garota de programa — fato de ter a vítima tornado público o relacionamento entre as partes, na constância do casamento do acusado.

Sim, mulheres: dos noventa casos, apenas quatro tinham homens como vítimas, e dois eram casos de casais heterossexuais que tinham sido expostos e buscavam compensação conjuntamente. Dos quatro casos que envolviam homens, um era de um homem que teve uma relação extraconjugal e estava sendo extorquido com base nas imagens; dois eram pessoas públicas, um prefeito e um vereador; o outro teve fotos divulgadas em um site pornográfico. A maioria esmagadora dos casos envolvia vítimas, ou danos e prejuízos a meninas e mulheres (quase todas cisgêneras, com exceção de um caso envolvendo duas travestis), ainda que os casos envolvessem imagens de um casal heterossexual.[17] Pelas decisões, não é possível identificar pertencimento étnico-racial das vítimas, o que dificulta essa camada de análise com esse tipo de material.

"Dois pesos e duas medidas é o jeito padrão de tratar a exposição do corpo de homens e mulheres."[18] Em 2015, Julia Warken e Ligia Helena publicaram um texto no finado *Brasil Post*, tratando de um caso que ficou célebre: foram divulgadas sem autorização fotos de nudez do casal Stênio Garcia e Marilene Saade. O texto rememora que, em entrevista à revista *Quem*, Garcia havia dito: "Estava com a minha mulher [...] Que problema tem isso? Não tenho motivo para ter vergonha. Por mim eu nem iria [à delegacia prestar queixa], não tenho nada a esconder [...], mas a minha mulher quer entrar na justiça e saber quem vazou essas fotos". Já Marilene, em entrevista, disse que não tinha mais vontade de sair de casa, e que eles haviam sido "surpreendidos por isso. Eu vou acabar com essa internet e com tudo isso. Vou mover céus e terra contra quem houver, quero criar uma lei". Como mencionei no primeiro capítulo, várias pesquisas dão conta dessa diferença: a do Cigi de 2022, por exemplo, mostrou como a diferença mais marcada de gênero não está na prevalência das violências, mas no efeito que elas geram. Muito mais mulheres e pessoas LGBTQIAP+ relatam problemas de saúde mental, consequências profissionais e no próprio uso da internet. Uma imagem íntima de uma mulher tem o condão de destruir uma carreira e relações familiares e comunitárias, enquanto a de um homem muitas vezes é esquecida em poucos dias.

Os casos demonstram como NCII é um problema intimamente ligado a moralidades sexuais generificadas e com as negociações de suas fronteiras. A exposição e a ousadia, para além de seu possível conteúdo de exercício de liberdade, são recompensadas pelos algoritmos de redes sociais, que dão reforços instantâneos e auxiliam a viralização de "conteúdos com engajamento". Nas comunicações privadas, imagens são trocadas dentro de relações íntimas reconfiguradas pela mediação digital. Mas, quando as imagens partem para outro contexto — porque são disseminadas e compartilhadas em outros espaços —, adquirem outros significados, e a ação desviante das normas dominantes de gênero é rapidamente punida, o que gera consequências dolorosas e graves na vida de meninas e mulheres.

Em um estudo de 2021 com dezesseis grupos focais de adolescentes de diferentes classes socioeconômicas da cidade de São Paulo, o Cetic mostrou como os grupos relataram espontaneamente casos de NCII e revelaram essas contradições: as meninas estão sob constante pressão para enviar imagens íntimas, mas são imediatamente julgadas e culpadas quando as imagens são disseminadas (sem seu consentimento).[19] Beatriz Accioly Lins, antropóloga que dedicou seu doutorado à prática e aos sentidos de "compartilhar *nudes*", explora como essas contradições se expressam no conselho que corriqueiramente se dá às meninas e mulheres: "evite compartilhar imagens íntimas". Está aí implícita a ideia de que o comportamento sexual masculino é o de predação, e às mulheres cabem freios, precaução e controle.[20] Lins, ao contrário, relata casos e iniciativas em que mulheres enviam *nudes* de forma prazerosa e autônoma e como esses limites estão ao mesmo tempo sempre postos. Ela fornece como exemplos a cartilha *Safer Nudes!*, sobre formas seguras de compartilhamento de *nudes*,[21] da organização brasileira Coding Rights, e o grupo fechado de Facebook Pimentinhas, de entrada extremamente controlada, em que mulheres compartilhavam imagens e dicas de boas práticas de envio de *nudes*, e que dispersou quando, por volta de 2018, alguém externo teve acesso e compartilhou os conteúdos secretos.[22]

Apesar do marcado caráter de gênero e de como NCII expressa essas normativas de um jeito exemplar, nas decisões judiciais que analisamos em nossa pesquisa, essa questão não era reconhecida: os magistrados analisavam a comprovação do fato, o enquadramento dele no direito e a extensão do prejuízo. Somente em uma das decisões vimos uma discussão propriamente sobre o caráter de gênero de NCII:

> Os atos cometidos pelo réu geraram, sem sombra de dúvidas, inúmeros danos para a autora. É que, infelizmente, vivemos em uma sociedade em que o comportamento da mulher, inclusive no que se refere à sua vida íntima, é imensamente criticado e questionado, sendo de consequências imensas quaisquer fatos a ela imputados em especial no aspecto sexual. Os documentos juntados com a inicial, inclusive aqueles desentranhados dos autos como medida de proteção à intimidade da autora, dão conta de que o requerido ultrapassou todo e qualquer limite, expondo a requerente a uma situação imensamente constrangedora.[23]

No geral, a dimensão completa do problema não era reconhecida.[24] Mas o que as decisões diziam sobre a nossa pergunta inicial a respeito da máxima de a internet ser ou não um território sem lei? A resposta era mais complexa que sim ou não. Havia, sim, formas de enquadrar no direito os casos que chegavam à Justiça. Mas havia questões importantes sobre a adequação deles, e sobre as barreiras que existiam para que eles chegassem e fossem julgados. Por fim, há sempre a questão fundamental por trás da superfície: é o direito a solução adequada ou suficiente?

Naquele momento, até 2017, uma vítima de NCII poderia ir até a Justiça e buscar diferentes caminhos. No campo do direito civil, ela poderia mover uma ação contra a plataforma pela remoção do conteúdo, ou ainda pedir indenização porque a plataforma não o removeu — de acordo com o Marco Civil da Internet. Podia também buscar uma indenização do agressor pelos danos materiais e morais causados. No caso de existir ou ter existido uma relação íntima entre agressor e vítima, era possível enquadrar, também, a violência nos casos da Lei Maria da Penha (especialmente como violência psicológica), e por ali obter o que a lei prescreve, por exemplo, medidas protetivas — ainda que, naquele momento, poucos e poucas profissionais do direito atentassem para essa possibilidade. Por fim, havia o caminho da responsabilização pelo direito penal. Mas não existia nele uma previsão específica para o caso de NCII contra mulheres adultas. Em casos contra crianças e adolescentes, os crimes do Estatuto da Criança e do Adolescente estão previstos e punem inclusive a mera posse de imagens, tipificando-a como crime (conhecido pelo termo ruim de "pornografia infantil"). Esses crimes já vinham sendo aplicados, embora tenhamos encontrado muitas absolvições, para as quais levantamos algumas hipóteses naquele momento. A mais importante era que a gravidade conferida a esses crimes fazia com que juízes absolvessem casos que não correspondessem à imagem construída do "pedófilo".[25]

Se a vítima da disseminação fosse uma pessoa adulta, nos casos criminais, aplicavam-se os chamados "crimes contra a honra": injúria, que consiste em uma ofensa à *dignidade* da pessoa ("imagem interna"), e difamação (uma ofensa à reputação de alguém, ou "imagem externa").* Quando os casos iam para a Justiça Civil, ou seja, quando as vítimas queriam a reparação monetária pelos danos materiais e morais causados ou as ações eram contra as plataformas com o objetivo de remoção de con-

* Como mencionei, muitos dos casos envolviam não a disseminação das imagens em si, mas ameaças, extorsões e estupros. Esses casos são todos enquadráveis conforme a previsão no Código Penal.

teúdos ou indenização, os magistrados também consideravam a honra e a dignidade como fatores importantes. Nesses casos em que esses conceitos são considerados de forma valorativa, as normativas dominantes de gênero aparecem nas palavras dos magistrados. Por exemplo, em algumas decisões, o perfil socioeconômico das mulheres em questão foi considerado para definir a extensão do dano. Aparentemente, empresárias, modelos, pesquisadoras e advogadas "teriam mais reputação a zelar". Alguns exemplos das decisões judiciais que lemos:

> A agravada afirma na inicial que é empresária de renome, pertencente a uma família de artistas, e que, embora seja figura reconhecida publicamente, não perde o direito de manter em sigilo sua vida particular, assim como os detalhes de sua intimidade. Alega, em apertada síntese, que fotos e dados pessoais foram acessados por terceiro, que ameaçou divulgá-los na mídia, o que de fato ocorreu em agosto de 2013 [...]. A agravada tem direito de não ter sua imagem — é aeromoça e não prostituta— divulgada em sites de pornografia, sob os auspícios da agravante, de seus computadores que saem à cata de informações de todo tipo.

> A vítima teve montagens de fotos com o seu rosto divulgadas na internet com a finalidade de denegrir [sic] sua imagem. Algumas dessas montagens estão sendo divulgadas em sites de pornografia. É bióloga, mestre e doutoranda pela Unifesp. Passa por constrangimentos que destroem sua reputação. Tem vários trabalhos publicados na rede, o que motiva a pesquisa de seu nome em sites de busca por acadêmicos.

> O juiz afirma que os danos potenciais à autora, que é "advogada militante e sócia de banca sediada na Capital", justificam a excepcional concessão de tutela.

Percebemos alguns problemas no fato de os casos de NCII serem enquadrados, na esfera criminal, como injúria ou difamação. O primeiro deles é a tessitura aberta para a avaliação moral dos juízes: o que é dignidade e o que é difamação? Nas noventa decisões que lemos, não encontramos nada tão gritante quanto um voto de um desembargador do Tribunal de Justiça de Minas Gerais, em 2014. Tratava-se de um caso civil, e não criminal, mas que é bastante expressivo de como operam as moralidades — no geral, mais implícitas que aqui. Uma mulher pedia indenização por danos morais e materiais contra seu agressor, e, na primeira instância, conseguiu uma sentença favorável no valor de 100 mil reais. Na segunda instância, a indenização foi diminuída para 75 mil reais por causa da "intensidade do dano moral infligido à ofendida e a condição econômica do ofensor". O que mais chama atenção, no caso, é o voto de um dos desembargadores, felizmente vencido, que queria a diminuição da indenização para 5 mil reais. Desembaraçando o argumento dele, vemos que ele fez uma avaliação das fotos — não as julgou sensuais, mas "ginecológicas" — e da moral da vítima, que julgou inexistente, e afirmou que ela teve grande dose de culpa pelo que ocorreu. A reprodução de trechos:

> Dúvidas existem quanto à moral a ser protegida.
>
> Moral é postura absoluta. É regra de postura de conduta — não se admite a sua relativização. Quem tem moral a tem por inteiro.
>
> As fotos em momento algum foram sensuais. *As fotos em posições ginecológicas que exibem a mais absoluta intimidade da mulher não são sensuais*. Fotos sensuais são exibíveis, não agridem e não assustam. Fotos sensuais são aquelas que provam a imaginação de como são as formas femininas. Em avaliação menos amarga, mais branda podem ser eróticas. São poses que não se tiram fotos. São poses voláteis para consideradas imediata evaporação [sic]. São poses

> para um quarto fechado, no escuro, ainda que para um namorado, mas verdadeiro. Não para um ex-namorado por um curto período de um ano. Não foram fotos tiradas em momento íntimo de um casal ainda que namorados. *E não vale afirmar quebra de confiança. O namoro foi curto e a distância. Passageiro. Nada sério.*
>
> A autora ao se exibir daquela forma sabia de possibilidade de divulgação porque estava ela em Uberaba e ele em Uberlândia. [...] Quem ousa posar daquela forma e naquelas circunstâncias tem um conceito moral diferenciado, liberal. Dela não cuida. [...] A imagem da autora na sua forma grosseira demonstra não ter ela amor-próprio e autoestima. [...]
>
> A postura da autora, entretanto, fragiliza o conceito genérico de moral, o que pôde ter sido, nesse sentido, avaliado pelo réu. Concorreu ela de forma positiva e preponderante. O pudor é relevante e esteve longe.[26]

Embora esse seja um caso civil, também na esfera penal os juízes vão considerar o quanto a ação feriu a honra da mulher. Honra, esse conceito que foi utilizado por décadas pelo Judiciário brasileiro para absolver homens que assassinavam suas esposas e amantes. No podcast *Praia dos ossos*, da Rádio Novelo, é possível acompanhar a história do assassinato de Ângela Diniz e como esse argumento antiquado foi mobilizado pela defesa — o que gerou, no início dos anos 1980, uma enorme reação feminista. Um estudo de Silvia Pimentel com outras pesquisadoras mostra que, mesmo em relação aos outros países da América Latina, o Brasil tem o mais tradicional, largo e profundo histórico de decisões jurisprudenciais que acolheram a tese da legítima defesa da honra, mesmo sem nenhuma previsão a esse respeito no Código Penal, e decisões nesse sentido persistiram nos tribunais décadas adentro.[27] Somente em 2021 o STF julgou que a tese é inconstitucional. Vale lembrar também que, até 2005, o Código Penal ainda tinha as expressões "mulher honesta" (que podia ser vítima do crime de "rapto violento" e do "atentado ao pudor mediante fraude") e "mulher virgem" para crimes de sedução. O Código Penal também determinava que agentes de crimes sexuais não podiam ser punidos quando se casassem com a vítima ou quando ela se casasse com terceiro, uma vez que se pressupunha necessário preservar certa "honra" da vítima e da sua família. São essas noções construídas de honra que carregam uma longa história de misoginia. Por isso, fica evidente o problema que existe quando o direito entende NCII como uma questão envolvendo *honra* nos casos de vítimas mulheres.

Havia outra dificuldade, essa de caráter processual: o fato de as vítimas de NCII só poderem, na esfera penal, processar pelos crimes de injúria e difamação. Esses são crimes que o Direito Penal entende como sendo de interesse da vítima, não do Estado. Por isso, ao contrário da maioria dos crimes, que são de *ação penal pública* e que, portanto, têm o processo conduzido pelo Ministério Público (a partir da compreensão de que o interesse em investigar e punir é da sociedade), no caso dos crimes contra a honra, a vítima deve conduzir a ação por conta própria, constituindo advogada ou advogado, se for o caso.*

Em 2016, identificamos que esse era um dos fatores para que mulheres de baixa renda não processassem seus agressores. Mas não era o único: estudando o caso Top 10, ocorrido em Parelheiros e Grajaú, territórios periféricos da cidade de São Paulo, em

* Quando estamos falando de "crimes de menor potencial ofensivo", como é o caso de injúria, difamação e calúnia, é possível processar pelo Juizado Especial Criminal, se o caso não se enquadrar na Lei Maria da Penha (que afasta essa possibilidade). Assim, não é necessária a constituição de advogado ou advogada privados, mas é comum que se leve, caso tenha recursos. Mesmo existindo a possibilidade de conduzir o caso sem serviços jurídicos, essa possibilidade parece bastante distante da população, pois exige conhecimentos de como fazê-lo e todas as barreiras materiais e simbólicas de acessar a Justiça.

que a maioria da população é negra, identificamos que a relação conflitiva com a polícia, em muitos territórios, é um enorme fator que leva à subnotificação (e não responsabilização). Diante disso, é necessário ter um olhar crítico para a estratégia de criminalizar os problemas sociais, frequentemente a primeira das soluções apresentadas para um mal. Voltarei a isso adiante.

Por ora, é preciso não esquecer que o direito de modo amplo, e o penal em particular, não atende às pessoas de forma homogênea. Classe socioeconômica e raça são clivagens inescapáveis ao modo como se acessa a Justiça, e a quem a Justiça mira. Outra ressalva é que, principalmente no caso de adolescentes, há uma tendência de não se procurar ajuda de adultos para evitar mais julgamento moral e outras punições. As ativistas e educadoras com quem conversamos naqueles territórios viam muito mais potencial em ações no campo da educação e da saúde comunitária e, inclusive, recusavam-se a tratar do problema como um problema penal.

Assim, não era verdade que a internet era "território sem lei". No entanto, alguns grupos feministas, pesquisadoras, advogadas e promotoras que trabalhavam com direitos das mulheres começaram a construir argumentos pela criação de um tipo penal específico que desse conta de NCII sem alguns desses problemas. Por exemplo, passaram a reivindicar um tipo penal que não protegesse a "honra", esse conceito problemático para as mulheres, mas a dignidade e a autonomia sexual, e que não exigisse a ação penal privada.

A LEI ROSE LEONEL

Em 2018, foram aprovadas duas leis que criavam novos crimes e mudavam a Lei Maria da Penha, tendo em vista a questão de

NCII. Uma delas ficou conhecida como Lei Rose Leonel, em homenagem à luta de anos travada por Leonel contra seu agressor e o trabalho público que ela começou a fazer por reconhecimento, prevenção e acolhimento de vítimas de NCII. Há uma história a se contar sobre essas leis.

O ano de 2013 foi marcante de muitas formas para o Brasil. Foi, entre muitos outros acontecimentos políticos e sociais, o ano em que ocorreu o suicídio de duas mulheres vítimas de NCII que ganharam a mídia, mais o caso envolvendo Fran e a campanha de apoio, e também o caso de Thamiris, estudante universitária que teve fotos eróticas disseminadas pelo ex-namorado e que postou um manifesto no Facebook. "Meu desabafo como vítima de *revenge porn*" teve mais de 2 mil compartilhamentos em dois dias.[28] Foi também o ano em que se decidiu criar o regime específico para NCII no Marco Civil da Internet e em que foi proposto na Câmara dos Deputados o primeiro projeto visando dar expressão penal ao problema: o PL 5 555/2013, por João Arruda (PMDB-MT).

O projeto ficou por algum tempo conhecido como Lei Maria da Penha da Internet, e depois como Lei Rose Leonel. O que o deputado propusera era modificar a Lei Maria da Penha para incluir um "direito à comunicação" dentre os direitos previstos no art. 3º, a "violação da intimidade" como uma das formas de violência previstas no art. 7º e, por fim, incluir uma medida protetiva entre as demais previstas no art. 22, a ser determinada pelo juiz, que nada mais era que a remoção, por "prestadores de serviço propagadores de informação", de conteúdos que violem a intimidade da mulher, em até 24 horas.

A partir desse projeto, outros foram propostos e "apensados" (anexados) ao PL 5 555/13. A maioria deles seguia por um caminho penal e partia daquela ideia de que havia uma lacuna ou uma inadequação na resposta penal ao problema. Um que ficou muito conhecido foi o PL 6 630/13, proposto pelo então deputado Romário (PSB-RJ), que propunha acrescentar ao Código Penal o crime de "divulgar fotos ou vídeos com cena de nudez ou ato sexual sem autorização da vítima". Beatriz Accioly Lins, fazendo um retrospecto dos treze projetos de lei que foram debatidos no Congresso entre 2013 e 2016, percebe que a maioria deles foi proposta por parlamentares homens, não pertencentes a partidos com bancadas feministas ativas, afastados de demandas por direitos das mulheres, o que, junto com uma leitura do conteúdo deles, aponta para noções morais paternalistas sobre a sexualidade, especialmente das mulheres.[29] É uma conclusão semelhante à que chega a pesquisadora, advogada e ativista Marina Ganzarolli, que em seu mestrado em direito identificou que, na produção legislativa sobre gênero, parlamentares fazem uso de fluxos comunicativos provenientes da sociedade civil, mas muitas vezes os distorcem ou criam novos estereótipos.[30]

O PL 5 555/13 foi sendo transformado com o tempo e com as propostas novas que eram a ele somadas. Em 2017, a deputada Tia Eron (PT-BA) relatou o projeto na Comissão de Justiça e Cidadania da Câmara dos Deputados e propôs um novo texto, com elementos de vários dos projetos que tinham sido apensados. Ela previu, para além das mudanças na Lei Maria da Penha, um novo crime: uma nova forma de injúria, específica para "exposição pública da intimidade sexual" — ou seja, mais um crime contra a honra, entre os que já existiam.[31] O projeto foi aprovado nesses termos e remetido ao Senado Federal.

No Senado, o texto substitutivo foi bastante modificado e voltou para a Câmara com uma formulação que previa duas inserções diferentes no Código Penal. Uma delas era o artigo 216-B, "Registro não autorizado da intimidade sexual". Aqui, a proposta era criminalizar quem produzia, fotografava ou filmava "cena de nudez ou ato sexual libidinoso de caráter íntimo e privado" sem autorização, e também quem realizava montagens. A segunda era o artigo 216-C: a criminalização da divulgação em si das tais cenas. Abandonava-se a proposta de um novo crime entre os crimes contra a honra.

Quando o PL voltou a ser analisado na Câmara dos Deputados, em 2018, as deputadas relatoras nas comissões — Cristiane Brasil (PTB-RJ), na Comissão de Constituição e Justiça e de Cidadania, e Laura Carneiro (PTB-RJ), na Comissão de Defesa dos Direitos da Mulher — concluíram que o projeto novo era mais adequado, "haja vista que o bem jurídico tutelado é a dignidade sexual da vítima" (e não a honra). Mas percebeu-se então que, ao prever o crime de disseminação não autorizada das cenas de nudez ou ato sexual, o tal 216-C formulava algo que já havia sido contemplado em outra lei, aprovada fazia pouco tempo. Aqui a história do PL 5 555/13 ganha um desvio de percurso, mais uma vez motivado por casos de expressão midiática de violência contra mulheres.

Em maio de 2016, começou a circular no Twitter um vídeo altamente violento, de uma jovem carioca de dezesseis anos, desacordada, sendo estuprada por 33 homens. O caso tomou as redes por muitos dias: de um lado, julgamentos morais extremamente culpabilizantes ao comportamento da vítima, incluindo fatores racistas e classistas, como o ataque ter ocorrido após um baile funk; de outro, campanhas on-line e a organização de atos presenciais em repúdio ao caso, à disseminação do vídeo e ao modo como as investigações eram conduzidas.[32] Como a vítima tinha menos de dezoito anos, a disseminação das imagens já era enquadrada criminalmente no Estatuto da Criança e do Adolescente.

No mesmo mês, foram reportados outros casos de estupros coletivos: de quatro adolescentes no Piauí e três casos no Rio Grande do Norte. A senadora Vanessa Grazziotin (PCdoB-AM) propôs, em junho de 2016, o PL 5 452/16, aumentando a pena de estupro no caso de dois ou mais agressores. O projeto foi sendo alimentado com outros casos de violência que eram amplamente noticiados. Em 2017, um homem foi preso depois de ejacular em uma mulher dentro de um ônibus em São Paulo. Quando o homem foi liberado, o caso levantou um debate acalorado em torno do enquadramento penal dentro do crime de estupro, porque o caso, embora grotesco, não se enquadrava propriamente como estupro —[33] e o PL de Grazziotin acabou ganhando uma nova previsão criminal de "importunação sexual".*

Por fim, foi incluída uma previsão de criminalização para a disseminação de cenas de estupro, que também previu a divulgação de "cena de sexo, nudez ou pornografia" sem o consentimento da vítima. O PL acabou aprovado como lei n. 13 718/18, no que ficou conhecido como Lei da Importunação Sexual, e em conjunto com um "pacote" sobre violência contra mulheres que o então presidente Michel Temer promulgou. O artigo final que incluía NCII, acrescentado ao Código Penal, ficou assim:

> Divulgação de cena de estupro ou de cena de estupro de vulnerável, de cena de sexo ou de pornografia
>
> Art. 218-C. Oferecer, trocar, disponibilizar, transmitir, vender ou expor à venda, distribuir, publicar ou divulgar, por qualquer meio — inclusive por meio de comunicação de massa ou sistema de informática ou telemática —, fotografia, vídeo ou outro registro audiovisual que contenha cena de estupro ou de estupro de vulnerável ou que faça apologia ou induza a sua prática, ou, *sem o consentimento da vítima, cena de sexo, nudez ou pornografia*:

* Art. 215-A. Praticar contra alguém e sem a sua anuência ato libidinoso com o objetivo de satisfazer a própria lascívia ou a de terceiro: Pena — reclusão, de 1 (um) a 5 (cinco) anos, se o ato não constitui crime mais grave.

Pena: reclusão, de 1 (um) a 5 (cinco) anos, se o fato não constitui crime mais grave.

Aumento de pena

§ 1º A pena é aumentada de 1/3 (um terço) a 2/3 (dois terços) se o crime é praticado por agente que mantém ou tenha mantido relação íntima de afeto com a vítima ou com o fim de vingança ou humilhação.

Exclusão de ilicitude

§ 2º Não há crime quando o agente pratica as condutas descritas no caput deste artigo em publicação de natureza jornalística, científica, cultural ou acadêmica com a adoção de recurso que impossibilite a identificação da vítima, ressalvada sua prévia autorização, caso seja maior de 18 (dezoito) anos.

Assim, em 2018, foram aprovadas duas leis: a lei n. 13 718/18, que prevê a criminalização de NCII (entre outras coisas); e a lei n. 13 772/18, esta resultado daquele processo que teve início em 2013 com o PL 5 555 de João Arruda, que prevê a mudança na Lei Maria da Penha e o crime de registrar as cenas sem autorização:

Lei Maria da Penha, Art. 7:

parágrafo 2 — a violência psicológica, entendida como qualquer conduta que lhe cause dano emocional e diminuição da autoestima ou que lhe prejudique e perturbe o pleno desenvolvimento ou que vise degradar ou controlar suas ações, comportamentos, crenças e decisões, mediante ameaça, constrangimento, humilhação, manipulação, isolamento, vigilância constante, perseguição contumaz, insulto, chantagem, *violação de sua intimidade*, ridicularização, exploração e limitação do direito de ir e vir ou qualquer outro meio que lhe cause prejuízo à saúde psicológica e à autodeterminação;

Código Penal, Registro não autorizado da intimidade sexual

Art. 216-B. Produzir, fotografar, filmar ou registrar, por qualquer meio, conteúdo com cena de nudez ou ato sexual ou libidinoso de caráter íntimo e privado sem autorização dos participantes:

Pena — detenção, de 6 (seis) meses a 1 (um) ano, e multa.

Parágrafo único. Na mesma pena incorre quem realiza montagem em fotografia, vídeo, áudio ou qualquer outro registro com o fim de incluir pessoa em cena de nudez ou ato sexual ou libidinoso de caráter íntimo.

A rigor, a Lei Rose Leonel é a última. Mas a história dessas duas leis mostra como precisam ser lidas em conjunto. Além disso, a lei n. 13 718/18, ou seja, a primeira, estabeleceu também que todos esses crimes são de "ação penal pública incondicionada", o que significa, conforme apontei anteriormente, que é o Ministério Público que denuncia e conduz a ação penal. A mudança de cenário jurídico é grande, e os problemas que vinham sendo apontados foram "resolvidos". Mas até que ponto?

A aprovação de leis penais é frequentemente vista como um ponto de chegada. Isso costuma ser um grande engano. Primeiro porque as leis precisam passar pelo teste da jurisprudência, ou seja, ser testadas a respeito de sua interpretação, e, antes disso, elas fazem parte de um sistema jurídico e social. Quem vai conseguir processar, quem vai ser processado e quais vão ser os efeitos preventivos dessas leis dependem de muitos fatores calcados nas desigualdades concretas brasileiras, particularmente as raciais, de classe e de território. Conforme vimos, muitas vítimas não levam os casos à polícia ou ao Ministério Público. Muitos casos não terão prosseguimento ou a investigação não vai ser concluída. Se houver punição, muitas vítimas não se sentirão reparadas. As causas na raiz dos atos agora entendidos como crimes continuam a circular, ainda que a criminalização possa ter um efeito simbólico e, assim, algum impacto social e cultural.

RELAÇÕES ÍNTIMAS, PÚBLICO E PRIVADO E CONSENTIMENTO

A cidade de Encantado, no Rio Grande do Sul, tem 20 mil habitantes. Em 2015, uma moradora de treze anos cortou os pulsos e foi internada em um hospital; outra saiu da internet e mudou de cidade, e mais uma fez um boletim de ocorrência. Elas tinham sido alvo do grupo de homens "Ousadia e Putaria", que tinha o objetivo declarado de "compartilhar fotos de meninas de Encantado e adjacências, preferencialmente menores e nuas". As fotos entregues pela terceira vítima no momento do boletim de ocorrência rapidamente foram parar no grupo, postadas por um estagiário da delegacia. O administrador do grupo reagiu, mas não ao compartilhamento das imagens confidenciais: "Todos em sã consciência sabem que 'menina' que faz isso [tira foto nua] é puta. Falo mesmo, PUTA!".[34] Uma coluna social da cidade publicou que as jovens "decidiram se soltar para as câmeras" com algumas das imagens. O sócio-diretor do jornal revoltou-se com o conteúdo no Facebook (mas não com a publicação na coluna): "Se essas jovens não se valorizam, então elas que tenham dó dos seus familiares. Alguém me disse que elas precisariam de um acompanhamento psicológico. Tem remédio sim, uma boa cinta de couro de búfalo com uma fivela de metal fundido, isso sim ajudaria e muito no psicológico delas". Nas palavras de Lola Aronovich ao relatar essa história, "praticamente todas as instituições do patriarcado atuaram em conjunto no ataque a essas jovens": familiares, polícia, mídia local e escola.

Houve resistência: um grupo de jovens criou um coletivo feminista (Coletivo de Mulheres de Encantado e Vale do Taquari), que organizou uma roda de conversa seguida de protesto na cidade, escreveu uma carta de repúdio e enviou o caso para jornais estaduais. A então deputada estadual Manuela D'Ávila endossou o coro, escrevendo nas redes, levando o problema para a Assembleia Legislativa do Rio Grande do Sul e acionando o Ministério Público. Com a repercussão, a Polícia Civil lançou a Operação Ousadia e Companhia, que realizou nove buscas e apreensões e indiciou quarenta pessoas pelo crime de compartilhar imagens de nudez de adolescentes, previsto no Estatuto da Criança e do Adolescente. No caminho, feministas foram ameaçadas de processo, e Lola Aronovich, que publicou uma foto de um dos envolvidos em seu blog, foi de fato processada por danos morais e direito de imagem. Diante das circunstâncias, ela achou melhor pagar um acordo — só as passagens para participar das audiências ficariam mais caras. Foi um dos oito processos que ela sofreu até hoje.[35]

O caso de Encantado é exemplar das camadas de complexidade que as violências envolvendo sexualidade, gênero e tecnologia encampam. O Marco Civil não se aplicaria, já que a divulgação foi feita em aplicativos de mensagens e não há de onde "remover" as imagens, que ficam nos dispositivos dos membros do grupo. As comunicações muitas vezes são protegidas com criptografia (o que é importante para a sociedade e particularmente para as populações subalternizadas), e isso dificulta ainda mais o controle de conteúdo. Outra nuance do caso é que, antes de uma reação pública organizada, as instituições que existiam para fazer valer direitos *reforçaram as violências*. O que quer dizer: não é simples, e embora o direito seja um dos instrumentos da disputa, ele evidentemente não é suficiente.

Encantado também é exemplar de outra perspectiva: foi uma das inúmeras situações em que a violência ocorre fora de uma relação familiar ou de afeto. Aliar o instrumental da Lei Maria da Penha a NCII é importante para dar conta da dimensão da relação íntima violada pelo compartilhamento, mas esse tipo de violência não se esgota nesse âmbito. Não nos percamos aqui:

violência de gênero no âmbito doméstico expressa, obviamente, misoginia em um âmbito social; a questão é que há ainda menos repertório, cultural e jurídico, para lidar com violências que ocorrem no âmbito público. O que nos leva a duas ponderações importantes feitas por Beatriz Lins em seu livro sobre NCII *Caiu na net*. A primeira delas é que a qualificação das imagens como *íntimas* encaminha a sexualidade a todo um repertório do privado — e às ideias de recato e moral que o acompanham. Acrescento aqui que as definições de público e privado, já muito teorizadas nos campos do feminismo,* da ciência política e democracia, do direito à privacidade** e outros, ganham uma complexidade maior quando o tema é internet. As fronteiras entre privado e público são borradas pela própria fluidez dos espaços (um grupo de Facebook é público ou é privado?) e também pela forma como conteúdos viajam de conversas entendidas como privadas para espaços entendidos como públicos — de uma mensagem de WhatsApp para o *feed* do TikTok e vice-versa.

A segunda ponderação de Lins é que os conceitos de *consentimento* e *autorização*, que usamos no debate e que foram usados

* É essencial lembrar que a dicotomia público-privado, criticada por feministas ocidentais como um binômio fundante na produção de desigualdade de gênero, é questionada por feministas que não se alinham a perspectivas ocidentais, como é o caso da professora da Stony Brook University Oyèronké Oyéwúmi, que argumenta que os arranjos familiares em vários territórios do continente africano não correspondem à ideia de família que essa dicotomia expressa. Oyèronké Oyéwúmi, "Family Bonds/Conceptual Binds: African Notes on Feminist Epistemologies". *Signs*, v. 25, n. 4, Feminisms at a Millenium, pp. 1093-8, 2000.

** A professora da Universidade da Pensilvânia Anita L. Allen, conhecida por seu trabalho filosófico e feminista sobre privacidade, faz um debate sobre como sequer a privacidade doméstica existe para todas as pessoas, ou o privado é imposto da mesma forma às mulheres. Um exemplo óbvio é: e as mulheres que moram nas ruas ou em abrigos? Ver: Aline Herscovici et al., "O direito e a filosofia da privacidade: entrevista com Anita L. Allen". *Data Privacy Brasil*, 7 mar. 2023.

para criar a tipologia penal existente (e inclusive no conceito que uso — NCII!), também devem ser postos em perspectiva. Consentimento é uma categoria que vem sendo abordada na luta contra o abuso sexual, mas que também precisa ser pensada a partir da dimensão de poder nas relações de gênero. O consentimento é sempre livre em relações desiguais? Há muitos casos, narrados no livro de Lins e também a mim e a outras pesquisadoras, de consentimentos dados à tomada de imagens e mesmo a seu envio, mas que não foram dados de bom grado. Foram respostas a um receio, por exemplo, de uma retaliação emocional. De uma perspectiva oposta, o foco no consentimento parece reforçar as normativas de gênero de que o masculino tem o comportamento predatório e o feminino tem o papel de conter e controlar esse ímpeto, negando outras formas de comportamento sexual. Isso dito, sabemos que um imenso número de situações de violência se dá em condição de plena violação à autonomia sexual das mulheres, e é disso que o direito busca dar conta quando filtra o problema em regras aplicáveis transversalmente. Faço essa ressalva para conseguirmos ver para além das categorias de consentimento e autorização, que têm, sim, aplicabilidade prática e política.

As respostas jurídicas, espero esteja evidente, têm lastro nos acontecimentos que mobilizam a mídia e nas demandas que são formuladas em torno deles, mas a configuração concreta da resposta dada é uma escolha do sistema político, e que deixa outras de fora. Mais adiante neste livro, falarei de outras possíveis abordagens do problema que não vêm sendo priorizadas no Brasil.

Mas, antes disso, vamos nos mover para outro território: o da misoginia que se expressa em palavras e outros atos comunicativos na esfera pública.

O ódio e a liberdade de expressão das mulheres

Em janeiro de 2008, quando comecei o meu blog, Escreva Lola Escreva, não esperava que ele fosse um blog necessariamente feminista, mas pessoal. Afinal, tem até o meu nome no título. Porém, como eu me assumo feminista desde os oito anos de idade, praticamente tudo que escrevo carrega um viés feminista, inclusivo, em defesa dos direitos humanos. Catorze anos depois, meu blog continua ativo, e é sempre gratificante ouvir uma leitora ou leitor dizer que passou a combater e superar seus próprios preconceitos por meio da leitura do meu blog. No entanto, nem tudo são flores. Há mais de onze anos sou ameaçada e atacada por grupos organizados de misóginos e neonazistas, que apelidei de *mascus* (abreviação de masculinistas). Minha resistência e a dificuldade para fazer boletins de ocorrência inspiraram a criação da Lei Lola, que atribui à Polícia Federal a investigação de crimes misóginos na internet. Este é meu relato de experiência. Seguimos na resistência.[1]

Lola Aronovich é jornalista e professora universitária nascida em 1967, na Argentina, e naturalizada brasileira, que mantém desde 2008 um blog feminista chamado Escreva Lola Escreva. A blogosfera nasceu nos anos 1990 como uma espécie de diário virtual e foi em seguida apropriada por jornalistas como um meio mais dialógico de comunicação.[2] Lola escreve especificamente sobre temas feministas e vem resistindo à transição para as redes sociais. O blog dela chegou a receber 400 mil visualizações por mês no seu auge, em 2013.[3]

Desde 2011, Lola recebe ataques on-line e off-line de grupos misóginos organizados — que, conforme ela descobriu, já falavam dela nas suas comunidades e fóruns desde muito antes de partirem para a ação. Junto com outras pesquisadoras do InternetLab, entrevistei Lola e, separadamente, sua advogada, Paula Bernardelli, em 2021. A história dos ataques a Lola está misturada a muitos grandes acontecimentos da misoginia no país.

A blogueira denunciou desde muito cedo os fóruns e grupos misóginos que eram celeiros de barbaridades. Em 2008, contou como muito rapidamente criaram no Orkut a comunidade "Eloá virou presunto — vai tarde", após o assassinato de Eloá Cristina Pimentel, de quinze anos.[4] Eloá foi assassinada pelo ex-namorado, após ser mantida em cárcere privado e ter havido uma desastrosa intervenção da polícia, momento no qual ele atirou. Comentários na comunidade comemoravam a morte e inventavam mentiras sobre ela. Mais de quinze anos depois, o assassino dela, Lindemberg Alves, é tido como herói entre *masculinistas*, como relata a cientista política Bruna Camilo, que fez um doutorado sobre o tema.[5] Mas quem são eles?

Masculinismo é um movimento de homens que vê as mulheres como inimigas de seus interesses e propagam noções de inferioridade da mulher. São grupos diferentes, que se autodenominam de variados nomes, como os PUAs (*pick-up artists*, ou "artistas da sedução", que ensinam práticas de conquistar mulheres a partir dessa ideia de inferioridade), os MGTOW (*men going their own way*, ou homens seguindo seu próprio caminho, que defendem práticas para reassegurar a dominância masculina), os *red pills* (homens que julgam ter se libertado da dominância feminina) e os *incels* (*involuntary celibates*, ou celibatários involuntários, que afirmam ser rejeitados pelas mulheres por não serem o padrão desejado e se organizam em torno desse ressentimento). Grupos semelhantes existem em outros países, e há muitos estudos sobre esses grupos da *manosphere*, em inglês. Voltarei a eles no último capítulo.

Em 2018, o Ministério Público Federal publicou alguns prints do blog Rio de Nojeira, criado falsamente sob o nome do consultor de tecnologia carioca Ricardo Wagner, por causa de uma briga em um jogo on-line, por pessoas ligadas ao Dogolachan, considerado então o maior *chan* de difusão de conteúdos misóginos no país. O blog não se encontra mais no ar. Alguns exemplos de manchetes do documento do Ministério Público dão a dimensão do grau de violência a que se chegou:

> Guia de Suicídio para a mulher negra: porque a mulher preta precisa morrer
>
> Carnaval da UniCarioca: um ótimo lugar para estuprar vagabundas drogadas e bêbadas
>
> Mulheres de boceta e tetas escuras são nojentas
>
> Porque [sic] devemos estuprar lésbicas nos dias atuais? Como aplicar a cura gay em lésbicas
>
> Marielle Franco, um presunto com pedigree
>
> Viva a revolução *incel*, apoiamos o massacre de Alek Minassian, ele é herói e não vamos parar
>
> Apoiamos o massacre de Dimitrios Pagourtzis
>
> Como preparar ácido para jogar em vadias feministas

Há uma contradição aí: o blog ao mesmo tempo difundia misoginia e racismo extremos, e fazia-o sob o nome de alguém que se queria incriminar. Mas o conteúdo não está nada distante do que se postava no Dogolachan. Ali, mulheres eram tratadas como "depósitos de porra", "criaturas mais hipócritas e deploráveis do universo", vadias que "só sabem dar para o pior tipo de lixo". Autores de feminicídios eram heróis, crianças russas de cinco anos elogiadas por serem livres de "miscigenação e essa degeneração toda" e técnicas para sequestrar e estuprar adolescentes eram debatidas.[6] Racismo e LGBTQIAPfobia eram também comuns, sobretudo nas postagens diretas contra mulheres negras e mulheres lésbicas.

A violência pregada ali não fica restrita aos ambientes on-line. Há registros de espaços masculinistas brasileiros terem sido utilizados para organizar assassinatos em massa no país, como tem ocorrido também em outros lugares.[7] Em 2011, Wellington Menezes de Oliveira, de 23 anos, matou dez meninas e dois meninos entre treze e quinze anos em Realengo, no Rio de Janeiro, e suicidou-se depois de ter sido baleado na perna por um policial. As testemunhas diziam que nas meninas ele atirava para matar, e nos meninos, nos braços e nas pernas. Wellington frequentava blogs e fóruns masculinistas e em vídeos chamava mulheres de "seres impuros". Após o ataque, alguns desses blogs fecharam as portas, para evitar problemas com a polícia. Wellington passou a ser tratado também como herói em outros espaços masculinistas, como o Dogolachan (que depois de 2018 migrou para a *deep web*).[8] Em 2019, um moderador do Dogolachan, conhecido como Kyo, anunciou ali que atiraria nas costas de uma mulher em Penápolis, São Paulo, onde morava, e então se suicidaria. Foi incentivado por outros frequentadores e levou o plano a cabo com uma desconhecida. Duas semanas depois, ocorreu o Massacre de Suzano, em que Guilherme Taucci Monteiro, dezessete anos, e Luiz Henrique de Castro, 25 anos, mataram sete pessoas. A imprensa reportou que eles eram frequentadores do 55Chan e do Dogolachan, e ali pediram conselhos e orientações durante o planejamento do ataque. Postagens celebraram o ataque e satirizaram as vítimas.[9] Há mais casos de feminicídio vinculados a esses espaços.[10] Em 2023, um adolescente esfaqueou quatro professoras e dois alunos em uma escola na Vila Sônia, em São Paulo. No Twitter, ele usava o apelido "Taucci", aparentemente em referência ao atirador de Suzano.[11] A onda de atentados no início de 2023, que mostra tendências misóginas, levantou a discussão de como alguns comportamentos e discursos comuns àqueles *chans* haviam começado a "ganhar a superfície" nas redes sociais nos anos anteriores.[12] Os casos deixaram também evidente que esses espaços, ao contrário do que muitos defendem, não têm nada de inofensivos.

Lola Aronovich relata que já recebia xingamentos e acusações em seu blog, mas que, ao começar a escrever sobre os masculinistas, passou a receber ameaças. Em um texto de 2022 chamado "A trajetória e resistência do Escreva Lola Escreva", ela conta essa história com dolorosos detalhes. São e-mails com ameaças de morte, ligações, conversas em *chans* planejando ataques, vídeos acusando-a de crimes. Na entrevista que nos concedeu, contou como recebe, em todos os Natais desde então, uma ligação dizendo que aquele será seu último Natal. Fizeram sites criminosos em seu nome e no de seu marido, denúncias na Universidade Federal do Ceará, onde ela trabalha, e ela já enfrentou oito processos de homens que queriam responsabilizá-la por calúnia e difamação, que lhe deram dores de cabeça e custos diversos. Em um dos casos, o autor da ação prometeu matá-la quando ela chegasse à cidade onde seria a audiência. Ela custou a convencer o juiz de que não era seguro fazer a audiência presencialmente. Uma dupla de advogadas e um advogado subsequentemente renunciaram à sua defesa, pelas ameaças que também começaram a receber.[13]

Lola também fez boletins de ocorrência e quis ver seus agressores responsabilizados. E essa é a história de uma lei.

A LEI LOLA

Depois do massacre de Realengo em 2011, Silvio Koerich, então um dos blogs mais populares entre os masculinistas, foi brevemente tirado do ar, apenas para voltar mais extremista: se antes ainda fazia alguma tentativa de humor, agora mostrava o que se conhece por *gore*: imagens de mulheres torturadas, estupradas e mortas, bem como textos defendendo a legalização do estupro, especialmente o corretivo para lésbicas, legalização da pedofilia, assassinato de mulheres, negros e gays. No meio disso, muitas ameaças a Lola Aronovich e ao então deputado federal Jean Wyllys (PSOL-RJ), e promessas de massacres no prédio de Ciências Sociais da UnB, para matar "vadias e esquerdistas".

Lola Aronovich relata que, entre agosto de 2011 e abril de 2012, diferentes pessoas fizeram mais de 70 mil denúncias do site à organização Safernet, mas a Polícia Federal não retornava sobre as investigações. Teria sido o grupo Anonymous* que teria descoberto a identidade dos dois principais autores: Emerson Eduardo Rodrigues e Marcelo Valle Silveira Mello. Ambos ficaram presos por um curto intervalo em 2012, como resultado da Operação Intolerância, da Polícia Federal.[14] Quando saíram, em 2013, voltaram a ameaçar a jornalista de processo e de morte, no blog e por e-mails. Emerson Rodrigues

* Um coletivo e movimento internacional descentralizado, sem liderança explícita, de hackitivistas e ativistas, que ficou conhecido por seus diversos ataques cibernéticos contra governos, empresas e a Igreja da Cientologia.

de fato a processou, mas desistiu da ação. Marcelo Valle seguiu e abriu um novo blog: o famoso Dogolachan. Aronovich soube da nova criação porque ele deixou links no seu blog, e, a partir disso, ela começou a acompanhar as ameaças diárias a ela, ao marido e à mãe. Ali, Valle também buscava recrutar jovens para massacres e testava sua lealdade dando-lhes tarefas — várias delas envolviam ameaçar Lola e gravar vídeos com mentiras a respeito dela. Quando membros brigavam, eles expunham um ao outro no *chan*, e ela foi montando um dossiê e registrando boletins de ocorrência, mas

> a Polícia Civil estava sempre ocupada demais, e não parecia ter muito conhecimento sobre internet em geral; na Delegacia das Mulheres, a primeira pergunta era "O que o agressor é seu?", e eu tinha que explicar que não conhecia meus agressores pessoalmente nem nunca me comunicava com eles, ou seja, não eram nada meus; na época (e até hoje), o Ceará não tinha Delegacia de Crimes Cibernéticos; um superintendente da Polícia Federal me comunicou, por e-mail, que a PF só investigava crimes em que o Brasil era signatário internacional, como racismo e pornografia infantil.[15]

O relato de Aronovich ressoa aquilo que mencionei no capítulo anterior, e que vem de muitos outros relatos que obtive nestes dez anos de pesquisa no tema. As Delegacias da Mulher estão muito mais bem equipadas para lidar com violência física, especialmente doméstica, e é comum não terem o preparo técnico para conduzir investigações sobre atos cometidos on-line. As Delegacias de Crimes Cibernéticos (da Polícia Civil, que é estadual), onde existem (nas capitais dos estados, e em nem todos eles),[16] frequentemente afirmam que só lidam com crimes contra o patrimônio, como golpes envolvendo contas bancárias.[17] No livro *Caiu na net*, Beatriz Lins relata uma situação em que, ao acompanhar uma vítima na Delegacia de Crimes Digitais de São Paulo, em 2015, ouviu dos policiais que eles só atendiam crimes ao consumidor, "como quando você compra algo no site das Lojas Americanas e não chega". "Não aguento mais essa história de *nudes*... Vai na DDM [Delegacia de Defesa da Mulher], pede a Lei Carolina Dieckmann, não é aqui não!".[18] Em um caso que acompanhei do início ao fim entre 2015 e 2016, a vítima de ataques em massa levou o caso à delegacia, fez um boletim de ocorrência, tentou alguns contatos para tentar saber dos andamentos do processo, nunca foi contatada e acabou desistindo. Era ainda bastante comum que delegados e outros funcionários sequer usassem internet, ou a usassem marginalmente, e não compreendessem bem a dimensão daquelas violências na vida delas. A situação pode virar kafkiana. Por exemplo, o relato de 2016 de uma delegada da Delegacia da Mulher, em São Paulo, que buscou auxílio da Polícia Civil em um caso de exploração sexual infantil:

> Nós tivemos um caso de pedofilia. Nós apreendemos o computador, apreendemos tudo. Só que aí o juiz solicitou para que fosse quebrado o sigilo para saber qual era o site que o pedófilo estava utilizando. Nós não temos meios, então, nós mandamos para o DHPP (Departamento de Homicídio e Proteção à Pessoa), de crimes de pedofilia, e o DHPP falou que também não tinha meios para fazer esse tipo de coisa.
>
> Eles disseram que não era da competência deles. Daí, mandamos para os responsáveis por Crimes Cibernéticos; também não era da competência deles. Daí, mandamos para... Eu estava perdida, quase colocando o inquérito debaixo do braço e falando "olha, Dr. Fernando, eu não sei para onde eu vou. Eu não tenho meios, não sei nem por onde começar". Daí, eu mandei para a Polícia Federal, e eles não mandaram de volta para nós, então, eu acredito que eles tenham abraçado.[19]

É a Constituição Federal que define as atribuições da Polícia Federal, incluindo que outros casos podem ser determinados por lei, se sua prática tiver "repercussão interestadual ou internacional e exija repressão uniforme".[20] A lei que define os demais casos foi promulgada em 2002, incluindo, entre os crimes de repercussão interestadual, as investigações relativas à violação de direitos humanos que o Brasil tenha se comprometido a reprimir por tratados internacionais. É por causa disso que a Polícia Federal investigava crimes de racismo e exploração sexual infantil, cuja persecução está prevista em tratados internacionais, e afirmava não investigar misoginia. Há aí, no entanto, uma questão de interpretação — ou convencimento. Afinal, o Brasil é signatário da Convenção sobre a Eliminação de Todas as Formas de Discriminação contra a Mulher, de 1979, que, em seu artigo 2º, determina que os Estados se comprometem a "adotar medidas adequadas, legislativas e de outro caráter, com as sanções cabíveis e que proíbam toda discriminação contra a mulher". Além disso, a Convenção Interamericana para Prevenir, Punir e Erradicar a Violência Contra a Mulher, conhecida como Convenção de Belém do Pará, de 1994, que o Brasil também assinou e promulgou, define:

> Art. 7 — Os Estados Partes condenam todas as formas de violência contra a mulher e convêm em adotar, por todos os meios apropriados e sem demora, políticas destinadas a prevenir, punir e erradicar tal violência e a empenhar-se em:
>
> b) agir com o devido zelo para prevenir, investigar e punir a violência contra a mulher;
>
> c) incorporar na sua legislação interna normas penais, civis, administrativas e de outra natureza, que sejam necessárias para prevenir, punir e erradicar a violência contra a mulher, bem como adotar as medidas administrativas adequadas que forem aplicáveis.

De todo modo, talvez pelo caráter aberto dessas disposições, ou talvez mesmo por falta de priorização, a resposta que a Polícia Federal dava a casos como o de Aronovich era comumente de que aquilo não era sua atribuição. Vale dizer que também as mulheres que levavam violências on-line para a Polícia Civil não eram necessariamente acolhidas. Principalmente antes de o tema começar a ganhar mais tração pública, pelos idos de 2016, eram comuns os relatos de mulheres que chegavam à delegacia com problemas de violência on-line e eram ironizadas e culpabilizadas, ou escutavam um: "menina, fecha o computador".[21]

Em 2016, ao ler entrevistas de Aronovich sobre a dificuldade de fazer seus agressores serem identificados e responsabilizados, a ex-prefeita de Fortaleza e então deputada federal Luizianne Lins (PT-CE) redigiu o projeto de lei n. 4 614/2016, que foi sancionado em 2018 como lei n. 13 642/18 — a Lei Lola. A Lei Lola acrescenta uma atribuição àquela lista de tarefas da Polícia Federal: investigar crimes "praticados por meio da rede mundial de computadores que difundam conteúdo misógino, definidos como aqueles que propagam o ódio ou a aversão às mulheres". Com isso, buscava-se resolver o labirinto de Kafka e garantir que um órgão mais articulado nacionalmente, por transcender os limites dos estados da federação, e ao menos supostamente com mais recursos materiais, passasse a olhar para a misoginia com cuidado. Vale lembrar que a lei que define as atribuições da Polícia Federal, lei 10 446/2002, determina que essa possibilidade de investigação não é exclusiva — em todos os casos, as Polícias Militares e Civis dos estados podem investigar, concorrentemente.[22]

Na tramitação do projeto, houve algumas vozes contrárias. Por exemplo, na Câmara dos Deputados, quando debatido na Comissão de Segurança Pública e Combate ao Crime Organizado, em 2017, o deputado delegado Waldir (na época PR-GO) e o então deputado major Olímpio (SD-SP) votaram em sentido contrário, argumentando que já havia muitas iniciativas para ampliar o rol de atribuições da Polícia Federal, e elas não acompanhavam aumento de pessoal, estrutura e recursos para fazer jus à ampliação: em suma, a Polícia Federal não daria conta.[23]

De todo modo, a lei passou. Como bem observa Lola, foi a primeira vez que se usou o termo "misoginia" na legislação brasileira. Muito embora isso também seja uma limitação. Em entrevista ao InternetLab em 2021, a promotora de justiça Silvia Chakian mencionou que, apesar da breve definição que a Lei Lola faz à misoginia como um conteúdo que "propaga o ódio ou a aversão às mulheres" na lei, a sua efetividade fica limitada pelo fato de não existir clareza de quais crimes poderiam ser abarcados por essa investigação.[24] A ideia, aqui, é que crimes já existentes — ameaças, extorsões, calúnia, difamação — sejam de atribuição da Polícia Federal quando envolvem misoginia. Mas como definir se envolvem misoginia? Uma lente de interpretação, na visão de Chakian, seria a hipótese prevista na Lei do Feminicídio (lei 13 104/15), a qual prevê o crime de feminicídio quando o homicídio envolve violência doméstica e familiar, ou "menosprezo ou discriminação à condição de mulher". Essa última hipótese poderia ser, de acordo com a promotora, um norteador.

Chakian também faz referência à falta de repertório jurídico e social para lidar com a misoginia. Isso foi observado pelas pesquisadoras Luanna Souza, Danielle Petroli e Letícia Magalhães, ligadas à Universidade Federal do Pará, que, em 2022, publicaram um estudo mostrando o aumento do uso da palavra "misoginia" em redes sociais, mídias e trabalhos acadêmicos durante e especialmente após o impeachment de Dilma Rousseff, que foi marcado por xingamentos misóginos. Elas apontam que o conceito não tem contornos claros e mostram como muitos trabalhos acadêmicos inclusive trazem definições de dicionário — a mais comum é "ódio/aversão à mulher". Outros trazem associações a "domínio masculino", "discurso essencialista sobre a mulher" (positiva ou negativamente ligando-a a uma natureza genética estável e imutável), "recusa ao feminino", além de outros menos frequentes.[25] A conclusão delas é de que essa ausência de contornos pode contribuir para a ineficácia da Lei Lola.

Corre em separado a discussão, que ficou acalorada entre feministas no ano de 2023, sobre a criação de um crime específico para a misoginia, incluindo a discriminação com base em gênero entre os crimes de discriminação ou preconceito com base em "raça, cor, etnia, religião ou procedência nacional" previstos na Lei de Racismo (lei 7 716/89). Falaremos disso mais adiante.

Apesar desses problemas, a Lei Lola foi uma vitória: talvez mais simbólica que prática. Os ataques não cessaram, mas a visibilidade dos celeiros de misoginia aumentou. Em dezembro de 2018, Marcelo Valle foi preso pela Polícia Federal na Operação Bravata, que investigava exploração sexual infantil, racismo, associação criminosa e terrorismo, e condenado, depois de idas e vindas, a onze anos de prisão.[26] Outros membros assumiram a frente do Dogolachan. Um deles foi Kyo, aquele que matou Luciana de Jesus do Nascimento, que não conhecia, numa praça em Penápolis, e depois se suicidou. Outro moderador continuou enviando mensagens a Lola, dizendo que na *deep web* eles estavam mais fortes, sem interromper as ameaças de morte. Na pandemia, os *chans* começaram a organizar episódios de *zoombombing*, embora não planejassem o fim da idealização de ataques físicos. A Polícia Civil afirmou ter evitado dez massacres em escolas em 2021, aparentemente monitorando os *chans*.[27] Enquanto isso, Lola vive uma rotina em que precisa se acostumar com os ataques que sofre, e reconhece ainda que o caso dela é apenas um entre diversos que não têm visibilidade.

Ao mencionar o ex-deputado Roberto Jefferson, que, inconformado com uma decisão de quatro ministros do Tribunal Superior Eleitoral sobre notícias falsas em 2022, escolheu xingar a única ministra mulher, Carmen Lúcia, de "prostituta", "arrombada", "podre por dentro e horrorosa por fora" e "bruxa", ela diz:

> Para ser chamada de "prostituta" e "bruxa" não é preciso fazer nada — basta ser mulher. Mas não deixa de ser chocante que o ex-deputado dispare essas palavras publicamente contra uma ministra. Porque se ele fala isso contra uma ministra, uma mulher em alta posição de poder, é de se imaginar o que ele fala sobre mulheres do dia a dia, mulheres anônimas, pobres, negras, que não têm um cargo importante.[28]

AS PALAVRAS CONTRA AS MULHERES

Ao tratarmos da violência verbal contra as mulheres, é um desprazer, mas necessário, apresentar o blog Tio Astolfo. Foi uma página de internet criada em 2014, com o objetivo autodeclarado de "expor a realidade de uma sociedade corrompida e degenerada pelo esquerdismo". Em um texto chamado "Mulheres gostam de apanhar", o autor — sob pseudônimo — dizia:

> Está na hora do homem ocidental começar a assumir seu papel. Eliminando viados e esquerdistas e colocando a mulher a [sic] força de volta para cozinha. Todos iriam ficar felizes, os problemas emocionais das mulheres iriam acabar e os homens irão ter um mundo farto de buceta, não mais irão precisar gastar seu tempo indo em festas e escutando mimimis emocionais de vadias. [...]
>
> Este blog é para abrir a mente destes adolescentes retardados, para humilhar estas vadias feministas e deixar suas vaginas meladas.

> Não é uma questão de ser bonito, ou elegante, é uma questão de palavras. A mulher é um objeto, e você deve impor controle nela. É como adestrar cachorros.

Outras postagens eram guias com recomendações detalhadas para estupros: "Como estuprar uma mulher na escola: Um guia passo a passo para o menor", além de textos extremamente misóginos como

> Mães solteiras são a escória genética e deveriam ser eliminadas
>
> Mulheres são fúteis e ignorantes, só quero comer, não consigo ter empatia por elas
>
> Como estuprar mulheres em festas e baladas: um guia passo a passo.[29]

A página começou a ser investigada pela Polícia Federal e pelo Ministério Público Estadual de São Paulo por conter conteúdos misóginos e racistas; investigações (com auxílio do grupo Anonymous) revelaram que, por trás do blog, estavam aqueles mesmos agressores de Lola. E já sabemos também que um deles foi preso pela Operação Bravata, em 2018. A questão é: do que chamar e como investigar esses acontecimentos?

Há uma vasta literatura recente sobre discurso de ódio que reconhece alguns desafios em definir o conceito no Brasil. Em 2020, conduzimos no InternetLab em parceria com o IBEAC (Instituto Brasileiro de Estudos e Apoio Comunitário) e a Rede Conhecimento Social um projeto de pesquisa-ação com um grupo de catorze jovens, mulheres e homens entre dezesseis e 26 anos, de diferentes bairros periféricos da cidade de São Paulo. Foram nove oficinas que começaram com uma construção comum sobre discurso de ódio contra mulheres e que depois passaram pela elaboração de 22 entrevistas com pessoas de perfis socioeconômicos distintos.[30] Uma das percepções que tiramos das entrevistas foi que a noção de discurso de ódio não era bem delineada: muitas pessoas se referiam a discursos agressivos, pouco empáticos ou à falta de consideração com a opinião alheia.

Um trabalho de análise crítica do discurso feito por Jhussyenna de Oliveira, da Universidade Federal do Piauí, mostrou algo semelhante em uma pesquisa com 250 participantes: as pessoas tendem a entender o discurso de ódio como algo que produz efeitos sobre alguém, mas não têm clareza na definição desse alguém, o que traz o risco de "banalizar o problema na crença de que qualquer polêmica pode ser discurso de ódio", ou ainda de minimizar a dor da vítima. A conclusão dela: "é preciso que a sociedade aprenda a incluir em suas representações a identidade das vítimas, ou seja, que a sociedade passe a reconhecer o direito das minorias, o seu lugar de fala e a sua dor historicamente situada".[31]

Social e mesmo politicamente, discurso de ódio é mesmo um termo de contornos frouxos. Por exemplo, em julho de 2022, após o assassinato do petista Marcelo Arruda, o ministro do STF Alexandre de Moraes, ao reagir a uma representação feita por sete partidos de oposição, pediu que Jair Bolsonaro se explicasse sobre "incitação à violência e discursos de ódio" que proferiu contra opositores. Alguns exemplos trazidos pelos partidos na representação foram:

> Vamo fuzilar a petralhada aqui do Acre. Vamos botar esses picaretas pra correr do Acre.
>
> Igual, Paulo Guedes, em 2018, quando juntou aquele montão de candidatos, e eu falei: "É bom que um tiro só mata todo mundo ou uma granadinha só mata todo mundo".

Há nessa representação, bem como no pedido de Moraes, um claro reconhecimento de que discursos produzem efeitos no mundo. Mas faz sentido afirmar que discursos de ódio se aplicam também a opositores políticos ou isso dilui demais a definição? Afinal, como se entende ou se aplica o discurso de ódio?

Uma das razões para andarmos tanto às voltas com esse conceito é que, como tal, ele não encontra uma longa tradição de debate no direito brasileiro. A primeira vez que ele apareceu nesses termos de forma relevante foi no julgamento do conhecido Caso Ellwanger, em 2003, pelo STF. Já falarei mais sobre isso. Há um imenso debate conceitual, mas trabalhemos com uma definição bastante aceita de discurso de ódio, a de Jeremy Waldron, professor de direito da New York University: o cerne convergente do discurso de ódio está no uso de palavras deliberadamente abusivas, insultantes, ameaçadoras ou inferiorizantes direcionadas a membros de minorias vulneráveis, com o objetivo de instigar o ódio contra essas pessoas.[32] As palavras até podem ser dirigidas a uma pessoa em particular, mas passam a ser consideradas discurso de ódio quando o alvo é um grupo subalternizado ao qual essa pessoa pertence.[33] Há autores e autoras que, na definição, determinam quais são os grupos de acordo com certos critérios, como raça e etnia, religião, gênero, deficiência física ou mental, origem ou orientação sexual; há outros e outras que deixam em aberto.*

* Há muitas definições concorrentes ou que apresentam leves variações. Em 2020, o Guia de Análise de Discurso de Ódio do CEPI-FGV definiu discurso de ódio como "manifestações que avaliam negativamente um grupo vulnerável ou um indivíduo enquanto membro de um grupo vulnerável, a fim de estabelecerem que ele é menos digno de direitos, oportunidades ou recursos do que outros grupos ou indivíduos membros de outros grupos, e, consequentemente, legitimar a prática de discriminação ou violência". Aqui, o merecimento de direitos, oportunidades ou recursos e a *legitimação* da violência, mais que a incitação, ganham proeminência. Ver Victor Nóbrega Luccas, Fabrício Vasconcelos Gomes e João Pedro Favaretto Salvador, *Guia de análise de discurso de ódio*. São Paulo: Centro de Pesquisa Jurídica Aplicada (CPJA), 2020.

Independentemente da definição usada, existem obrigações internacionais de combater o discurso de ódio, e os países dão extensões diferentes à proibição. A mais relevante é o Pacto Internacional dos Direitos Civis e Políticos (ICCPR), aprovado pela Assembleia Geral da ONU em 1966 e que entrou em vigor no Brasil em 1992. O artigo 20, parágrafo 2º dessa Convenção prevê que "será proibida por lei qualquer apologia do ódio nacional, racial ou religioso que constitua incitamento à discriminação, à hostilidade ou à violência". Essa é considerada a única proibição propriamente de conteúdo existente no direito internacional.

Ela traz muitos conceitos de contornos difíceis; por causa disso, em 2012, o Escritório do Alto Comissariado das Nações Unidas para os Direitos Humanos (OHCHR) aprovou o Plano de Ação de Rabat, que define alguns conceitos e estabelece o que chama de "teste de limiar". Os conceitos são: ódio e hostilidade (definidos como emoções intensas e irracionais de opróbrio, inimizade e detestação em relação ao grupo-alvo), apologia (definida como intenção de promover publicamente o ódio contra o grupo-alvo) e incitamento (declarações sobre grupos nacionais, raciais ou religiosos que gerem risco iminente de discriminação, hostilidade ou violência a esses grupos). E o tal teste de limiar envolve considerar contexto (se é provável e causal a discriminação, hostilidade e violência contra o público-alvo), posição do locutor na sociedade, intenção (negligência e imprudência não são suficientes, é preciso que o locutor "defenda" e "incite"), conteúdo e forma (ser direto, e considerações de estilo), extensão dos atos de fala (por exemplo, se os meios de divulgação têm amplo alcance) e probabilidade razoável de que o discurso incite uma ação real contra o público-alvo. Trata-se de uma interpretação que limita bastante a aplicação do conceito de incitação ao ódio, com a justificativa de que, apesar de casos sérios frequentemente não serem processados, legislações vagas também permitem, em muitos países, a perseguição de minorias. O Plano de Rabat traz outro ponto importante: estabelecer que políticos e líderes religiosos têm o dever de combater o ódio ativamente.

Como membro da OEA (Organização dos Estados Americanos), o Brasil é signatário desde 1992 da Convenção Interamericana de Direitos Humanos de 1969 (Pacto de São José da Costa Rica), que tem um foco grande na garantia de liberdade de expressão, mas prevê, no seu artigo 13(5), que "a lei deve proibir toda propaganda a favor da guerra, bem como toda apologia ao ódio nacional, racial ou religioso que constitua incitação à discriminação, à hostilidade, ao crime ou à violência". A linguagem é semelhante à do Pacto, e a Comissão Interamericana de Direitos Humanos manifestou-se algumas vezes no sentido de que a apologia ao ódio, aqui, deve ser coibida quando vier com a clara intenção e a possibilidade real e efetiva de cometimento de crimes, e não virar sanção de opiniões. Como fica evidente, gênero (e sexualidade) não faz parte dessas convenções. Uma das explicações é que elas foram pensadas e criadas no contexto da Europa pós-Segunda Guerra, pós-Holocausto e do processo de descolonização.[34]

Apesar de tais ausências, uma mudança de ventos está em curso. Em 2022, o Brasil promulgou outras duas convenções da OEA (de 2013): a Convenção Interamericana contra o Racismo, a Discriminação Racial e Formas Correlatas de Intolerância e a Convenção Interamericana Contra Toda Forma de Discriminação e Intolerância. Elas são um marco e norte importante de pelo menos dois pontos de vista. Primeiro, porque avançam nas obrigações do Estado de legislar não somente a respeito da incitação ao ódio, mas da circulação de conteúdos que o façam. Segundo, por causa da ampla categoria de grupos protegidos que preveem — a primeira aplica-se à discriminação racial ("raça, cor, ascendência ou origem nacional ou étnica"), e a segunda a

> gênero, idade, orientação sexual, idioma, religião, opinião política ou de outra natureza, origem social, posição econômica, condição de migrante, refugiado ou deslocado, nascimento, condição infectocontagiosa estigmatizada, característica genética, deficiência, sofrimento psíquico incapacitante ou qualquer outra condição social.[35]

Elas trazem previsões análogas pois, além de ações afirmativas e políticas públicas, obrigam os países signatários a prevenir, eliminar, proibir e punir, "de acordo com suas normas constitucionais e com as disposições desta Convenção", atos como apoio a atividades discriminatórias (incluindo seu financiamento) e publicação, circulação e difusão, inclusive pela internet, de materiais de ódio e intolerância.

Como afirmei, os países dão diferentes delineamentos a essas obrigações. Dada a sua grande influência sobre o debate de internet, o caso mais importante a diferenciar é o dos Estados Unidos, signatário do ICCPR, mas não dos últimos dois que mencionei. Nos Estados Unidos, a jurisprudência dominante vê a liberdade de expressão como um direito prioritário em relação aos demais. O discurso de ódio é entendido, assim, como um discurso protegido, ou seja, que não pode ser proibido, ainda que seja doloroso e reprovável. Só é restringido o discurso que leva a um *perigo iminente — claro e presente — de um ato ilícito*, o que se chama de *fighting words* (palavras de luta, ou palavras provocativas). Por trás dessa doutrina está o valor de garantia da ordem e paz públicas, e não a proteção dos direitos das vítimas.[36]

Em um caso de 1969, a Suprema Corte derrubou a condenação de Clarence Brandenburg, que, em um encontro da Ku Klux Klan, lamentou-se de supostas políticas "antibrancos caucasianos", fez comentários racistas contra negros e judeus e falou em vingança. O argumento da decisão — que sequer mencionou o racismo — foi que *advocacy* ou campanha de conduta ilegal é permitido pela Primeira Emenda da Constituição Americana.[37] Decisões posteriores manifestaram uma posição bastante radical da Suprema Corte nesse mesmo sentido, em casos que envolviam queimas de cruzes para intimidação de pessoas negras.[38] Há nesse modelo uma crença de que o livre debate de ideias levará às melhores conclusões e de que discurso de ódio se combate com mais discurso. Na base desse pensamento mora uma desconfiança em ver o Estado como mediador do discurso aceitável, e uma concepção bastante formalista do direito à liberdade de expressão, a qual entende que esse direito vai florescer com a mera ausência de coação do Estado, e não com condições fáticas, como a segurança para se expressar livre de opressão.

É uma abordagem bastante diferente das que adotam os tratados internacionais sobre o tema e o direito de muitos países, sobretudo os europeus, onde valores como dignidade, honra e igualdade têm um peso maior na avaliação da licitude dos discursos de ódio. Por exemplo, no direito alemão, não há exigência de que a *incitação* do discurso de ódio seja concreta para que haja um ato criminoso específico (para isso existe um crime específico, o de incitação); ela precisa *elevar o risco geral* de ruptura da paz pública, da ocorrência de crimes de ódio, de outras violações contra grupos minoritários: o "perigo de um perigo".[39] É uma visão que também é chamada de democracia militante, ou seja, um regime que enxerga a proibição do discurso de ódio como necessária para o exercício efetivo e plural dos pontos de vista da sociedade, particularmente dos grupos tradicionalmente excluídos, com recíproco reconhecimento da igualdade. A liberação dos discursos de ódio produz *menos* discursos que a sua proibição, por causa de quem eles silenciam.[40]

Embora não haja, no Brasil, o histórico de tratar o discurso de ódio pelo viés da democracia militante, há uma longa tradição, impulsionada pelos movimentos sociais, de pleitear a regulação do discurso, entendendo que ele produz efeitos no mundo. Ocorre que isso sempre se deu em outros termos: racismo, LGBTQIAPfobia, misoginia ou mesmo discriminação. Por exemplo, no livro *O que é discriminação?*, Adilson José Moreira argumenta que discursos são práticas discriminatórias — condutas, e não expressão —, alimentando estigmas que afirmam a inferioridade essencial de minorias e corroborando a percepção de que todos os membros de grupos minoritários são inferiores, o que pode levar à violência em última instância.[41] O discurso, afirma Moreira, produz efeitos no mundo, de nível cultural e material; o foco nos efeitos leva em conta as experiências concretas das pessoas afetadas por ele.[42]

Em entrevista dada ao InternetLab em 2021, a jornalista e integrante do Coletivo de Comunicadoras da Marcha Mundial das Mulheres, Fabiana Benedito, expressou uma preocupação interessante com os usos cotidianos da palavra ódio, que não estabelece distinção entre discriminações que são muito constitutivas da história do Brasil:

> Recorremos a um sentimento, ao ódio, mas não é ódio a qualquer pessoa, não é ódio como qualquer outro sentimento. É um ódio direcionado, principalmente, para as mulheres, pessoas negras e pessoas LGBT, e o ódio às mulheres tem nome, o ódio às pessoas negras e às pessoas LGBT também tem nomes. Nomear é um exer-

cício importante: dizer é machismo, é racismo, é um movimento importante.[43]

E o que diz o direito brasileiro sobre discurso de ódio? Uma das razões para andarmos tanto às voltas com esse conceito é que, como tal, ele não existe na legislação. Porém, há algumas previsões que se encaixariam nele. A mais importante delas é a lei n. 7 716/89, conhecida como Lei do Racismo ou Lei Caó, que, no seu vigésimo artigo, define que é crime "praticar, induzir ou incitar a discriminação ou preconceito de raça, cor, etnia, religião ou procedência nacional", e que também proíbe a realização de atos que divulguem o nazismo. Vemos aí que não há referência a sexo, gênero ou sexualidade, nem a idade ou a outros marcadores sociais. O que dizer dos discursos que poderiam ser enquadrados como de ódio, mas contra mulheres, pessoas trans, não binárias, homossexuais?

O STF proferiu duas decisões importantes, que delinearam e ampliaram o alcance dessa legislação. A primeira foi no caso Ellwanger, de 2003. Sigfried Ellwanger havia publicado um livro sob o pseudônimo S. E. Castan, intitulado *Holocausto judeu ou alemão? Nos bastidores da mentira do século*. Por causa disso, foi denunciado por racismo pelo Ministério Público do Rio Grande do Sul, e, quando o caso chegou ao STF, a defesa de Ellwanger alegou que o crime estava prescrito, já que o livro fora lançado em 1988. Embora racismo seja um crime imprescritível de acordo com a Constituição Federal, a defesa dizia que aquilo que Ellwanger havia feito não poderia ser considerado racismo, porque, afirmava, os judeus seriam um povo, não uma raça. O ministro relator do caso no STF, Maurício Corrêa, julgou que raça é um conceito sem um substrato biológico, mas histórico, político e social — e que, nesse conceito, judeus constituem uma raça. Houve também um debate sobre os diferentes bens jurídicos em jogo — liberdade de expressão e dignidade humana — e concluiu-se que o exercício abusivo da liberdade de expressão pode ser restringido. Ainda assim, o conceito de discurso de ódio não passou a ser amplamente adotado nas decisões do Judiciário brasileiro.*

A segunda decisão importante do STF foi o caso da criminalização da homofobia e da transfobia, equiparando-os aos crimes de racismo, em 2015. Antes de entrar nele, um pequeno desvio: dois anos antes, em 2013, o Ministério Público Federal ofereceu uma denúncia ao STF contra o deputado Marcos Antônio Feliciano, que, em 2011, havia publicado no Twitter: "A podridão dos sentimentos homoafetivos leva ao ódio, ao crime, à rejeição". O MPF buscava enquadrar o caso na Lei do Racismo, nos termos da decisão que acabamos de comentar do caso Ellwanger — uma definição "cultural e sociológica"; a decisão, em 2014, foi a favor do deputado (pelo não acolhimento da denúncia), e diferentes ministros argumentaram que, embora reprovável e ultrapassasse os limites da liberdade de expressão, a fala do deputado não constituiria um ilícito penal, por falta de previsão explícita.

Um ano depois, em 2016, o STF julgou uma Ação Direta de Inconstitucionalidade por Omissão (ADO), um mecanismo que é previsto na Constituição para provocar o Judiciário em casos em que há reconhecida demora na produção de norma regula-

* Uma pesquisa publicada pela professora Rosane Leal da Silva em 2011 sistematizou todas as decisões envolvendo o Orkut nos tribunais superiores até então. O Orkut, como já mencionei, era a rede social mais popular no Brasil na década de 2010. Somente 1% dos casos (seis deles) referiam-se à definição de discurso de ódio que coloquei acima. A maior parte desses casos tinha sido de iniciativa do Ministério Público, "instituição que tem como um de seus fundamentos a defesa de interesses sociais, representando em nome de causas que transcendem o individual, como é o caso desse tipo de discurso discriminatório". Rosane Leal da Silva et al., op. cit., 2011.

mentadora de um direito. O Partido Popular Socialista (PPS) foi quem iniciou a ADO 26. O ministro relator, Celso de Mello, reconheceu diversas formas de violência contra pessoas LGBTQIAP+ e o caráter segregacionista da narrativa da "ideologia de gênero", e afirmou que a homofobia e a transfobia podem ser lidas como racismo nos termos do caso Ellwanger: uma definição "cultural e sociológica".

O tribunal acordou algumas teses, ou seja, definiu os pontos que ficaram decididos com os votos, e ali determinou duas coisas importantes: que os crimes da lei antirracista podem ser usados para enquadrar homofobia e transfobia, e que práticas homotransfóbicas qualificam o crime de homicídio, quer dizer, quando há homicídio envolvendo homotransfobia, a pena é mais alta. Houve também uma definição de que templos religiosos podem se manifestar contra a homossexualidade, desde que essas manifestações não configurem discurso de ódio — e aqui discurso de ódio foi definido como "exteriorizações que incitem a discriminação, a hostilidade ou a violência contra pessoas em razão de sua orientação sexual ou de sua identidade de gênero".

Durante esse processo, discutiu-se muito se era conveniente ou não que o STF ampliasse a interpretação dos crimes de racismo, ou se isso não seria prerrogativa do Legislativo. Houve também um debate importante, embora tímido, a respeito do quão adequada era a estratégia da criminalização para lidar com a LGBTQIAPfobia (assim como com o racismo). Anos depois da decisão, em 2022, o Conselho Nacional de Justiça publicou uma pesquisa mostrando que ainda havia poucas ações penais caracterizando o ato criminoso como LGBTQIAPfóbico no Brasil. Além de mapear as decisões no Judiciário, os autores da pesquisa identificaram em entrevistas que é raro que casos de LGBTQIAPfobia sejam denunciados e se transformem em processos penais, ou seja, poucos chegam ao Judiciário. Uma das razões é o medo das vítimas de revitimização nas delegacias de polícia. Enfrentou-se também uma dificuldade no próprio mapeamento, na produção de dados e no preparo dos agentes para lidar com esses casos. Nos formulários dos inquéritos policiais, alguns estados incluíram campos de orientação sexual e identidade de gênero, mas os agentes policiais frequentemente não os preenchem. Isso, somado ao fato de que as próprias decisões judiciais frequentemente não mencionam a LGBTQIAPfobia, o que gera um "apagamento de elementos de LGBTfobia e de partes LGBTQIAP+ ao longo da cadeia institucional", da investigação ao processo judicial. A conclusão é: "além de pensar a efetividade da proibição da discriminação, é preciso pensar o acesso à Justiça como um caminho mais longo".[44] E, evidentemente, o direito como apenas uma das vias para combate à LGBTQIAPfobia.

E quando estamos falando da misoginia ou do ódio baseado em gênero? No direito brasileiro, a única previsão do conceito "misoginia" é na Lei Lola, que, como já foi discutido, previu atribuição da Polícia Federal para investigação de crimes na internet que "difundam conteúdo misógino", definidos como aqueles que "propagam o ódio ou aversão a mulheres". Vimos também que a Lei do Feminicídio, de 2015, traz "menosprezo ou discriminação à condição de mulher" como uma das duas hipóteses que qualificam um homicídio como feminicídio. Mas isso vale para os casos de assassinatos, ou seja, quando a misoginia escalou para seu momento máximo. Não existe previsão na legislação para o discurso misógino em si: diante dele, as avenidas que o direito oferece são as "comuns", que não qualificam a misoginia como algo específico. Por exemplo, os casos em que o discurso misógino pode ser qualificado como uma difamação ou uma ameaça, sem especificidade de serem misóginas ou não, e dentro de um processo individualizado.

Entre 2020 e 2021, fizemos um estudo no InternetLab para entender o que o Judiciário brasileiro fazia quando chegavam casos envolvendo misoginia on-line.[45] Estudar liberdade de expressão no Judiciário brasileiro não é uma tarefa nada simples, porque não existe propriamente o que se pode chamar de uma jurisprudência de liberdade de expressão. Os critérios de restrição ou ponderação com outros direitos costumam ser aplicados de formas muito díspares. Como não há previsão de misoginia no direito brasileiro e as decisões também não mencionam o termo, enfrentamos uma tarefa ainda mais difícil, tanto metodologicamente quanto na própria aferição de conclusões. Precisamos buscar um conjunto grande de palavras-chave para tentar encontrar casos que se enquadrariam na definição de misoginia, já que não era possível buscar a aplicação de uma lei ou um tipo penal.* Queríamos também separar apenas os casos em que o agressor utilizava um termo misógino em ambientes "públicos" ou compartilhados por mais pessoas que apenas o agressor e a vítima — para cumprir o critério de *incitação* que está no cerne do conceito de discurso de ódio. Ou seja, consideramos posts em *feed*, grupos, páginas, tuítes, *stories* e afins. Vimos muitos casos de agressões privadas contendo forte misoginia, mas não os analisamos para tentar isolar os episódios ocorridos na esfera pública. Como já mencionei no capítulo anterior, definir o que é público e o que é privado,

* Usamos "misoginia", "misógino", "misógino e discurso", "feminismo", "feminista", "violência e mulher", "sexismo", "sexista", "machismo" e "machista", combinadas separadamente com "internet", "rede social", "Facebook", "WhatsApp", "Twitter" e "YouTube". Como essas palavras geravam muitos falsos positivos, rodamos outro algoritmo separando os acórdãos com mais probabilidade de serem relevantes a partir da repetição de palavras-chave.

na internet, não é sempre simples, porque os conteúdos viajam de maneira bastante dinâmica — de aplicativo de mensagens para redes sociais e vice-versa, borrando as fronteiras. Mas essas fronteiras também são borradas pelo sistema jurídico: muitos casos que ocorrem em público são lidos como casos de violência doméstica, desde que envolvam atuais ou ex-companheiros das vítimas. Com isso, a dimensão pública da violência e o entendimento do imaginário social sobre como as mulheres são lidas e tratadas ficam apagados.[46]

As nossas conclusões, assim, deram muito mais pistas sobre que casos chegam ao Judiciário e as formas como eles vão sendo enfrentados e que conclusões firmes podem ser replicadas. Portanto, os exemplos que trago aqui são um tanto anedóticos. Uma das coisas que descobrimos foi que muitos casos envolviam uma leitura da vida e da moral das mulheres, e se enquadravam dentro de uma tipologia que também dialoga com outras investigações, nossas e de outras pesquisadoras. Classificamos oito tipos de casos: hipersexualização, associação da mulher com prostituição (entendida como um desvalor), questionamento quanto ao desempenho da mulher no que concerne à maternidade, articulação entre preconceitos de gênero e outros marcadores sociais da diferença (isto é, raça, etnia, sexualidade etc.), questionamento quanto à capacidade profissional (como a associação de sucesso profissional a favores sexuais), ameaças, NCII e, por fim, apontamentos de "defeitos morais", como sugestões de traição, golpismo e mau-caratismo.

A sexualidade esteve muito marcada, fosse na forma de críticas, fosse na de exposição de práticas sexuais em público. Isso confirma outras pesquisas que vêm sendo feitas no Brasil. Por exemplo, em um questionário aplicado com adolescentes em Brasília, a professora da Universidade de Brasília Valeska Zanello identificou comportamento sexual como o tipo de xingamento considerado o pior, tanto por mulheres como por homens — no caso deles, xingamentos com caráter sexual passivo, como "boiola", "viadinho", "corno".[47] A segunda "pior" categoria é a que ela chama de "traços de caráter relacionais": "valores atribuídos às mulheres como lhe sendo 'naturalmente' próprios", como "essência feminina" ligada ao cuidado do outro, expectativa de delicadeza, de doação. Os xingamentos de egoísta, arrogante, fria e má mãe são dessa natureza — e são também uma forma de controle social.

Na nossa pesquisa, identificamos que, de fato, na esfera penal os casos foram enquadrados dentro de outras tipologias, como ameaça, crimes contra a honra (calúnia, injúria e difamação) e perturbação da tranquilidade. Na grande maioria, os agressores eram do gênero masculino;[48] a maioria ex-companheiros,[49] alguns companheiros. E a maior parte dos casos entrou no Judiciário como violência doméstica, ainda que tenhamos restringido a busca às ações que ocorreram no "público".[50] Já naquelas da esfera cível — em que se busca geralmente uma reparação financeira (mas pode ser uma obrigação, como a remoção de conteúdo), e não um crime — os tipos de casos eram bem mais diversificados, e menos de um terço envolvia companheiros ou ex-companheiros. Esses resultados podem indicar a dificuldade de compreensão do discurso de ódio na esfera penal quando o caso não envolve violência doméstica.

Em algumas ocorrências, ficou particularmente visível que a misoginia não é reconhecida. Por exemplo, houve um caso julgado pelo Tribunal de Justiça de Minas Gerais que envolvia o grupo musical de funk UDR. Eles foram condenados por letras de música que postaram na internet, e que alegavam ser satíricas. E, apesar do conteúdo deplorável das músicas, parece haver bastante seletividade na decisão. Os conteúdos envolviam racismo, intolerância religiosa, transfobia e misoginia

— alguns versos eram odes a estupros (como na música "Bonde da mutilação"). A denúncia, no entanto, foi pelos crimes de racismo e intolerância religiosa (além de incitação ao crime), e a misoginia e a transfobia não são sequer mencionadas na decisão. Isso nem parece decorrer só do fato de não encontrarem expressão legal: a questão parece mesmo falta de vocabulário e reconhecimento no âmbito sociocultural.[51] De todo modo, a seletividade que reconheci aqui é essencial para debatermos criticamente a saída pela criminalização.

Há um conjunto de pesquisas sobre a aplicação da legislação antirracista no Judiciário brasileiro que chegou a conclusões importantes, que dialogam com esse diagnóstico. A Lei do Racismo (lei n. 7716/89) passou por uma importante alteração em 1997, quando foi dada a descrição atual do crime de racismo. Essa mesma reforma criou, no Código Penal, o crime de injúria racial, uma forma qualificada de injúria comum, isto é, com pena maior. Em 2023, a lei foi reformada para a equiparação dos crimes de racismo e injúria racial: a injúria racial virou expressamente uma das modalidades do crime de racismo, já que antes era um crime previsto no Código Penal apenas, com penas mais brandas. Também ficou explícito que o chamado "racismo recreativo" — ofensas proferidas como "piadas" ou "brincadeiras" — é racismo.

Antes dessa mudança, que ainda não se traduziu em pesquisas, um trabalho das pesquisadoras do Cebrap Marta Machado, Márcia Lima e Natália Neris identificou que a grande maioria dos casos que chegavam ao Judiciário era de ofensas verbais, isto é, que empregavam xingamentos racistas. Entre a quantidade expressiva de casos de absolvição, elas identificaram que a razão mais comum era a falta de provas, fosse do acontecimento, fosse da "intenção de discriminar" — sem justificar adequadamente e sem critérios uniformes. Em alguns casos, os juízes afirmaram que não havia racismo — por exemplo, com o argumento de que "negro de merda" seria o equivalente a "baixinho de merda". Em muitos casos, a absolvição se deu com a justificativa de que a ofensa ocorreu "no calor da discussão". Um dos resultados das pesquisadoras é que as decisões mostram o não reconhecimento do racismo na sociedade brasileira, ou da centralidade do insulto na manutenção das dinâmicas sociais.[52] Uma pesquisa mais recente da FGV, em parceria com o Afro-Cebrap e o InternetLab, voltada para decisões judiciais que envolvem racismo na internet, mostra que a raça e o gênero das vítimas e dos agressores são raramente mencionados nas decisões.[53]

Ainda está pendente a compreensão do que vai ocorrer após a mudança de 2023 (que só se aplica a casos ocorridos depois dela). Mesmo assim, um episódio que ficou conhecido nas redes sociais mostra a face do problema: no mesmo ano, a cantora Ludmilla processou criminalmente o apresentador Marcão do Povo, que a chamou de "pobre e macaca". Ela perdeu o processo em primeira instância, pois o juiz entendeu que não houve vontade de ofender.[54]

O paralelo aqui é evidente: embora a previsão legal tenha um papel, o não reconhecimento dos termos do conflito pelos magistrados é fundamental na falta de efetividade concreta dessas legislações. A ausência de vocabulário jurídico no caso da misoginia certamente colabora, já que não há sequer uma previsão na qual se basear para colocar lentes de gênero na análise.

Vale lembrar que, se os casos não são homogêneos, tampouco o Judiciário o é. Apesar da tendência, há um ou outro caso surpreendente. Por exemplo, entre os que analisamos, o Tribunal de Justiça de São Paulo julgou a favor de uma Ação Civil Pública movida pela Defensoria Pública do Estado de São Paulo pela remoção de vídeos no Facebook, Twitter e YouTube que incitavam à violência contra mulheres e contra a população LGBTQIAP+.[55] Em 11 de março de 2016, o mesmo tribunal confirmou a condenação em primeira instância da Ambev, em um caso movido pelo Procon, ao pagamento de multa por publicidade abusiva, porque discriminatória. Era uma propaganda da cerveja Skol, em que uma "musa do verão" era clonada e passava a ser entregue a homens em vários lugares; alguns recusavam porque a tal "musa" havia vindo "com defeito". A "moral da história" da peça era que, se o criador da Skol tivesse inventado a musa do verão, ela viria sempre sem defeito para todos os homens (num correlato com a cerveja da marca). A decisão aborda explicitamente questões de gênero:

> Nesse contexto de mercantilização da mulher, não se pode desconsiderar as questões de gênero para dizer, como faz a autora, que a propaganda invoca apenas símbolos do verão, a exemplo do Sol, do mar, cenário no qual homens e mulheres aparecem festejando em trajes praianos. Na verdade, o que se vê no filme publicitário são "mulheres clonadas", carregadas em carrinhos, do tipo que se vê em supermercados, sendo entregues por homens para homens. Nas palavras da própria autora, a ideia é transmitir a mensagem de que, naquele mundo fantástico, mulheres com o fenótipo de musa estariam à disposição de qualquer homem, assim como as cervejas da marca Skol. O argumento da peça publicitária é mais do que infeliz, pois "coisifica" a mulher, servindo-a, mediante entrega, para desfrute do consumidor. Em outras palavras, nela, o gênero feminino transforma-se em objeto de consumo. [...] Enfim, a publicidade brasileira, reconhecida mundialmente pela sua capacidade criativa, vem dando mostras de que não se pode subjugar a inteligência do público: [...] a atuação do Procon é fruto da consciência, que habita o coletivo, no sentido que não se pode estimular associações improváveis entre o corpo da mulher e objetos de consumo.[56]

UMA MINORIA?

O baixo nível de reconhecimento da misoginia que parece ser possível identificar no Judiciário e na sociedade e a ausência de uma conceituação legal sobre a misoginia ou sua equiparação com outras formas de discriminação colocam-nos uma questão importante sobre o feminino. Uma forma de começar a abordá-la é: o que é uma minoria, e quem pode ser uma vítima? Em um texto de 2005, Muniz Sodré discute as noções quantitativas e qualitativas de minorias, tão importantes para a democracia representativa.

> Na democracia, diz-se, predomina a vontade da maioria. É verdade, mas é um argumento quantitativo. Qualitativamente, a democracia é um regime de minorias, porque só no processo democrático a minoria pode se fazer ouvir. Minoria, aqui, é uma voz qualitativa.[57]

Ser minoria, assim, refere-se à possibilidade de ter voz ativa e intervir em instâncias decisórias — uma localização não topográfica, mas topológica. O lugar minoritário é onde se articulam fluxos de transformação de uma identidade ou de uma relação de poder, e não é possível separar a noção de minoria da vulnerabilidade jurídico-social (um partido político não é uma minoria) e da luta contra-hegemônica, especialmente por meio de estratégias discursivas. Assim, diz Sodré, são minorias as pessoas negras, os homossexuais, as mulheres, os povos indígenas, os ambientalistas etc.

Com isso, Muniz Sodré questiona implicitamente a importação do conceito europeu de minoria — o reconhecimento de grupos quantitativamente minoritários dentro de um Estado-Nação, na forma das formulações no direito internacional — restrita a etnia e a pertencimento nacional, e ao conceito de sujeitos de direitos. Enquanto esses conceitos se desenvolviam entre as décadas de 1960 e 1970, nos países colonizados os grupos sociais ainda lutavam pelo seu reconhecimento como sujeitos de direitos. Por causa dessa origem europeia, teóricas e teóricos pós e decoloniais criticam o uso do conceito de minorias, que parece se referir a algo cristalizado, uma qualidade individual e coletiva dos sujeitos, ocultando as relações de poder — são elas, na verdade, que "minorizam" as pessoas. Referir-se a "minorias" como algo universal, de forma desenraizada, chapa as realidades complexas locais e equipara diferentes coletividades sob a mesma categoria. (Isso também pode ser ressaltado quanto ao "discurso de ódio", que, vimos, encerra diferenças entre os grupos que são vitimizados, e inclusive distintos reconhecimentos.)

Em um artigo de 2022, Raquel Freitas e Luciana Nóbrega, da Universidade Federal do Ceará, mostram como nenhuma das constituições mais atuais na América Latina usam o conceito de minorias, mas sim os conceitos de autodeterminação, reconhecimento à diferença e à diversidade de grupos sociais — particularmente nos países andinos, onde lutas de grupos sociais levaram ao reconhecimento de autonomia de grupos étnicos e raciais.[58] Por isso, há muitas ativistas e teóricas que preferem, a partir de uma perspectiva decolonial, falar em grupos social e politicamente minorizados, ou subalternizados.

E as mulheres? Como afirma a professora da Universidade da Basileia Andrea Maihofer, na teoria hoje é bastante difundido e aceito que gênero e sexo não são constantes antropológicas, essenciais ao ser humano enquanto natureza (embora haja divergências sobre como se dá o processo de construção social de gênero). Ainda assim, no âmbito social, as diferenças biológicas são suficientes para explicar as desigualdades de gênero.[59] A professora da Universidade de Brasília Maria Helena Fávero faz essa crítica da "naturalização" ou "biologização" das práticas generificadas, daquilo que é "típico feminino ou masculino", e crucialmente da dicotomia "emoção versus razão", uma das mais importantes justificativas do exercício de poder do homem sobre a mulher.[60]

A biologização das diferenças faz com que a disputa em torno delas seja complexa, o que fica evidente nos discursos populares sobre a suposta "ideologia de gênero" no Brasil. Somemos a isso o fato de que, mesmo com essa biologização, diferentes grupos de mulheres sofrem discriminação e violência de forma muito variável, a depender de sua posição e identidade com relação aos marcadores de raça, etnia, classe social, território e outros. De todo modo, o apagamento específico da variável "gênero" tem muita relação com essa biologização. Mesmo a figura da vítima é uma forma de dar reconhecimento e inteligibilidade a situações de sofrimento, em um processo que também invisibiliza vítimas que não correspondem aos ideais construídos, como afirma a professora da Unesp Cynthia Sarti.[61]

O fato de que na legislação se consegue conquistar um marco importante e celebrado, como a Lei Maria da Penha, e visibilizar a violência doméstica tem a ver, evidentemente, com a grande incidência e a gravidade desse tipo de violência. Por sua vez, para que outras violências, particularmente aquelas que dizem respeito à participação das mulheres na esfera pública, ganhem menos atenção também parece ter relação com essa biologização — mulheres sequer são vistas como sujeitos presentes na esfera pública, ou que devessem estar lá.

Apesar desse diagnóstico de que a misoginia é social e juridicamente pouco reconhecida, há alguns casos notáveis em que o sistema de Justiça lidou com esse problema em específico e de uma perspectiva coletiva. Por exemplo, em 2021, o Ministério Público Federal ganhou uma ação em primeira instância contra a União por falas e atos discriminatórios da alta cúpula do governo Bolsonaro contra mulheres. A argumentação, repleta de dados sobre violência contra a mulher, desenvolveu-se para provar que aquelas falas produziram danos morais de caráter coletivo. O MPF referia-se a declarações como:

> Jair Bolsonaro: "o Brasil não pode ser o paraíso do turismo gay. Quem quiser vir aqui fazer sexo com uma mulher, fique à vontade. Agora, não pode ficar conhecido como paraíso do mundo gay aqui dentro".
>
> "Ela queria um furo. Ela queria dar o furo! A qualquer preço contra mim."*
>
> "Daí eu convidei [...] pra voar aqui e na Europa. Se tiver um hectare de floresta (devastada), vocês têm razão. Essa é a grande realidade. O Brasil é uma virgem que todo tarado de fora quer. Desculpem aqui as mulheres aqui tá?"
>
> "Existe uma deputada fofucha de São Paulo e outro deputado também meio japonesinho que o estão criticando nas redes sociais. 'Se estivessem fazendo coisas boas a primeira estaria mais magra e o segundo estaria menos pitoco de sem vergonha... Eu acho que mentir engorda, mentir engorda".
>
> Paulo Guedes: "Eu estou vendo progresso em várias frentes, mas a preocupação é: xingaram a Bachelet, xingaram a mulher do Macron, chamaram a mulher de feia. 'Ah, o Macron falou que estão botando fogo na floresta brasileira, o presidente devolveu. Falou que a mulher dele é feia'. Tudo bem, é divertido. Não tem problema nenhum, é tudo verdade, o presidente falou mesmo. E é verdade mesmo, a mulher é feia mesmo".
>
> Damares Alves: "A mulher deve ser submissa. Dentro da doutrina cristã, sim. Dentro da doutrina cristã, lá dentro da Igreja, nós

* Sobre Patrícia Campos Mello, em caso que será explorado no próximo capítulo.

entendemos que um casamento entre homem e mulher, o homem é o líder do casamento. Então essa é uma percepção lá dentro da minha Igreja, dentro da minha fé. [...] Que deputada linda. Só o fato de você estar no parlamento. Não precisava nem abrir a boca. Só o fato de você estar aqui, já diz pra jovens lá fora, elas também podem chegar aqui".

"Por que os pais exploram? É por causa da fome? Vamos levar empreendimentos para a ilha do Marajó, vamos atender as necessidades daquele povo. Uns especialistas chegaram a falar para nós aqui no gabinete que as meninas lá são exploradas porque não têm calcinha. Não usam calcinha, são muito pobres."

Ernesto Araújo: "Hoje um homem olhar para uma mulher já é tentativa de estupro".

A União foi condenada a pagar multa de 5 milhões de reais e a fazer campanhas de conscientização sobre direitos das mulheres no valor de 10 milhões de reais. A juíza que decidiu o caso reconheceu o peso que as falas de agentes e servidores públicos, particularmente no exercício das suas funções públicas, têm sobre as pessoas, e afirmou que essas falas ofendem a dignidade das mulheres e não estão abarcadas pela liberdade de expressão.[62]

LIBERDADE DE EXPRESSÃO? OS PROCESSOS CONTRA AS MULHERES

Comece a falar sobre qualquer estratégia de remoção de conteúdo ou prevenção contra discursos misóginos e será objetada a respeito da liberdade de expressão. Essa não é uma questão menor: conceitos jurídicos formulados de maneira vaga podem levar à censura de discursos legítimos por conta de outros interesses poderosos. E certamente não se quer sufocar o debate público e a expressão de ideias sobre temas, inclusive sobre gênero. Mas há dois grandes pontos que ficam invisibilizados com a objeção. O primeiro é que, como vim apontando, a misoginia não é sequer bastante reconhecida, seja social, cultural ou juridicamente. Poucas decisões judiciais chegam a opor a violação de direitos que a misoginia significa e a liberdade de expressão, porque a misoginia não vem nem à tona na argumentação — assim como o racismo. O segundo é que esse argumento considera a liberdade de expressão de quem emite os discursos misóginos, mas não das vítimas dos discursos. E há um vínculo muito próximo entre misoginia e expressão das mulheres e de outros sujeitos afetados por ela.

Em 2021, Irene Khan, relatora especial da ONU para a liberdade de expressão, publicou um relatório sobre gênero e liberdade de expressão, o qual identifica que assédio, censura e discriminação afetam a capacidade de mulheres se expressarem on-line por todo o mundo. Não foi a primeira vez que organizações internacionais olharam para essa questão.[63] Ela argumenta que, se de um lado as plataformas on-line se tornaram cada vez mais importantes para a expressão das mulheres, de outro elas vêm sendo utilizadas para silenciar as vozes das mulheres por meio de assédio e abuso. Discuti o uso da internet (e das plataformas) para a autodescoberta, solidariedade coletiva e formação de contrapúblicos feministas no segundo capítulo. Mas a evolução que retrato neste livro também mostra uma escalada, ao longo do tempo, de estratégias misóginas de silenciamento e de sua normalização. A pesquisa do Cigi de 2022, que mencionei algumas vezes, mostrou números mais elevados de mulheres e pessoas LGBTQIAP+ que tiveram o uso da internet afetado após episódios de violência. E o Brasil lidera nesses números: 56% da população brasileira (contra 38% das pessoas no mundo) e 60% das mulheres do país afirmaram ter sentido afetada sua liberdade de expressão política.

É tão distorcido o debate sobre liberdade de expressão e misoginia que ele não costuma dar conta ou valorar de modo adequado um ponto fundamental: os processos contra mulheres que denunciam violências publicamente, que se avolumam e que vêm sendo chamados de assédio judicial. Alguns casos ficaram públicos.

Depois de apresentar um boletim de ocorrência por estupro que não teve prosseguimento (segundo as advogadas, a investigação foi superficial e o inquérito foi arquivado, mas o acusado não foi absolvido), a jornalista Amanda Audi se pronunciou nas redes sociais sobre o caso e nomeou o acusado, o professor universitário Alexandre Andrada. Ele ganhou uma liminar contra ela, em 2021, proibindo-a de falar sobre o caso. Porém, conforme relatou a advogada e ativista Isabela Del Monde, ele mesmo continuou fazendo postagens e dando entrevistas sobre o assunto.[64] Em 2022, Audi ganhou os dois processos movidos por ele contra ela, na esfera cível e criminal, com o argumento de que era legítimo que falasse sobre o caso e a respeito do modo como a denúncia foi tratada, e que o autor das ações não tinha provado que os fatos eram falsos.

Na mesma época, outros dois famosos processaram mulheres que relataram ter sofrido violência sexual deles: Neymar e Nego do Borel. Apenas o último não teve a liminar deferida, o que aponta para as contradições da Justiça no Brasil — quem ela blinda?[65] Em 2023, a apresentadora Titi Müller revelou estar impedida de falar sobre as sete ações judiciais que correm entre ela e o ex-marido Tomás Bertoni por força de uma liminar, depois de ter relatado ter sofrido violência física e psicológica desde a gravidez. Segundo ela, a extensão da proibição envolveu não falar dele nem da família dele nas redes.[66] A restrição foi revogada dois meses depois.[67] A nossa pesquisa no Judiciário brasileiro também identificou alguns casos, a maioria com desfechos favoráveis às mulheres.[68] Mas, como já discutido no capítulo sobre Lola Aronovich, o processo em si já é custoso e intimidador.

É evidente que pessoas que tenham sua reputação afetada nas redes possam buscar reparação. Mas, em um país onde, como lembra a advogada e pesquisadora Tainã Góis, 39% das mulheres já sofreram violência sexual e somente 10% desses casos são denunciados, há que se reconhecer que o problema não reside em denúncias vazias, e sim na imensa ausência de denúncias.[69] Se a internet começou a ser utilizada como espaço de agregação de demandas e forma de visibilizar casos contra pessoas poderosas, processos dessa natureza e a ameaça deles, quando feitos para calar, não silenciam somente as mulheres envolvidas, mas todas que poderiam denunciar casos de violência em potencial.

Os termos do debate público sobre o conflito entre liberdade de expressão e igualdade costumam ser formais e não levar em conta a capacidade concreta que as pessoas têm de se manifestar. Ouso dizer mais: as objeções mais simplórias costumam pensar no discurso de homens brancos, sobretudo quando se trata de luta contra o "politicamente correto". Assim, fica claro que, se o debate versa sobre o livre pensamento, precisamos falar do que concerne às mulheres, em toda a sua diversidade, e nas condições do seu exercício. Precisamos falar do vínculo entre a aprovação de leis combativas à violência de gênero on-line e a liberdade de expressão.

A LEI DE *STALKING*

No capítulo passado, falei da aprovação da Lei Rose Leonel e da Lei da Importunação Sexual, que vieram na esteira de um debate acerca da violência de gênero que havia ganhado corpo e expressão na esfera pública brasileira. Anos depois, em 2021, foi aprovada a Lei de *Stalking* (lei n. 14 132/21), que criou no Código Penal o crime de perseguição, com o seguinte texto:

> Art. 147-A. Perseguir alguém, reiteradamente e por qualquer meio, ameaçando-lhe a integridade física ou psicológica, restringindo-lhe a capacidade de locomoção ou, de qualquer forma, invadindo ou perturbando sua esfera de liberdade ou privacidade.
>
> Pena — reclusão, de 6 (seis) meses a 2 (dois) anos, e multa.
>
> § 1º A pena é aumentada de metade se o crime é cometido:
>
> I — contra criança, adolescente ou idoso;
>
> II — contra mulher por razões da condição de sexo feminino, nos termos do § 2º-A do art. 121 deste Código;
>
> III — mediante concurso de 2 (duas) ou mais pessoas ou com o emprego de arma.
>
> § 2º As penas deste artigo são aplicáveis sem prejuízo das correspondentes à violência.
>
> § 3º Somente se procede mediante representação.

Há muitos exemplos de criminalização do *stalking* pelo mundo, pelo menos desde a década de 1930. No Brasil, a origem dessa lei foi o projeto da senadora Leila Barros (PSB-DF). Como ela mesma mencionou na justificativa do projeto, antes essas situações se enquadravam na previsão de "perturbação da tranquilidade alheia", como contravenção penal, que é menos grave que um crime do ponto de vista jurídico. Ela afirmou que a alteração seria necessária porque casos antes considerados constrangimento ilegal foram ficando mais sérios por causa das redes sociais. De fato, o comportamento de perseguição obsessivo e compulsivo pode adquirir contornos muito graves: uma pesquisa de 1999 nos Estados Unidos afirmou que, em 76%

dos casos, os feminicídios do país foram precedidos de *stalking*.[70] A internet dá oportunidades a mais para tais comportamentos. Ao longo desses dez anos atuando na área de violência on-line, fui contatada por vítimas de vários tipos de casos, e realizei escutas na tentativa de oferecer ajuda inicial e encaminhá-las a profissionais. Foram muitos casos de perseguição.

Acompanhei por anos o caso de Natália.* Ela tinha um ex-namorado que não aceitava o fim da relação e, depois de ter sido bloqueado por ela em todas as redes e aplicativos de mensagens, começou a criar perfis falsos e adicionar várias de suas conhecidas e colegas de trabalho, criar e-mails diferentes para enviar mensagens ora apaixonadas, ora agressivas e com subtexto ameaçador, entrar em contato com as pessoas para perguntar dela, pedir que amigos em comum e familiares pedissem que ela falasse com ele. Às vezes, ele arrefecia; meses depois, voltava. Natália tinha muito medo de que ele escrevesse para seus chefes no novo trabalho. Entre os e-mails que ela não respondia, um dia chegou um que descrevia o endereço dela, naquela altura em outro país, com a mensagem de que ele em breve tomaria um avião para encontrá-la. Ela começou a recear andar sozinha e passou por vários transtornos materiais, psicológicos e emocionais.

Do ponto de vista das ferramentas disponíveis para proteção à vítima, é bastante difícil evitar tal comportamento: bloquear ou denunciar o perfil não tem eficácia porque a pessoa cria múltiplos perfis, e as comunicações vêm de lugares inesperados. As ações, individualmente, podem não ser ilícitas. Criar perfil falso e enviar mensagens não são atos proibidos. E, é claro, a perseguição com frequência resulta em outras violências — o medo delas adiciona outra camada de sofrimento. No caso de Natália,

* Nome fictício.

isso felizmente não aconteceu, e o agressor decidiu parar. Pelo menos até agora. Por ser ex-namorado, o caminho mais curto seria pedir uma medida protetiva pela Lei Maria da Penha, mas ela desistiu depois de conversar com uma advogada e ver que não seria simples fazer tudo de outro país. Se estivéssemos falando de uma pessoa desconhecida ou sem relação de afeto prévia, as medidas protetivas não estariam disponíveis, mas ela poderia seguir pela via da contravenção penal da perturbação da tranquilidade (que foi abolida da legislação após a Lei de *Stalking*).

No projeto inicial de Leila Barros, havia previsão de que a autoridade policial informaria imediatamente ao juiz, no início do inquérito judicial, para favorecer a concessão de medidas cautelares protetivas à vítima — ou seja, para além da pena, a proteção. Essa disposição caiu quando o projeto foi votado na Comissão de Constituição, Justiça e Cidadania (CCJ) do Senado, porque se entendeu que já existia a previsão genérica de submeter o inquérito ao juiz, no Código de Processo Penal, no caso das prisões em flagrante (o que certamente é mais estrito que aquilo que a senadora estava propondo). A versão inicial também não tinha menções a crianças, idosos ou mulheres. Foi na Câmara, depois de apensados nada menos que onze outros projetos de teor semelhante que já haviam sido propostos, que a redação final foi dada. Reconheceu-se parcialmente o caráter de gênero dessa violência que expressa noções de posse sobre o outro. Parcialmente, porque não foi um aumento de pena em função de gênero que foi previsto, mas "contra mulher por razões da condição de sexo feminino" — uma redação que ecoa o pânico moral em torno da palavra gênero no Parlamento brasileiro e na política no contexto da presidência de Jair Bolsonaro, que sancionaria a lei em 2021.

O artigo 147-A entrou no capítulo do Código Penal de crimes contra a liberdade pessoal, e então tem a ver com o direito de ir, vir e agir. Não há exigência, para que haja enquadramento como perseguição, de que ocorra uma efetiva privação da liberdade pessoal; o artigo busca proteger contra a própria ameaça à integridade física e psicológica, e para tanto deve ter ocorrido insistência e elementos concretos ameaçadores da liberdade.[71]

Desde o início do projeto, houve quem criticasse o caráter aberto e impreciso do crime de perseguição.[72] É bastante frequente que, quando um crime ou um conceito jurídico qualquer é criado, pessoas e grupos preocupados com liberdades individuais surjam com objeções de que, embora as intenções estejam dadas, aquele conceito pode ser usado para finalidades não desejadas. Também foi o caso, por exemplo, quando se debateu a Lei Antiterrorismo: a definição imprecisa de terrorismo permitiria a interpretação de acordo com a conveniência e o enquadramento de várias práticas comuns de movimentos sociais como terrorismo.

A Lei de *Stalking* foi de fato usada para casos de perseguição, como os que descrevemos aqui. Uma notícia de 2021 informava que, só no Ceará, vinte pessoas haviam procurado uma delegacia com casos que foram enquadrados, sendo dezenove mulheres e um homem. Porém, a forma como o crime de perseguição foi usado com finalidade desviada era bastante imprevisível.

Em 2020, um trio de jovens de Minas Gerais e do Paraná criou o perfil Sleeping Giants Brasil no Twitter. Assim como o Sleeping Giants dos Estados Unidos, eles começaram a promover ações para empresas anunciantes se posicionarem diante de conteúdos de ódio ou desinformação patrocinados por eles, no contexto da pandemia e do governo Jair Bolsonaro. A estratégia era simples: os patrocínios dão condições para quem faz esse tipo de conteúdo crescer e prosperar, e os patrocinadores ou não estão totalmente cientes ou fecham os olhos, e então o embaraço público faz a torneira fechar. O Sleeping Giants Brasil promoveu ações contra o *Jornal da Cidade Online*, veículo de extrema direita conhecido por fabricar notícias, e começou a convocar pelo Twitter o posicionamento público de marcas como McDonald's, Facebook e Domino's Pizza. As marcas começaram a se retirar. Em resposta, o *Jornal da Cidade Online* moveu uma ação para que o Twitter entregasse a identificação de quem estava por trás da conta. O Twitter afirma ter resistido, mas perdeu, e entregou os IPs. Por isso, dois dos membros do Sleeping Giants Brasil vieram a público, identificando-se, para evitar que a ação levasse à exposição também de suas famílias.[73]

Mas esse não foi o único processo enfrentado pelo Sleeping Giants Brasil. Após a campanha #DesmonetizaJovemPan, eles foram processados pela rádio Jovem Pan, que alegava difamação e pedia remoção dos perfis e quebra de sigilo bancário e telemático,[74] e pelo apresentador Sikêra Jr., também alvo de campanha por causa de suas falas LGBTQIAPfóbicas.* Em 2021, Sikêra Jr. conseguiu uma liminar pela interrupção da campanha e processou o Sleeping Giants Brasil por perdas financeiras; o grupo processou de volta, alegando litigância de má-fé.[75] Mas a parte que nos interessa em específico aqui é que, em junho de 2021, a Delegacia de Crimes Cibernéticos de Manaus abriu um inquérito judicial, após boletim de ocorrência de Sikêra Jr., para apurar três crimes: injúria, difamação e o crime de perseguição (*stalking*).[76]

Os advogados de Sikêra Jr. detalhavam a forma como o Sleeping Giants Brasil desenvolveu a campanha pela desmonetização do apresentador — marcando os anunciantes e pedindo que outras pessoas também os cobrassem —, alegando que

* Na ocasião, por chamar pessoas LGBTQIAP+ de "raça desgraçada", mas ele é conhecido por falas como "imagina ter um filho viado e não poder matar?", "nojo de vocês" etc.

se tratava de perseguição, sem dialogar mais profundamente com o que caracteriza esse crime. Com base nesses fundamentos, o delegado de polícia pediu uma amplíssima quebra de sigilo telemático de contas do grupo diante de várias empresas de internet, que foi atendida. Foi nesse momento que o terceiro membro veio a público. Enquanto este livro era escrito, o grupo continuava aguardando julgamento de um habeas corpus no STJ para tentar trancar o inquérito e suspender a investigação.

A lição que essa história parece ensinar é que precisamos ficar alertas diante de formulações jurídicas abertas, particularmente no direito penal, pois elas podem ser usadas para finalidades muito diferentes daquelas pensadas inicialmente. Nesse caso, a instrumentalização da Lei de *Stalking* contra o Sleeping Giants Brasil vai na contramão do interesse de combater práticas violentas e misóginas, já que o grupo tem como objetivo secar a fonte de propagadores de discurso de ódio — e o faz de forma inteligente e não violenta, pois expõe as contradições entre o que as marcas propagam como valores e o que de fato elas financiam. O processo judicial contra eles tenta silenciar e intimidar, e no mínimo gera dificuldades e custos. Assim, a preocupação não é infundada.

Escrever, reportar, militar

Em 14 de março de 2018, Marielle Franco e seu motorista Anderson Gomes foram alvejados de tiros na região central do Rio de Janeiro, voltando de um debate promovido pelo PSOL com jovens negras na Casa das Pretas, no bairro da Lapa. Marielle era vereadora do Rio de Janeiro desde 2017 — foi a quinta vereadora mais votada da cidade em 2016. Nascida e crescida na Favela da Maré, mulher negra e bissexual, fez um mestrado em administração pública na Universidade Federal Fluminense sobre as Unidades de Polícia Pacificadora (UPPs) e trabalhou na equipe de Marcelo Freixo na Assembleia Legislativa durante dez anos. Defensora de direitos das mulheres e de pessoas LGBTQIAP+, e crítica de abusos policiais, era um dos grandes quadros políticos da sua geração. Até junho de 2023, seu assassinato ainda não estava desvendado, mas pistas encorajadoras estavam aparecendo.

Marielle Franco é um marco brutal para o enfrentamento das múltiplas formas de violência que sofrem as mulheres, sobretudo as mulheres negras, indígenas, lésbicas, bissexuais e transexuais, na política no Brasil. São violências que extrapolam a política institucional e acometem outras mulheres engajadas, como jornalistas, militantes e ativistas de direitos humanos, mas que agem de maneira específica quando nas esferas da candidatura e do mandato político. Neste capítulo tratarei de violências que acontecem no espaço da internet contra mulheres, pessoas negras e indígenas e pessoas LGBTQIAP+ que se posicionam em espaços públicos, passando por uma reflexão sobre a atividade de moderação de conteúdos realizada pelas plataformas digitais, até chegar ao debate sobre violência política e à lei que foi aprovada em 2021 para tentar dar conta desse fenômeno de crescente visibilidade.

Em um mundo onde a ideologia dominante pressupõe que o espaço público pertence ao masculino, arquétipo do racional, e o espaço privado, ao feminino, emocional e íntimo, mulheres que ocupam o espaço público encontram um desafio que se expressa em números — como a baixíssima representação feminina nos espaços políticos institucionais — e em violências relacionadas à misoginia. Para mulheres negras, indígenas e LBTQIAP+, essas dificuldades são acrescidas e complexificadas pelas discriminações decorrentes dessas outras identidades.

Apesar de essa dicotomia entre público e privado estruturante de divisões de gênero ser ainda dominante nas representações sociais, há décadas já é objeto de questionamento por feministas, embora seus próprios contornos sejam objeto de disputa entre elas. Como já mencionei, feministas negras no Brasil e nos Estados Unidos questionam a representação das mulheres como confinadas ao espaço privado, uma vez que mulheres negras no passado foram escravizadas e, posteriormente, por serem obrigadas a trabalhar fora, dadas as condições materiais, jamais passaram por tal confinamento. "Durante a escravidão, elas trabalharam na esfera pública sem receber [...] e tiveram a privacidade de suas famílias rotineiramente violadas", afirma Patricia Hill Collins, em fala que se aplica também ao Brasil.[1] Essa divisão permanecida como ideologia dominante significou, segundo Collins e Angela Davis, outras opressões às mulheres negras — mas também outras resistências a partir desses lugares (*standpoints*) únicos. No Brasil, domesticidade, espaço privado e gênero foram fortemente configurados no pós-Abolição, quando se reconfigurou o poder da dona da casa, branca e abastada, e houve enobrecimento da maternidade e do papel de guardiã do lar burguês. Essas mulheres brancas abastadas passaram a supervisionar o trabalho doméstico agora remunerado, realizado por mulheres principalmente negras e ex-escravizadas, em relações permeadas por pressupostos servis.[2] Nesse processo, como lembra Lélia Gonzalez, a dupla jornada é uma realidade mais intensa para a mulher negra.[3]

Essas considerações são essenciais para que a complexidade da divisão entre privado-feminino e público-masculino seja compreendida. Ainda assim, essa ideologia produz e reproduz desigualdades de gênero. No privado acontece parte significativa da violência contra as mulheres, e é nesse espaço que padrões de exploração e dominação limitam a autonomia delas em outros espaços. Também é nele que se estabelecem as bases para a configuração da vida pública, que pressupõe o trabalho de cuidado doméstico não remunerado. A ideia de que a política ocorre no espaço público, e particularmente no domínio do Estado, desvaloriza o trabalho no espaço privado familiar e, como aponta a cientista política Flávia Biroli, exclui que critérios válidos para a esfera pública valham dentro das casas.[4] Assim, feministas lutam pelo reconhecimento do feminicídio e do enfrentamento público e comunitário à violência doméstica afirmando que o privado é político.

Biroli vai além e afirma que a despolitização do privado corresponde à ideia de que na esfera pública as relações são abstratas, pautadas por valores universais e imparciais, o que justifica hierarquias e permite a reprodução de privilégios,[5] baseada no "sujeito universal", como bem aponta a pesquisadora Joanna Burigo.[6] Essas representações de imparcialidade são muito bem colocadas em xeque por Nirmal Puwar, professora de sociologia da Goldsmith University, em seu livro *Space Invaders: Race, Gender and Bodies Out of Place* [Invasoras de espaço: raça, gênero e corpos fora de lugar]. Puwar afirma que corpos entendidos como pertencentes à norma, isto é, homens brancos, são tidos como os habitantes "normais" desses espaços. E essa normalização é reforçada pela repetição. Com isso, a presença de corpos femininos e não brancos incomoda, independentemente de quais sejam as propostas dessas "invasoras de espaço".[7]

Ter uma presença marcante na esfera pública diz algo, ainda que algo incompleto, sobre o sofrimento de violências por mulheres por todo o mundo — e particularmente de violências on-line. A pesquisa do Cigi de 2022, que mencionei várias vezes ao longo deste livro, separou toda uma seção sobre "indivíduos de alto perfil", querendo dizer "alta visibilidade": defensoras de direitos humanos, jornalistas, políticas, influenciadoras ou mulheres que tenham um número significativo de seguidores. A incidência de violência on-line em todas essas categorias é impressionantemente mais alta que a da média das pessoas: enquanto, nos dezoito países estudados, 59% dos usuários relatam ter sofrido danos na internet, nessas categorias a proporção fica entre 73% e 77%. Das pessoas LGBTQIAP+ de alto perfil, 82% afirmam ter sido atingidas por violência especificamente devido a sua identidade, expressão e orientação sexual, e 42% das mulheres de alto perfil dizem ter sido visadas por causa de sua identidade de gênero (contra 26% dos homens de alto perfil, ou 25% do usuário típico em geral). Também as mulheres de alta visibilidade relatam efeitos mais graves da violência no seu dia a dia, por exemplo: 48% das que sofreram violência relatam dificuldades na capacidade de concentração e saúde mental, contra 41% dos homens e 37% dos usuários comuns; 51% das pessoas LGBTQIAP+ de alta visibilidade relatam sentimentos suicidas, contra 39% no total (que também inclui a parte LGBTQIAP+).[8]

De 2018 em diante, o tema da violência contra mulheres politicamente ativas cresceu de modo intenso — e ao mesmo tempo cresceram os relatos de violência e a visibilidade da questão. É evidente que o fortalecimento da extrema direita, o conflito em torno de questões de raça e de gênero, e a legitimação dessas violências por parte de líderes políticos tiveram um papel crucial nesse aumento. É importante observar, então, como isso afeta jornalistas, acadêmicas e mulheres na política, para explorarmos a incidência e a especificidade dessa forma de violência, sua faceta on-line e o papel das plataformas de internet. Há nesse caminhar a história, as conquistas e as contradições de uma lei que fez frente à violência política de gênero.

JORNALISTAS E ACADÊMICAS

> Nenhuma mulher negra escritora nesta cultura pode escrever "demais". Na verdade, nenhuma mulher escritora pode escrever "demais"... Nenhuma mulher jamais escreveu o suficiente.[9]

Em 2015, a página oficial do *Jornal Nacional* da TV Globo publicou uma imagem da jornalista Maju Coutinho. A página foi inundada por ofensas racistas e misóginas, postadas em tempos muito próximos, o que levantou suspeitas de uma ação coordenada. A investigação apontou para quatro homens que, com pseudônimos, marcavam dia e horário para realizar os ataques. Dois deles foram condenados por racismo e injúria racial em 2020,[10] e a condenação foi confirmada em segunda instância em 2022.[11] O episódio levou outros jornalistas da Rede Globo a lançar a hashtag #SomosTodosMaju, que começou a ser replicada nas redes.

No mesmo ano, Aline* escreveu um texto sobre sua experiência como uma mulher nerd em comunidades nerds, e as exclusões e discriminações que sofreu. Não demorou muito e usuários de um *chan* brasileiro abriram uma campanha de ataques que não cessaria por semanas. Começaram com deboche, seguiram para debater como abusar dela, até que um usuário postou seu endereço, aparentemente obtido de uma base de dados de uma empresa de crédito em que ele dizia trabalhar. O que eles começaram a fazer é conhecido como *trolling*. Segundo as pesquisadoras Clarice Tavares e Ester Borges, trata-se de um comportamento violento específico, que tem como alvo um indivíduo, grupo, ideia ou causa, com a intenção de atingir o alvo e desestabilizar a conversa. Esses ataques muitas vezes têm caráter misógino, racista, capacitista e LGBTQIAPfóbico, e são diferentes por sua atuação performática para transformar o debate em outra coisa.[12] A palavra pode fazer parecer inofensivo, e os *trolls* também se apresentam como representantes da cultura da irreverência. Mas longe disso: como argumenta a pesquisadora Whitney Phillips, no excelente *This is Why We Can't Have Nice Things* [É por isso que não podemos ter coisas boas], a cultura de *trolling* está intimamente conectada com noções convencionais generificadas de dominação e há inúmeros exemplos de graves consequências.[13]

* Nome fictício. Acompanhei o caso de perto à época. A jornalista prefere não ser identificada.

Aline começou a receber todo tipo de pacote por correio: de itens de sex shop a animais vivos, passando por coisas absurdas, que a faziam gastar tempo e energia, como quando mandaram entregar um poste de concreto em sua casa. Seus vizinhos de prédio todos receberam uma encomenda com uma camiseta com sua foto e xingamentos gordofóbicos. Eles sabiam seu endereço, e ela não sabia onde aquilo iria parar. Nos *chans*, diziam que não parariam até ela cometer suicídio. Ela saiu de casa.

Levou o caso à delegacia, entregou provas e aguardou um contato que nunca veio. Ela perdeu oportunidades de trabalho como jornalista freelancer, porque alguns editores tinham medo de publicá-la e virar alvos por consequência. Ela também se autocensurou: relata pensar duas vezes antes de escrever algo sobre gênero.

Em um relatório de 2021, a Unesco publicou uma pesquisa envolvendo 714 jornalistas do gênero feminino de 113 países: 73% delas haviam sofrido violências relacionadas ao trabalho.[14] Um dos relatos que a pesquisa traz é o da premiada jornalista filipina Maria Ressa, reconhecidamente perseguida pelo governo filipino e por seus apoiadores. Ressa conta que, em momentos de pico, chegou a receber noventa mensagens de ódio por hora só no Facebook e cerca de 2 mil insultos por dia. Ela é atacada não só por ser jornalista, mas pela cor e textura da sua pele, e por sua sexualidade.

A apresentadora libanesa do Al Jazeera, Ghada Oueiss, relatou receber pelo menos uma ameaça de morte por dia que sai ao vivo. A pesquisa mostra que os ataques a mulheres jornalistas não são só muito frequentes: são também normalmente misóginos e íntimos, e estendem-se a família, fontes e colegas. A pesquisadora e professora inglesa Becky Gardiner fez uma pesquisa com 70 milhões de comentários postados entre 2006 e 2016 no site do jornal britânico *The Guardian* e mostrou que, dos dez alvos mais frequentes de ataques, oito eram mulheres. Além disso, mulheres negras, asiáticas e de outras etnias socialmente minorizadas eram afetadas de maneira desproporcional.[15] Outra pesquisa feita pela IT for Change nos estados de Karnataka e Tamil Nadu, na Índia, revelou que jornalistas mulheres são frequentemente atacadas de forma contínua e conjunta, por vários agressores ao mesmo tempo, e algumas são forçadas a abandonar os espaços on-line por violências contra membros de suas famílias.[16]

Não faltam casos no Brasil, e alguns episódios mais recentes são muito paradigmáticos. Patrícia Campos Mello foi insultada por uma fonte, Hans River, que havia dado informações sobre um esquema de disparo em massa de mensagens por WhatsApp pela campanha de Bolsonaro em 2018. Em um depoimento na CPMI das Fake News em 2020, River disse que havia feito as declarações porque a jornalista teria oferecido sexo em troca. O caso virou uma avalanche de insultos e ameaças contra Mello, que foram reproduzidos (e incentivados) pelo deputado federal Eduardo Bolsonaro, filho do ex-presidente. O então presidente, em uma entrevista em frente ao palácio da Alvorada, endossou: "Ela queria um furo. Ela queria dar o furo", e riu com os demais presentes.

Três decisões diferentes obrigaram River, Eduardo Bolsonaro e o ex-presidente Jair Bolsonaro a indenizar a jornalista.[17] A jornalista Bianca Santana também ganhou processo contra Bolsonaro, em 2021, por um ano antes ele ter afirmado em uma de suas lives que ela propagava notícias falsas, atribuindo-lhe uma matéria que ela sequer escreveu. Isso levou Bianca Santana a receber ameaças de morte.[18]

Em março de 2021, a jornalista Juliana dal Piva recebeu uma mensagem de Frederick Wassef, advogado da família Bolsonaro, depois que ela publicou o podcast *UOL Investiga: a vida secreta de Jair*: "faça lá o que você faz aqui no seu trabalho, para ver o que o maravilhoso sistema político que você tanto ama faria com você. Lá na China você desapareceria e não iriam nem encontrar o seu corpo". Ela moveu um processo cível e publicou a mensagem nas redes sociais, denunciando o ocorrido; em 2022, em primeira instância, ganhou uma indenização, mas também foi condenada a pagar a mesma quantia que receberia, por ter "ferido a privacidade do réu" ao divulgar a mensagem intimidatória.[19] Felizmente, a sua parte da condenação foi afastada pelo Tribunal de Justiça de São Paulo no ano seguinte. Era uma clara distorção do direito à privacidade, que não prevalece em um caso como esse.

Não é sempre assim, mas os três casos narrados têm conexões com pessoas ligadas ao então governo Bolsonaro, o que aponta para uma dinâmica que tem se repetido na violência contra mulheres jornalistas no Brasil. No mapeamento de 2022 da Associação Brasileira de Jornalismo Investigativo (Abraji) sobre ataques de gênero contra jornalistas, dos 145 identificados, mais de 50% dos casos eram o que ficou conhecido por "discursos estigmatizantes"; na categoria seguinte (33,8%), estavam as ameaças e a intimidação, on-line e off-line. Impressiona, precisamente, que nada menos que 67,6% dos casos de discursos estigmatizantes tenham sido proferidos por autoridades e figuras proeminentes, e 45,9% foram campanhas sistemáticas envolvendo a internet.[20]

Muitas outras pesquisas trazem dados sobre a preponderância das jornalistas mulheres ou de ataques com base em gênero nos episódios de violência a jornalistas no Brasil. Outro exemplo: uma pesquisa da Repórteres sem Fronteiras com o Instituto de Tecnologia e Sociedade durante 2021 indicou que mulheres jornalistas foram referenciadas criticamente treze vezes mais que seus colegas homens;[21] outra pesquisa de um consórcio de organizações, de que o InternetLab participou, mostrou que, também em 2021, quatro dos cinco jornalistas mais citados em ataques eram mulheres; ficou evidente que, no Twitter, ataques contra mulheres jornalistas negras eram mais agressivos.[22] Um ponto importante que essa pesquisa revelou foi que a descredibilização do jornalismo é uma estratégia de desestabilização de pilares democráticos; o caráter de gênero dos ataques vem ora como atalho fácil de fazê-lo, por como a misoginia é socialmente espraiada, ora expressão misógina que surfa na onda dessa descredibilização.

A dinâmica de ataques a jornalistas ficou extremamente visível e teve grande repercussão, particularmente durante as eleições de 2022. Com um pouco menos de visibilidade, dado o alcance menor de seu trabalho, acadêmicas e ativistas também vêm sofrendo ataques semelhantes. Em 2018, a professora da Universidade de Brasília Debora Diniz deixou o Brasil depois de sofrer linchamentos virtuais e ameaças de morte contra ela mesma, sua família, alunos e a reitora da UnB. A professora ficou mais conhecida depois de suas falas em audiência pública no STF, em 2016, quando defendeu o direito ao aborto até a 12ª semana de gestação. Diniz relatou ter tomado a decisão de sair por causa do efeito contágio: pessoas a sua volta passaram a ser também alvo. As investigações andavam devagar devido a dificuldades para identificar delitos cibernéticos.[23] Larissa Bombardi, professora de geografia da Unicamp e pesquisadora dos impactos do uso de agrotóxicos no país, começou a receber ameaças de agentes ligados ao agronegócio e também se exilou em 2019.[24] Márcia Tiburi, professora de filosofia, também deixou o Brasil no mesmo ano devido a ameaças.

Robert Quinn, da organização Scholars at Risk, afirmou que o aumento de busca por ajuda da parte de acadêmicos e acadêmicas brasileiros desde 2017 esteve ligado à retórica de líderes políticos estigmatizando o ambiente universitário.[25] Por exemplo, em 2019, o ministro da Educação Abraham Weintraub falou que haveria uma "balbúrdia" nas instituições públicas de ensino superior no Brasil.[26] Um estudo do Centro de Análise da Liberdade e do Autoritarismo (Laut) de 2022 identificou que, entre as violações à liberdade no ensino superior no Brasil, surgiram muitos relatos de recomendações feitas pela administração das universidades, sugerindo evitar ou vetando o uso de expressões — e gênero e sexualidade estavam entre as áreas mais vigiadas. Ainda assim, há pouco estudo ou debate sobre as relações entre gênero, raça e sexualidade e a perseguição a acadêmicos e acadêmicas no Brasil.

VIOLÊNCIA POLÍTICA DE GÊNERO

Em 2020, o Brasil elegeu o maior número de mulheres para cargos locais em sua história: 13% nas Câmaras de Vereadores. Entretanto, nenhuma mulher foi eleita para uma capital estadual.[27] O financiamento de candidaturas de mulheres e pessoas negras é proporcionalmente menor que o das outras candidaturas.[28] Em 2022, foram eleitas 17,7% mulheres na Câmara dos Deputados e 16% no Senado — abaixo da média regional e mundial.[29] Isso significa que as vozes das mulheres são negligenciadas na política e, por consequência, na sociedade, já que são sub-representadas por porta-vozes das suas necessidades e interesses.[30] Depois de governos progressistas instituírem políticas de igualdade de gênero e raça, além da presença do ativismo e da entrada no Estado de importantes quadros do movimento feminista, uma mulher foi eleita presidente pela primeira vez na história do país, mas deposta antes de terminar o segundo mandato, e substituída por seu vice, que compôs um gabinete ministerial 100% masculino e branco.

Durante o impeachment de Dilma Rousseff, a extrema misoginia dos discursos que circulavam provocou o debate a ganhar mais corpo e espaço nos ativismos; muitos trabalhos acadêmicos começaram a ser escritos.[31] Apesar de a violência política de gênero e sua expressão nas leis já serem discutidas há mais tempo em outros países latino-americanos,[32] e de já existir então o diagnóstico de que ela é uma forma de empurrar sujeitos para fora da vida política pública, naquele episódio a misoginia no Brasil ficou muito explícita: de capas de revistas e jornais chamando a presidente de louca e descontrolada ao repulsivo adesivo de Rousseff com pernas abertas que opositores começaram a colar na entrada do tanque de gasolina de seus carros — para ser "penetrada por uma bomba". Não há como negar, então, que a misoginia é um desafio à expressão das mulheres. Aqui, com duas camadas a mais: as consequências se fazem sentir na representação política, com efeitos muito diretos na vida das brasileiras e brasileiros e com os perigos muito presentes — vide o assassinato de Marielle Franco em 2018.

Nos anos de 2016 e 2018, o projeto #OutrasVozes do InternetLab registrou várias iniciativas que visavam dar visibilidade a candidaturas de mulheres, pessoas negras, indígenas e pessoas LGBTQIAP+.[33] Sabíamos que as redes sociais vinham inegavelmente prestando um papel a candidaturas ativistas, que constroem (também) um público on-line. Ao mapear as iniciativas em 2018, o debate sobre misoginia e violência política de gênero foi tão intenso que, em 2020, decidimos dar um giro e focar nesse tipo de violência contra candidatas, monitorando-o de forma mais sistemática. Assim nasceu o MonitorA, projeto em parceria com a revista *AzMina* e o Volt Data Lab. Esse projeto materializou o problema em números e permitiu identificar tendências e narrativas no tipo de violência política de gênero nas eleições de 2020 e 2022 pelo país.

Em 2020, monitoramos 175 perfis de candidatas e candidatos de todas as regiões seguindo vários critérios de diversidade: étnico-racial, etário, com e sem deficiência, orientação sexual e identidade de gênero, bem como posicionamento no espectro político e pautas de atuação, no Twitter, Instagram e YouTube. As candidatas mulheres, cis e trans, receberam uma média de quarenta comentários ofensivos no Twitter todos os dias durante o primeiro turno. Embora esse dado seja chocante, a principal questão que observamos não foi numérica, mas relativa à natureza das ofensas. Alguns candidatos homens até recebiam mais ofensas pelas redes, o que dependia de muitos fatores. Por exemplo, Guilherme Boulos, que era candidato a prefeito de São Paulo, recebeu uma quantidade imensa de xingamentos, pelo tamanho e visibilidade de sua candidatura. Porém, percebemos que os homens, particularmente os cis brancos, eram ofendidos por sua atuação política ou desempenho profissional, enquanto as mulheres eram ofendidas *pelo que eram*, por seus corpos e capacidade intelectual, por seu comportamento de uma perspectiva moral e sexual, por fatores ligados à sua família (como a maternidade). Mulheres negras sofriam com extrema desumanização, como era o caso de Marina Silva (Rede) e Benedita da Silva (PT-RJ), ambas comparadas a animais ("tartaruga", "vaca leiteira", "porca") e eram xingadas por suposta falta de beleza. Homens GBT+ e negros também recebiam ataques a características pessoais.[34] A propósito, um estudo do VoteLGBT no mesmo processo eleitoral mostrou que 49% dos candidatos LGBTQIAP+ que concorreram ao cargo em 2020 reportaram ter recebido ataques em razão de sua orientação sexual, 32% por ser mulher e 29% pela identidade de gênero; 54% procuraram a assistência do seu partido, mas em 56% dos casos o partido não tomou providências.[35] E, entre uma eleição e outra, as organizações brasileiras MariaLab e Casa1 também observaram, usando a estrutura do MonitorA, a violência no Twitter contra políticas eleitas LBTI+, identificando cruzamentos de misoginia, lesbofobia e transfobia. É comum o xingamento de "louca", confrontos com o lugar doméstico ("dona", "senhora") e referências de não pertencimento ao mundo político.[36]

Em 2022, a existência de violência política de gênero estava bem marcada, e o debate havia ganhado as esferas institucionais. A continuação do observatório buscou afinar as conclusões para oferecer respostas melhores a respeito da misoginia nas redes sociais no contexto político: o que diferencia debate político acalorado, ou mesmo hostil, de linguagem que inferioriza grupos historicamente marginalizados, e o que tem de ser feito em cada caso?[37] Para responder a essa pergunta, observamos que algumas narrativas misóginas e discriminatórias foram sendo construídas durante as eleições. Por exemplo: Michelle Bolsonaro e Janja Lula da Silva, as esposas dos candidatos que se enfrentaram no segundo turno, foram protagonistas, apesar de não estarem concorrendo, e ambas foram alvo de hostilidade relacionada à religião e à moral. Os ataques a Michelle Bolsonaro queriam provar uma dissonância entre a sua religião e seu comportamento, e resvalavam em misoginia; mais agressivos, os ataques a Janja vinham com intolerância contra religiões de matriz africana combinada com misoginia: por exemplo, "pomba gira" era utilizado como referência à sua suposta vida sexual pregressa.* Na etnografia que fizemos no TikTok em parceria com Lux Ferreira, vimos também a imensa articulação da feminilidade de Michelle Bolsonaro: em vídeos de Bolsonaro e de seus apoiadores, ela era referenciada como

* Pomba gira, que é guardiã e protetora no candomblé e umbanda, aparece nesses xingamentos como representação do mal, da imoralidade e da vulgaridade, conforme interpretações de algumas comunidades cristãs. Ver Luiz Antonio Simas e Luiz Rufino, *Fogo no mato: a ciência encantada das macumbas*. Rio de Janeiro: Mórula, 2018. Ver também InternetLab; Revista AzMina, *MonitorA 2022: observatório de violência política de gênero*. São Paulo: InternetLab, AzMina e Núcleo Jornalismo, 2023.

"princesa", "primeira DAMA de verdade", e imagens de mulheres apoiadoras de Lula como Benedita da Silva e Gleisi Hoffmann como supostos exemplos de mulheres no espectro oposto.[38]

Nos dois anos, também ficou evidente como o léxico pode ser usado de forma sutil para transmitir misoginia. Manuela D'Ávila, em 2020, era frequentemente chamada de "comunista", que é um adjetivo essencialmente político. No contexto, entretanto, ficava evidente que comunista era usado como um *proxy* para pessoa sem valores morais, religiosos e sexuais considerados desejáveis. Dois anos depois, o candidato Jair Bolsonaro disse à jornalista Vera Magalhães, durante um debate presidencial na rede de TV Bandeirantes: "Vera, não podia esperar outra coisa de você. Acho que você dorme pensando em mim. Deve ter alguma paixão por mim. Você não pode tomar partido em um debate. Uma vergonha para o jornalismo brasileiro". "Você é uma vergonha" começou a ser reproduzido nas redes, particularmente contra mulheres, traduzindo sutilmente noções de moralidades generificadas. Esses exemplos mostram também o poder dos discursos emanados por figuras políticas de poder.

Ainda em 2022, identificamos que homens eram atacados também por suas características quando pertencem a grupos subalternizados. Kim Kataguiri (União-SP) sofreu ataques em função de sua ascendência japonesa: foi xingado de "japa feio" a "Kim Kata Koquinho", tendo sua identidade usada de forma pejorativa. Para citar outro exemplo, Fernando Holiday (então concorrendo pelo Novo-SP) foi cobrado por incongruências sentidas entre seu discurso e seu pertencimento étnico-racial, mas com vocabulário racista e violento: "Vc é uma vergonha para os negros brasileiros! Tenho NOJO DE UM CARA COMO VOCÊ". Apesar da tentativa de pautar a questão racial, uma afirmação como essa não está relacionada ao que pensa Holiday, mas a ser um homem negro pensando o que pensa.

Além do conteúdo, a arquitetura da rede importa. Já em 2020 havíamos identificado que o Twitter era a rede com mais ataques — um diagnóstico que corroborava outras pesquisas, como a da Anistia Internacional de 2018 —[39] e nos propusemos a pensar no porquê, para além de políticas de moderação de conteúdo. Nessa pesquisa, ficou evidente que a forma como uma plataforma está construída, o que ela permite e o que ela não permite (que identifiquei atrás como *arquitetura*) tem um imenso papel. Por exemplo, o Twitter tem uma arquitetura que favorece trocas entre pessoas que não se seguem, mostrando posts compartilhados por seus contatos e dando grande alcance para posts que estão ganhando tração. É muito diferente do Instagram, onde as pessoas interagem prioritariamente com sua rede adicionada, ou ainda do TikTok, em que, mesmo ao assistir a vídeos de pessoas que não seguem, as pessoas acabam recebendo muito mais conteúdos com que simpatizam, pela forma como os critérios de recomendação são construídos (o TikTok é conhecido por oferecer muito do que você gosta, a partir do seu comportamento na própria plataforma, algo que o Instagram passou a incorporar mais recentemente).

Assim, em 2022, o MonitorA identificou que, no Instagram, as palavras mais comuns dirigidas a Erika Hilton (PSOL-SP) e Duda Salabert (PDT-MG), ambas eleitas à Câmara dos Deputados e muito atacadas na rede por serem mulheres trans, eram "força", "se cuida", "coragem", e, especificamente para Duda, "resistência" (já que ela havia sido ameaçada de morte em agosto de 2022), e "comunidade", "unir", "congresso", "bancada", "popular" e "vamo" para Erika. Eram pessoas apoiadoras, admiradoras, que usavam as redes das candidatas para mostrar solidariedade. Já no Twitter, em 2020, Erika Hilton foi a candidata mais atacada entre as que monitoramos: 8,5% de todos os co mentários direcionados a ela continham xingamentos, grande parte de caráter transfóbico.

Depois de ter conhecimento desses dados, Erika Hilton decidiu processar cinquenta das pessoas que a agrediram.[40] O MonitorA e iniciativas parecidas, como as que olham para jornalistas que mencionei anteriormente, dão concretude e materialidade para um problema que pode ser muito abstrato para quem não passa por ele — e ser de difícil reconhecimento e comprovação para quem passa.

O MonitorA permitiu observar de perto outro fenômeno que não é de fácil resolução: os ataques em massa (*dog-piling*, em inglês). São práticas aditivas que podem não ser em si ilegais nem envolver violação a termos de uso, mas que causam danos e sofrimento porque criam uma atmosfera de ameaça (nisso, lembram o *stalking*, embora sejam cometidas por múltiplas pessoas). Por exemplo, dezenas ou centenas de pessoas vão a um perfil de uma candidata negra e dizem: "Desista de concorrer, você não merece estar lá". Essa frase não seria enquadrada como ilegal e provavelmente não fere as políticas das plataformas para ser removida por elas. Mas o caráter agregado gera um caos emocional e pode levar as vítimas a um "ponto de ruptura", como afirmou a professora da Universidade de Sydney Emma James após entrevistar muitas vítimas de ódio on-line. O problema, então, não é somente o conteúdo das mensagens, mas o modo como isso é feito, gerando trabalho e energia em ler, denunciar, bloquear, agir contra.[41] E mesmo isso pode não ser suficiente: a jornalista filipina Maria Ressa, que, como mencionei anteriormente, por vezes recebe uma quantidade inimaginável de xingamentos por hora, conta que "você nunca sabe quando aquilo vai pular do virtual e se embrenhar no mundo físico".[42]

Diante disso, é possível afirmar que as arquiteturas e os modelos de negócio das plataformas favorecem, mais ou menos, o ódio e, particularmente, a misoginia? Em 2020, num episódio do podcast *The Daily*, do *The New York Times*, Jack Dorsey, fundador e então CEO do Twitter (antes da venda a Elon Musk), lamentou-se do que chamou de erros nas escolhas fundamentais envolvendo a plataforma. Ele disse que pequenas escolhas — o que dá mais visibilidade de um post a outros usuários, um curtir ou um compartilhar? Um curtir e compartilhar, ou compartilhar com comentário? — fizeram usuários e empresas de mídia privilegiarem o sensacionalismo em detrimento da precisão. Ele queria abrir mais a caixa-preta do algoritmo e promover mudanças.[43] O caminho que o Twitter tomou a seguir foi um tanto maluco. Mas o ponto aqui é: cada escolha de arquitetura produz efeitos sobre como as pessoas conversam nessas plataformas, espaços massivos organizados por algoritmos. Essas escolhas são também pautadas em que tipo de conteúdo e interação gera mais visibilidade para anunciantes. E, evidentemente, as pessoas também se apropriam de formas criativas, ou seja, têm agência, e levam seus valores a esses espaços.* É por isso que, por mais complexo que isso pareça, discutir misoginia precisa perpassar a discussão a respeito de modelos de negócio no ambiente digital, governança de plataformas e mais amplamente da internet também.

Um último adendo: vale insistir, porque é muito importante, que o foco até pode ser internet, mas reconhecer o continuum do on-line e do off-line é imperativo. Qual é a gravidade última do que estamos falando, afinal? Andréia de Jesus, deputada estadual (PT-MG), pediu escolta policial em 2022 por ter recebido mais de 3,5 mil ameaças pela internet, depois de cobrar uma investigação sobre uma operação policial no sul de

* Ver a discussão no segundo capítulo, dialogando com o trabalho de Letícia Cesarino.

Minas Gerais. Em uma das ameaças, disseram que o destino dela seria "o mesmo que o de Marielle Franco".[44] Ambas parlamentares negras. Áurea Carolina, que também foi deputada estadual (PSOL-MG), também negra, desistiu de concorrer para um segundo mandato em 2022, porque, por mais que acredite na necessidade de alternância de poder e esse seja seu principal motivo, o desgaste da violência política pesou. Além de situações de assédio no exercício do mandato, "de forma bem explícita e direta, eu cheguei a receber ameaças em cartas anônimas, mensagens, comentários agressivos, discriminatórios e ofensivos nas redes sociais. Mas, de forma escamoteada, são muitas situações, desde a época em que fui vereadora", disse a ex-deputada à agência Lupa.[45]

Em 2021, a deputada Mônica Seixas (PSOL-SP) escutou, na Assembleia Legislativa de São Paulo, do deputado Wellington Moura (Republicanos) que ele colocaria um cabresto em sua boca, em uma fala claramente racista. Quando deixou o plenário chorando, foi cercada por quinze homens gritando "louca" e "vai tomar seu Gardenal".[46] Em dado momento, Mônica teve uma grande crise e saiu em licença médica. Duda Salabert, primeira vereadora trans em Belo Horizonte e parlamentar mais votada em 2020, recebeu e-mails e cartas transfóbicas e com ameaças de morte.[47] Erika Hilton, mencionada anteriormente por ser um grande alvo nas redes sociais, recebe periodicamente ameaças de morte por e-mail. "Vamos matar vocês com uma bomba, vamos explodir suas casas e estraçalhar seus corpos" foi um exemplo de ameaça que recebeu, em 2022, depois de ter movido uma ação contra Jair Bolsonaro. Também em 2022, Isa Penna, deputada estadual por São Paulo, então do PSOL, recebeu uma ameaça de morte por e-mail ligada à sua atuação em favor da cassação do deputado estadual bolsonarista Douglas Garcia (Republicanos), que atacara a jornalista Vera Magalhães, e fez boletim de ocorrência. Foi a terceira vez naquele ano.[48] Manuela D'Ávila decidiu não concorrer às eleições em 2022 referindo-a à violência na política, afinal, ela tem um grande histórico de ser alvo de desinformação generificada, de receber ameaças de estupro e morte, inclusive de sua filha criança.[49] São histórias que demonstram o cotidiano de ser mulher política no país, sobretudo ser mulher que representa determinadas pautas, agravados os casos de mulheres negras. Por sua vez, o aumento histórico recente na presença dessas mulheres nesses espaços mostra sua resistência, e seus mandatos combativos também mostram que enfrentam o silenciamento.

MODERAÇÃO DE CONTEÚDO NA INTERNET

Elisa Riemer é artista visual, feminista e lésbica. Em 2023, ela foi punida pelo Instagram, aparentemente por ter postado conteúdos de nudez enquanto divulgava um trabalho a que se dedicou desde 2019, com colagens que usam imagens antigas de mulheres nuas — em fotografias ou fotografias de esculturas. Alguns posts da série foram deletados e ela foi informada de que seu conteúdo seria distribuído só para 10% dos seus seguidores por dois meses. Ela fez um vídeo pedindo divulgação do caso (e interação com o perfil dela, para ela não perder tanto alcance).[50]

As políticas do Instagram naquele momento permitiam nudez de protesto e "em imagens de pinturas e esculturas" (além de em alguns outros casos, como amamentação e em conscientização de saúde), mas as colagens de Riemer não passaram no crivo. As imagens de nudez utilizadas politicamente, por exemplo na Marcha das Vadias e também em outros movimentos do período, começaram a ser bloqueadas pelas redes sociais. Entre 2012 e 2013, havia um debate nacional e internacional relevante contra a censura de conteúdos de nudez, como foi o caso com uma página que reproduziu uma capa de jornal em que havia uma pequena imagem de nudez, uma imagem conhecida de Simone de Beauvoir, ou imagens de protesto contra a Copa no Rio de Janeiro, em 2014, com uma ativista nua.[51] Alguns casos eram ainda mais frívolos, como o caso de uma boneca de porcelana "nua" e um bolo de sereia, cujas imagens foram bloqueadas.[52] Outros tiveram grande expressão política, como foi o caso de uma imagem postada pelo Ministério da Cultura em 2015, com uma fotografia de 1909, que mostrava uma mulher indígena da etnia botocuda com os seios expostos — bloqueada pelo Facebook e restaurada depois da polêmica.[53] Diante de muitas polêmicas, as plataformas mais utilizadas começaram a adotar políticas mais nuançadas, permitindo nudez em alguns casos.

O papel e o sentido da nudez não é nem um pouco unívoco nos feminismos. De todo modo, aqui não estamos falando de decisões das feministas, mas das plataformas, que estabelecem os padrões de comunicação dentro de seus espaços murados. Quando os serviços na internet, por sua própria iniciativa, removem postagens, suspendem contas, limitam alcance (entregando para menos pessoas), ou colocam um "rótulo" em um post, como um filtro indicativo de conteúdo sensível, elas fazem o que no jargão de políticas de internet se conhece como *moderação de conteúdo*.[54] A moderação de conteúdo envolve as próprias regras das plataformas, previstas nos seus termos de uso (e, na versão mais amigável, os "guias da comunidade" ou "políticas da plataforma"), mas também envolve os procedimentos e os sistemas que são utilizados para fazer valer essas regras.

O controle da aplicação desses termos de uso pode ser automatizado. Por exemplo, é conhecido que o Facebook e o Instagram não permitem nudez e têm uma política diferente para mamilos femininos e masculinos — o que inclusive vem gerando problemas para pessoas trans e não binárias, cujas demandas específicas frequentemente não são reconhecidas.[55] Muitas mulheres e outras pessoas que não se identificam como mulheres já tiveram a experiência de postar uma foto com nudez e ela ser removida; isso costuma acontecer automaticamente, por meio de um filtro algorítmico que identifica o que está na imagem sem que uma pessoa precise fazer o controle. Mas as plataformas de internet também contam com moderadores de conteúdo, profissionais cuja função é analisar as postagens de acordo com os termos de uso daquela plataforma. O grau de adoção de ferramentas automatizadas e os tipos de casos em que o controle é feito por autômatos ou humanos variam de plataforma para plataforma.

Essas empresas disponibilizam pouquíssima informação pública sobre a atividade de moderação de conteúdos, geralmente usando o argumento da segurança dos moderadores e moderadoras, e com o objetivo de evitar o *gaming the system* — regras serem usadas por agentes maliciosos, na tentativa de burlá-las. Evidentemente, embora as empresas não digam, sabemos que, quanto mais informação pública, mais escrutínio e crítica pública elas receberão. Nos últimos anos, repetidas reportagens geraram escândalos sobre decisões de moderação de conteúdo e as condições precárias de trabalho de moderadores, que muitas vezes são contratados por terceirizadas.[56] Menos atenção que o desejável vem se dando para o fato de a atividade de moderação de conteúdos ser feita com muito mais investimento e dedicação em alguns países — invariavelmente, os mais ricos — que em outros. O caso mais notável foi o de Mianmar, onde, em 2018, ocorreu um massacre após uma onda de ódio e incitação à violência contra a minoria ruainga no Facebook. À época, só havia em Dublin um moderador de conteúdo que compreendia birmanês, a língua falada em Mianmar, para 1,2 milhão de usuários daquele país.[57]

Ou seja, essa pode ser uma atividade com mais impacto imediato na vida das pessoas que outros mecanismos jurídicos de que tratamos neste livro. No fundo, quando uma imagem íntima é compartilhada, uma plataforma pode responder rapidamente a uma notificação e removê-la, e assim os danos podem ser contidos de maneira bem mais rápida do que se a vítima precisar levar o caso ao Judiciário. Mas as duas coisas estão interligadas.

Desde que o Marco Civil da Internet previu uma regra para que as plataformas sejam responsabilizadas com a mera notificação da vítima no caso de NCII, a decisão faz surgir efeitos sobre a moderação de conteúdos: quanto mais a plataforma remover um conteúdo desses após a denúncia do usuário, menos ela será responsabilizada. Isso gera incentivos para a criação de políticas de remoção automatizada. Porém, a moderação não existe apenas para eximir plataformas de responsabilidades legais: diferentes entre si, elas podem querer criar ambientes específicos, pensando em públicos específicos. Por exemplo, são diferentes os públicos e os usos do Twitter e do TikTok, ainda que tenham sobreposições. No Twitter, nudez é permitida; no TikTok, não.[58]

Geralmente, apesar de focarmos nos conteúdos que as plataformas *não* removem, a remoção de um conteúdo lícito e legítimo pode gerar efeitos muito deletérios às pessoas — como foi o caso de Elisa Riemer — e ao debate público. Suponha que um post de uma ativista feminista de visibilidade, em meio a uma situação de conflito político, seja erroneamente removido. Mesmo se ela conseguir passar pelos procedimentos internos que as plataformas têm para questionar remoções indevidas, é possível que o post seja restaurado em um momento em que ele já não é relevante. Em 1999, um conhecido autor seminal dos estudos de regulação de plataformas, Lawrence Lessig, escrevia que, na internet, código é lei (*code is law*).[59] O que o código (e, acrescentamos, os termos de uso e outras práticas de moderação) determina vira realidade, e é preciso olhar para essa realidade. Ao mesmo tempo, o caso da nudez é bastante ilustrativo de grandes desafios que as plataformas enfrentam envolvendo a moderação de conteúdos: muitas plataformas adotam uma política mais estrita quanto à nudez como forma de evitar exploração sexual de crianças e adolescentes, ou disseminação não consentida de imagens íntimas. Por exemplo, pode não ser nada simples determinar, com a pouca informação normalmente disponível, se uma foto é de uma adulta ou de uma adolescente, ou ainda que, sendo de uma adulta, foi autorizada.

Quanto maior é a plataforma, mais é provável que o sistema seja altamente complexo. Por exemplo: no caso de discurso misógino, pode ser que a plataforma utilize uma ferramenta automatizada, um sistema de inteligência artificial que busca identificar esses casos por meio de análise do contexto, e a remoção seja automatizada; pode ser que a ferramenta identifique potenciais casos de discurso misógino e isso gere um alerta para moderadores de conteúdo, para que verifiquem se aquela postagem descumpre os termos de uso; pode ser que moderadores analisem a postagem depois de uma denúncia feita na própria plataforma por uma usuária ou um usuário. Algumas organizações, como é o caso da Wikipédia, contam com um sistema de moderação bastante distinto dos modelos comerciais: ela é toda feita por usuários voluntários, que criam e fazem valer as regras — por exemplo, as regras de notoriedade, que são as que fazem com que uma biografia de uma pessoa considerada não notória seja deletada pela comunidade. Isso também é moderação de conteúdo.[60]

E qual é a relação entre as regras de moderação de conteúdo e a legislação sobre licitude de conteúdo? Elas não são totalmente congruentes. Há conteúdos que são ilícitos na legislação e não fazem parte das regras estabelecidas pelas próprias plataformas. É o caso de crimes contra a honra: pode ser que uma injúria, isto é, ofender a honra individual de alguém, seja considerada crime pelo Judiciário, ou ainda gere uma indenização para quem sofreu a ofensa, mas uma plataforma não proíba todo e qualquer tipo de ofensa desse tipo. É comum, por exemplo, que a empresa busque reparação por julgar ter sido lesada por uma avaliação injusta de um usuário, mas isso não quer dizer que a plataforma vá remover todo e qualquer conteúdo potencialmente lesivo (e faz sentido que não remova, inclusive porque o balanço entre liberdade de expressão e dano ou lesão à honra não é simples).

Há também o caso contrário, de conteúdo que a legislação não proíbe, mas as plataformas sim. Já mencionei a política de nudez do Facebook e do Instagram. O direito brasileiro não proíbe nudez com toda essa amplitude. As regras são bastante estritas para crianças e adolescentes, de acordo com o Estatuto da Criança e do Adolescente, mas, para pessoas adultas, o que existe é o crime de praticar ato obsceno em público (no art. 233 do Código Penal), sem que obscenidade seja definida pela lei. Evidentemente, isso gera conflitos de interpretação — o que é nudez e o que é obscenidade? Em que casos os atos que poderiam ser definidos como obscenos deveriam ser permitidos? — lembrando que essas disposições do Código Penal são de 1940. O Ministério da Justiça também tem um papel nos parâmetros para nudez ao estabelecer a classificação indicativa para o audiovisual. Mas nudez que é costumeira em jornais e revistas é proibida nessas plataformas pelas regras mais estritas que elas estabelecem.[61] No mais, é representativo que a nudez, tema tão expressivo de questões de gênero e tão controverso nos movimentos feministas, seja pauta tão central nesses conflitos.

Em 2023, as redes mais utilizadas no Brasil têm políticas que preveem a remoção de NCII, ameaças, incitação à violência e exploração sexual. Se olharmos para Facebook, Instagram, LinkedIn, Snapchat, Twitter, TikTok e YouTube, todas têm políticas para lidar com "discurso de ódio" ou "promoção de ódio" contra características consideradas vulneráveis, e todas elas incluem identidade de gênero — entre raça, classe, religião e outras. Apesar de não preverem *misoginia*, elas vão, nesse sentido, além da legislação brasileira, proibindo discursos que, se não são enquadrados como uma ameaça, difamação ou algum outro tipo de delito, talvez não fossem considerados ilícitos pela lei, que, como vimos, não prevê diretamente proibição de discurso misógino. Elas chegam a ser bem específicas, como a do Facebook, que divide discurso de ódio em três categorias e traz exemplos detalhados para todas.[62] Uma crítica a essa e a outras políticas é que elas incorporam uma noção de "categoria protegida", que é típica do direito antidiscriminação norte-americano, sem com isso assumir uma visão de poder: para essas políticas, falar algo de uma mulher e a mesma coisa de um homem são igualmente violações, ainda que um caso tenha muito mais condão de levar à violência que o outro.

Conforme dito, do ponto de vista jurídico, as plataformas podem ter regras mais estritas que a legislação. E, nesse caso, é desejável que o façam. Por exemplo, no caso de violência política de gênero, é importante que as plataformas tenham políticas de garantia de segurança e da expressão das potenciais vítimas dessa violência, independentemente da previsão legal. Essas políticas e ações, dentro do jargão das empresas de redes sociais, são conhecidas como relativas a *trust and safety* (confiança e segurança), e começaram a se estruturar como áreas especializadas dentro das corporações. Mas cresce também uma discussão a respeito do tamanho da liberdade que essas plataformas devem ter para determinar essas regras de forma tão unilateral, como já abordarei.

O fato de esses conteúdos serem proibidos pelas políticas privadas das plataformas não significa que eles vão ser removidos nem que todos os casos serão de decisão fácil. Em alguns contextos, as plataformas removem mais que o que parece razoável, dado o objetivo da política, como foi o caso de Elisa Riemer. Em outros, não removem casos de flagrante violência em violação a suas políticas. Por exemplo, quando houve uma onda de assassinatos de meninas por facções criminosas "decretados" em redes sociais, no estado do Ceará, o Facebook informou que não tinha conhecimento das postagens e contas, e removeu-as somente diante do contato da reportagem.[63]

Como discuti no terceiro capítulo, o Marco Civil da Internet estabeleceu um regime para, na regra geral, as aplicações de internet serem consideradas responsáveis juridicamente por conteúdos ilícitos após uma decisão judicial de remoção não ter sido cumprida. O Marco Civil não tratou, no entanto, da atividade (privada) de moderação de conteúdo nas plataformas, deixando, na avaliação precisa da pesquisadora Clara Iglesias Keller, espaço demasiado para o controle privado de conteúdo.[64]

No restante do mundo, legislações posteriores começaram a dar atenção redobrada ao tema da moderação de conteúdo, reconhecendo que não há como falar de redes sociais e alguns outros tipos de serviço sem que exista essa atividade privada — e estabelecendo parâmetros para elas. Uma das estratégias discutidas é a de "corregulação": por exemplo, em 2016, depois do ataque terrorista ocorrido em Bruxelas, a Comissão Europeia assinou um *código de conduta* com Facebook, Twitter, YouTube e Microsoft, em que as empresas se comprometeram a explicitar mais aos usuários que conteúdos não são permitidos, além de serem obrigadas a promover iniciativas de contradiscurso ao discurso de ódio e de remover o que foi chamado de "discurso de ódio ilegal" — o que assume, veja, que existe discurso de ódio não ilegal — em até 24 horas a partir de uma notificação de usuária ou usuário solicitando a remoção.

A definição de discurso de ódio do acordo era: "toda conduta incitando publicamente à violência ou ao ódio dirigido a um grupo de pessoas ou a um membro desse grupo, definido por referência a raça, cor, religião, ascendência ou origem nacional ou étnica", ou seja, não há referência a gênero. O fato de ter ocorrido depois dos ataques de Bruxelas mostra também como na Europa o problema fica frequentemente associado ao terrorismo. Um código de conduta não é lei e não estabelece sanções pelo não cumprimento, mas é uma intervenção mais "suave" para tentar fazer com que objetivos sejam cumpridos, antes de se implementar ações mais interventoras.

Entretanto, já se tem exemplos de ações mais assertivas, por exemplo, o Digital Services Act da União Europeia, aprovado em 2022, que estabelece obrigações específicas para a atividade de moderação de conteúdo: publicação mais granular das regras adotadas, explicações no caso de remoções e direito de recorrer das decisões. A Diretiva de Direito Autoral de 2018, da União Europeia, obriga algumas plataformas a criar filtros automatizados para a remoção de conteúdos violadores de direito autoral, ou seja, a moderação automatizada nesses casos, e também meios para que um conteúdo que já foi derrubado não volte para a plataforma. Isso lembra o caso do vídeo com cenas de sexo de Daniella Cicarelli e Tato Malzoni, ocasião em que o YouTube derrubava os vídeos requeridos pelo juiz, mas outros de igual teor eram imediatamente postados.*

* O YouTube era então uma novidade. Em janeiro de 2007, inconformado com o YouTube não controlar outro aparecimento do vídeo, o juiz responsável pelo caso solicitou o bloqueio da plataforma em todo o território nacional. O caso ficou conhecido, para muito além da disseminação das imagens, como a primeira ocasião em que o Brasil se defrontava com essa peculiaridade do

Também no Brasil, em 2023, foram discutidas novas regras para a moderação de conteúdo, ao menos desde a discussão do projeto de lei 2 630/20, que inicialmente ficou conhecido como "PL das Fake News". É um projeto que começou a ser debatido a partir da perspectiva mais estrita do controle de conteúdos de desinformação, e, conforme foi avançando, foi incorporando medidas prevendo deveres das plataformas na atividade de moderação de conteúdos, particularmente em momentos de crise, e obrigações de dar mais transparência a essa atividade.* Começou também o debate se o modelo de responsabilização vigente é o mais adequado: devem as plataformas se responsabilizar por conteúdos ilícitos de terceiros apenas após ordem judicial de remoção, com exceção de NCII e direito autoral, para os quais vale um modelo de "notificação e ação" (a responsabilidade existe após uma notificação privada)? Reconheço as complexidades em se chegar a um modelo equilibrado que ao mesmo tempo dê conta dos direitos das pessoas que sofrem violências e danos e não gere colateralmente censura de poderosos a discursos insurgentes e a uma ampla gama de manifestações em um país diverso como o Brasil. Essa complexidade nem sempre é reconhecida nos discursos públicos sobre mudar as regras de responsabilização. Mas também penso que o modelo do Marco Civil mostra suas limitações, e que são necessárias mais normas públicas para estabelecer balizas para a atuação privada das plataformas. Essa questão está em rápida transformação, e recomendo

→ compartilhamento de conteúdos em plataformas de internet: elas foram pensadas para não haver controle prévio do que os usuários postam. Muitas perguntas nasciam ali. O que significa cumprir uma decisão judicial em um caso como esses? É proporcional privar todos os usuários brasileiros de um serviço por causa de um descumprimento judicial? O que significa cumprir a decisão em um caso como esse?

* Quando este livro foi publicado, o projeto estava sob intenso debate público e parlamentar. É possível, leitora e leitor, que esse projeto já tenha sido aprovado no momento em que você o lê.

a quem lê que se atualize sobre como as questões andaram. As ponderações, espero, ficarão válidas por mais tempo.

Quem leu até aqui deve ter percebido que, do ponto de vista do direito, pensar misoginia na internet envolve a regulação direta de condutas, dos intermediários que abrigam os conteúdos, e outras formas de usar o direito, como na via de políticas públicas de prevenção e proteção. De volta à questão da violência política contra a mulher, uma lei recentemente aprovada funcionou como resposta às demandas contra esta e outras iniciativas mais amplas voltadas a partidos políticos.

LEI DE VIOLÊNCIA POLÍTICA CONTRA A MULHER

Em agosto de 2021, foi sancionada a Lei sobre Violência Política contra a Mulher (lei n. 14 192/2021), que diz respeito tanto ao período eleitoral quanto ao exercício de direitos políticos e de funções públicas, ou seja, períodos para além das eleições. O projeto original foi proposto pela deputada Rosângela Gomes (Republicanos-RJ), como PL 349/2015, e era mais enxuto que o que acabou sendo aprovado. Ou seja, o projeto já havia sido proposto há muito tempo, mas as pressões começaram a aumentar, e, com a propositura de novos projetos em 2018 e 2020, que foram sendo anexados (apensados) a esse original, a proposta andou e incorporou algumas coisas deles, com um texto quase final aprovado na Câmara em 2020. A relatora Ângela Amin (PP-SC), no seu voto, falou especificamente das redes sociais como facilitadoras da violência política contra as mulheres, citando inclusive dados do projeto MonitorA de 2020. No Senado, o projeto recebeu mudanças mínimas e foi aprovado no fim de 2020.

A lei faz algumas coisas diferentes. Em primeiro lugar, traz uma regra geral de vedação de discriminação e desigualdade de tratamento em virtude de sexo ou raça na representação política e no exercício das funções públicas. Depois, ela define o que é violência política contra a mulher: "toda ação, conduta ou omissão com a finalidade de impedir, obstaculizar ou restringir os direitos políticos da mulher", e ainda faz uma explicação mais detalhada: "qualquer distinção, exclusão ou restrição no reconhecimento, gozo ou exercício de seus direitos e de suas liberdades políticas fundamentais, em virtude do sexo". Uma observação de saída: aqui o que foi protegido foi sexo, e não gênero, e isso ter ocorrido, a despeito da intervenção pública de muitas feministas de que o mais adequado seria falar em gênero para se proteger mais que o sexo biológico, é uma expressão do conservadorismo que caracteriza o Congresso brasileiro, particularmente naquele momento: lembremos que o Brasil estava adotando, na política externa, a postura de vetar qualquer utilização da palavra "gênero".[65]

O restante da lei pode ser separado em três partes. Primeiro, houve um esforço direcionado à propaganda política: o Código Eleitoral já previa uma série de proibições à propaganda política, e a lei incluiu mais uma, a propaganda que "deprecie a condição de mulher ou estimule sua discriminação em razão do sexo feminino, ou em relação à sua cor, raça ou etnia". Veja aqui que a linguagem da "depreciação da condição de mulher" é semelhante, embora não totalmente igual, à linguagem da Lei de Feminicídio, que comentei no quarto capítulo, quando mencionei a Lei Lola (e a ausência de uma definição geral de misoginia no direito brasileiro). Na Lei de Feminicídio, fala-se do *menosprezo à condição de mulher. Menosprezo, e não depreciação*, é a palavra usada no resto da lei. Pela escolha lexical, podemos ver que se começa a engrossar o caldo da definição de misoginia no Brasil, ainda que de forma incipiente.

A segunda parte é o estabelecimento de alguns novos crimes ou novidades em crimes que já existiam. No Código Eleitoral, foi criado um novo crime, propriamente de violência em relação a sexo ou cor, raça ou etnia, para impedir ou dificultar campanha ou exercício de mandato:

> Art. 326-B. Assediar, constranger, humilhar, perseguir ou ameaçar, por qualquer meio, candidata a cargo eletivo ou detentora de mandato eletivo, utilizando-se de menosprezo ou discriminação à condição de mulher ou à sua cor, raça ou etnia, com a finalidade de impedir ou de dificultar a sua campanha eleitoral ou o desempenho de seu mandato eletivo.
>
> Pena — reclusão, de 1 (um) a 4 (quatro) anos, e multa.
>
> Parágrafo único. Aumenta-se a pena em 1/3 (um terço), se o crime é cometido contra mulher:
>
> I — gestante;
>
> II — maior de 60 (sessenta) anos;
>
> III — com deficiência.

Seguindo nessa linha, a lei mexeu também em outros quatro crimes que já existiam no Código Eleitoral. Ao primeiro, o do art. 323, designado "divulgação de fatos sabidamente inverídicos na campanha eleitoral ou durante o período de campanha", foi acrescentado um aumento de pena se essa divulgação acontece envolvendo "menosprezo ou discriminação à condição de mulher ou à sua cor, raça ou etnia", e também no caso de produção de vídeos com conteúdo inverídico (a intenção aqui era criminalizar o *deepfake*). O olhar para conteúdos inverídicos cuja base, ou o viés de confirmação, é discriminação de gênero vem sendo chamado de "desinformação generificada". Depois, os crimes calúnia, injúria e difamação na propaganda eleitoral, que tiveram as penas também aumentadas nos mesmos casos.

A terceira parte da lei traz regras destinadas aos partidos políticos e processos eleitorais: muda a Lei dos Partidos Políticos para definir que os estatutos dos partidos devem prever regras para "prevenção, repressão e combate à violência política contra a mulher"; e muda a Lei das Eleições para estabelecer que a cota de sexo das candidaturas (no mínimo 30%, no máximo 70% de "cada sexo") deve ser respeitada também na representação nos debates eleitorais.

Vale dizer que, poucas semanas depois da aprovação do projeto, foi promulgada também a lei n. 14 197/21, que criou um novo crime na Lei de Segurança Nacional: "Art. 359-P. Restringir, impedir ou dificultar, com emprego de violência física, sexual ou psicológica, o exercício de direitos políticos a qualquer pessoa em razão de seu sexo, raça, cor, etnia, religião ou procedência nacional". Aqui, o que está em questão é mais amplo: o exercício de direitos políticos. Com essas duas leis, o Brasil passou a fazer parte dos países da América Latina que têm previsões de violência política contra a mulher em sua legislação. E, além de terem questões vocabulares — já falamos do limite no próprio conceito de mulher e discriminação com base em sexo —, a vida curta delas já mostra também algumas limitações em sua aplicação, particularmente na primeira, que se aplica às candidatas e às eleitas.

Um levantamento feito pelo Núcleo de Inteligência Eleitoral, em parceria com o InternetLab, e coordenado pela advogada e pesquisadora Samara Castro olhou para o modo como a Lei de Violência Política contra a mulher fora aplicado no primeiro processo eleitoral em que esteve vigente, no ano de 2022.[66] Houve uma dificuldade no acesso a dados (o que inclusive é uma das conclusões do estudo: é necessário dar mais transparência aos casos), mas, seguindo múltiplos métodos, a pesquisa conseguiu identificar somente doze casos em que houve denúncia com base na lei durante a campanha — ainda que o Ministério Público Federal tenha informado 62 investigações em andamento. Aparentemente, os casos não viraram denúncias formais na Justiça durante o período eleitoral. Dos doze casos, cinco viraram denúncias com base em ataques ofensivos a candidatas mulheres — somente um na internet — e eles foram remetidos ao Ministério Público, porque haviam sido instaurados pelas vítimas, e esse não é o rito adequado para o crime daquele artigo 326-B — que é de "ação penal pública incondicionada", algo que já discuti no terceiro capítulo. Ou seja, em suma, não houve decisões com base nessa lei nesse primeiro período eleitoral após sua aprovação.

Um motivo possível pode ser um processo de adaptação, que envolve várias ações eleitorais. Por exemplo, em 2022, o Tribunal Superior Eleitoral e a Procuradoria-Geral Eleitoral firmaram um protocolo para dar prioridade a condutas e ritos processuais para os casos de violência política contra a mulher. Foram abertos canais para recebimentos de denúncia on-line e organizados treinamentos. Experiências desse tipo demandam amadurecimento para serem amplamente difundidas. Apesar disso, com base também em entrevistas com candidatas, o estudo questionou se há pontos em que a lei já poderia prever melhorias ou ainda questões conceituais mais profundas. As vítimas nem sempre têm as ferramentas emocionais, jurídicas ou mesmo de conhecimento sobre a lei para compreender que sofreram violência política, ou ainda não encontram a motivação para denunciar os ofensores. Uma questão que surgiu foi: será que algumas candidatas, durante o período eleitoral, evitam levantar a bandeira de serem vítimas de violência, por receio de que isso transpareça como fraqueza diante da sociedade e de seus opositores?[67] Outra questão que ficou evidente foi que o Ministério Público não teve estrutura e capacidade institucional de concluir as investigações a tempo.

Fora do período eleitoral, houve alguns casos conhecidos de uso da lei em denúncias do Ministério Público ou das próprias candidatas. No fim de 2022, todos ainda se encontravam sob investigação. Por exemplo, o Ministério Público Eleitoral ofereceu queixa do deputado estadual Rodrigo de Amorim (PTB-RJ) por ataques à deputada Benny Briolly (PSOL-RJ) em sessão na Assembleia Legislativa daquele estado e por e-mail, e contra o deputado estadual Wellington Moura (Republicanos-SP), que disse à deputada Monica Seixas (PSOL-SP) que "colocaria um cabresto em sua boca" quando estivesse presidindo a sessão. Também a deputada federal Sâmia Bomfim entrou com notícia-crime contra publicações em um site dizendo "Sâmia Bomfim, não te estupro porque você não merece", e a então vereadora Erika Hilton (PSOL-SP) registrou boletim de ocorrência e representação criminal contra uma mulher, após ser ameaçada de morte. Ou seja, a lei tem objetivos mais amplos.

De todo modo, o estudo do Núcleo de Inteligência Eleitoral mostra a preocupação de que um dos objetivos principais, garantir paridade e direitos durante o período eleitoral, não tenha sido cumprido. Trata-se de discutir os limites da lei e a capacidade das instituições, mas também uma questão que quase sempre reaparece: qual o papel e os limites da criminalização de condutas, e que outros instrumentos poderiam ser mais efetivos e desejáveis? O estudo menciona, por exemplo, a necessidade de se pensar em medidas protetivas, inspiradas pela Lei Maria da Penha, que fossem mais céleres e buscassem ser efetivas quanto a direitos durante as corridas eleitorais. Também ressalta a necessidade de o trabalho duro ocorrer dentro dos partidos, em que tantos direitos relacionados a gênero ainda precisam ser garantidos.

O arco marcado pelas leis Carolina Dieckmann e Lei de Violência Política é um caminho que, de um lado, mostra um amadurecimento no debate e na compreensão dos efeitos da violência de gênero e da misoginia na presença efetiva e nos direitos de mulheres, pessoas negras, indígenas e pessoas LGBTQIAP+ nos espaços on-line. Se voltarmos para o segundo capítulo e vermos como a imprensa tratou o ocorrido com Dieckmann e como entendia os possíveis usos da internet para expressão, particularmente de pessoas e grupos historicamente marginalizados, vemos que o avanço é fenomenal. Em outra perspectiva, no entanto, vemos o quanto nosso repertório de respostas jurídicas ainda é relativamente limitado — e como as respostas fundamentalmente penais dialogam pouco com as respostas que podem ser dadas no âmbito da regulação da internet e das plataformas digitais, e ainda das questões mais específicas envolvendo moderação de conteúdo.

Esses debates ocorrem fundamentalmente em paralelo, embora estejam cada vez mais sobrepostos por força dos movimentos sociais e de organizações da sociedade civil que vêm forçando a porta dos diferentes aspectos do tema. Por exemplo, em março de 2023, o deputado federal Guilherme Boulos (PSOL-SP) propôs um projeto de lei que pretendia abordar a misoginia on-line não pelas lentes da criminalização — que estavam dominando o debate público, por conta de outras propostas de criminalização da misoginia —, mas voltado às obrigações específicas para as plataformas de internet. Independentemente dos detalhes do projeto ou de seus possíveis desdobramentos, é uma abordagem muito válida. Afinal, a infinita maioria das propostas mirando regulação das plataformas digitais sequer menciona misoginia. O PL de Boulos trata de uma avaliação desse longo processo e a interação entre esses múltiplos aspectos, cujos fios espero ter tecido ao longo destes capítulos.

Os caminhos à frente

Em fevereiro de 2023, a atriz e comediante Livia La Gatto fez um vídeo debochando do influenciador e coach Thiago Schutz, que lucra gravando vídeos com conselhos para homens da comunidade Red Pill. O termo *red pill* faz referência ao filme *Matrix*, no qual, em dado momento, é oferecida ao personagem de Keanu Reeves a escolha entre uma pílula azul e uma vermelha: a vermelha significa conhecer a verdade, a azul significa seguir vivendo uma fantasia aconchegante. Na visão dos *redpillers*, há um conhecimento que pode liberar os homens das mulheres — tidas por eles como interesseiras e fúteis. A comunidade também propaga que elas deveriam ser dominadas e descartadas. Em algumas versões do discurso, certas mulheres têm valor, o que não é o caso das feministas.

La Gatto viralizou com o vídeo (que é hilário) e recebeu de Schutz uma mensagem exigindo a sua remoção. Caso ela não o excluísse, seria "processo ou bala". Assustada, divulgou o que aconteceu e conseguiu na Justiça medidas cautelares contra ele — não só que ele não pudesse se aproximar nem entrar em contato com ela, mas também a suspensão de eventual porte de arma, apreensão de passaporte e proibição de falar de Lívia nas redes. La Gatto conseguiu o equivalente a uma medida protetiva da Lei Maria da Penha, mas entre eles não havia relação que qualificasse o caso como violência doméstica. Ela também fez um boletim de ocorrência pela ameaça.[1]

O caso levantou uma enorme discussão na mídia e nas redes sociais sobre misoginia na internet. Termos como *red pill*, MGTOW e *incel* ganharam várias reportagens, episódios de podcasts e debates.[2] Um dos temas transversais que mais mobilizou os contrapúblicos feministas, gerando uma grande divisão, foi o da criminalização da misoginia.

A psicóloga e professora da Universidade de Brasília Valeska Zanello começou a divulgar uma petição para uma *ideia legislativa* — que qualquer cidadã ou cidadão pode propor, se obtiver 20 mil assinaturas, obrigando os senadores a debater o tema — para incluir misoginia entre os crimes de preconceito. Aproveitando o movimento, a deputada Dandara (PT-MG) e a senadora Ana Paula Lobato (PSB-MA) propuseram um projeto com teor semelhante, cada qual em sua casa legislativa. Em entrevista, Zanello declarou:

> Quando surgiu o caso da Lívia La Gatto, eu fiquei muito impressionada sobre como a misoginia é aceitável, principalmente com esses grupos "*red pill*" [comunidades masculinas machistas] e o ataque que ela sofreu também, ameaça de morte. E aí eu pensei: "Bom, é o momento de a gente discutir", afirmou a pesquisadora.
>
> Eu só consigo pensar que a misoginia é tão naturalizada que ela é invisibilizada. Pela nossa socialização no tornar-se mulher, a gente aprende que precisa relevar. Então a gente aprende que é só uma brincadeira. "Ah, não liga não, é o tio do pavê", "Ah, você que é chata, encrenqueira". Então assim é naturalizado o discurso de ódio contra as mulheres e tem muitas formas de manifestação.[3]

Ambos os projetos de lei incluem misoginia no rol das formas de discriminação previstas na Lei do Racismo, de que tanto tratei neste livro. No projeto da Câmara, viraria crime praticar, induzir ou incitar a misoginia, definida como "manifestação que inferiorize, degrade ou desumanize a mulher, baseada em preconceito contra pessoas do sexo feminino ou em argumentos de supremacia masculina". No do Senado, a misoginia seria incluída no rol dos crimes já existentes naquela lei, sem, no entanto, haver uma descrição do que ela seria.

O número de 20 mil pessoas é um requisito considerável. Feministas importantes saíram em defesa das iniciativas. Soraia Mendes, advogada e pesquisadora feminista, escreveu no portal *Catarinas* que sublinhar o caráter misógino das violências cometidas contra brasileiras desde 2016 é "uma exigência para a retomada aos rumos do processo democrático".[4] A filósofa Marcia Tiburi escreveu no *Brasil 247* que não é possível processar alguém por misoginia, e que criminalização da misoginia não é o mesmo que punitivismo:

> Uma lei contra a misoginia pode não proteger as mulheres, mas atrapalha o patriarcado, colocando limites na sua sanha misógina, de violência simbólica e física. Assim como superamos a misógina epistemologia da "legítima defesa da honra", conquistamos o uso do termo "feminicídio" e devemos continuar avançando contra a naturalização do ódio contra as mulheres.[5]

Embora ambas as falas aqui apresentadas tenham saído em defesa do movimento, surgiram críticas de que criminalizar não é a solução. A antropóloga e professora de direito da Universidade de Brasília Débora Diniz postou em seu Instagram que a busca das mulheres por proteção no direito penal é uma ilusão, além de fortalecer o poder patriarcal de punir. "O direito penal não foi feito para proteger as mulheres, mas para perseguir e controlar."[6] Diniz exilou-se em 2018 após ser alvo de linchamentos virtuais e ameaças que se estenderam à sua família. Juliana Borges, escritora e socióloga, autora do livro *Encarceramento em massa*,[7] escreveu no Twitter:

> Criminalizar qualquer coisa NÃO É solução nem para curto, nem para médio, muito menos para longo prazo. Fortalecer o Estado Penal é um erro de uns, e projeto de alguns, o que reforçará a manutenção de desigualdades baseadas em hierarquias raciais. Estudem e fujam do populismo penal.[8]

A perspectiva de Borges é a do abolicionismo penal pensado a partir das desigualdades raciais expressas no sistema penal brasileiro. Articulando os dados de absoluta prevalência de pessoas negras no sistema carcerário brasileiro e as pesquisas que mostram que mulheres negras são menos protegidas, por exemplo, pela Lei Maria da Penha, Borges questiona se o instrumento da criminalização cabe em um feminismo antirracista.[9] A professora de direito penal da UFRJ Luciana Boiteux também argumentou, citando Audre Lorde, que "não vamos derrubar a casa-grande com as ferramentas do senhor".[10]

Apesar do debate acalorado, não é tão nova a discussão de criminalizar a misoginia: encontrei ao menos dez projetos tramitando na Câmara dos Deputados desde 2016, incluindo o PL 9 882/17, de Ana Perugini (PT-SP), e o PL 5 944/16, de Laura Carneiro (PMDB-RJ). Tampouco é desprovida de sentido a observação de que a lei 7 716/89 prevê discriminação em função de raça, cor, etnia, religião e procedência nacional, que o STF decidiu que LGBTQIAPfobia é parte desse conjunto e que misoginia não faz parte do rol. É, sim, de se pensar o que é que a misoginia tem de diferente que faz com que ainda não tenha sido considerada pelo legislador ou pelo sistema de justiça. Levantei algumas hipóteses no quarto capítulo.

Também é verdade que o direito penal é pensado de forma simplista como primeira resposta aos problemas, por figurar na mente das pessoas como a solução por excelência. E possivelmente por não promover transformações estruturais e sistêmicas.[11] Optar pela saída criminalizante vem também de uma visão empobrecida e acrítica do conflito. Tratei ao longo deste livro de como o sistema de justiça é falho com relação ao racismo e à LGBTQIAPfobia. E tratei também de oito leis (duas embutidas dentro dos capítulos): sete delas ou criam novos crimes ou referem-se ao direito penal (a Lei Lola). Seria injusto dizer de forma simplista que, uma vez criados novos crimes, a mobilização social pelo assunto termina, ou que as feministas se dão por satisfeitas.

As décadas de lutas feministas mostram que as lutas são multissituadas, que há disputas sendo feitas na educação, nos movimentos populares, no interior dos sistemas de justiça, nos governos e no âmbito das políticas públicas. Mas é possível sim afirmar que a atenção que as iniciativas de criminalização ganham na mídia e na esfera pública como um todo sobrepassam todos os outros debates, e que costumam não reconhecer essas contradições que o sistema penal encerra. As iniciativas criminalizantes frequentemente não olham para as mulheres mais pobres, as mulheres negras e as mulheres indígenas. Ao tratarmos de NCII no terceiro capítulo, contei do estudo de caso que fizemos sobre o Top 10 envolvendo adolescentes nas periferias de São Paulo. As ativistas e educadoras locais não queriam sequer começar a discutir o tema em termos de criminalização. Para elas era mais que óbvio que precisavam de um olhar do Estado para as escolas e os centros comunitários de saúde.

Nesse tema, opto pelo meio do caminho. Não penso que a criminalização da misoginia vá contribuir especificamente para a opressão de pessoas marginalizadas ao longo da história e creio que poderia, sim, responder a uma parte dos casos muito graves, como alguns mencionados ao longo deste livro, que não são enquadrados em outros crimes como os de ameaça ou difamação. Há algum poder simbólico em trazer a misoginia para o rol de outras discriminações, mas é também um símbolo que carrega consigo os signos da dominação, e não da reparação ou superação. Reconheço também a fragilidade, a seletividade, a ineficiência e a violência do sistema penal, e não penso que a criminalização vá servir às pessoas mais vulnerabilizadas nem nos ajudar verdadeiramente a superar o estado das coisas. Pensar de maneira interseccional é refletir se uma solução para um problema a uma população gera efeitos para outras — e frequentemente é o caso. Mesmo se se supusesse que a criminalização da misoginia em si não reforçaria a violação de direitos da população negra, a aposta no direito penal contribui e corrobora narrativas de responsabilidade individual dentro de um sistema que viola uma população específica. Assim, não creio que a criminalização da misoginia deva ser nosso foco nem nossa luta.

Alguns efeitos positivos que a legislação de criminalização da misoginia poderia gerar, como oferecer um conceito preciso e um repertório de disputas para dar confiança a vítimas, uma legislação civil também poderia fazer sem os efeitos negativos da penal. Por exemplo, a Lei de Violência Política traz pontos interessantes ao visar partidos políticos. Essa abordagem poderia ser aprofundada. Então, ao cogitar outras vias de solução para o problema, por que não estamos pensando mais em previsões legais de misoginia que levem à reparação civil, monetária, que doam no bolso de figuras poderosas, ou em medidas protetivas pensadas especificamente para o campo da internet? Por que, a exemplo de um dos pilares do que a Constituição Federal prevê para a igualdade racial,[12] não apostamos mais em ações afirmativas e transformadoras para combate à misoginia? Por que não estamos falando em instrumentos de justiça restaurativa e reparatória, que buscam sair da lógica da punição, atuar no desequilíbrio de poder entre ofensor e vítima, e dar protagonismo às vítimas e à comunidade? Por que não estamos, a exemplo da Nova Zelândia com a criação da agência Net Safe em sua Harmful Digital Communications Act [Lei de Comunicações Digitais Prejudiciais] de 2015, pensando em políticas educativas contra misoginia na internet e em mecanismos extrajudiciais de resolução de disputas,[13] ou debatendo como o Estado precisa investir nos equipamentos públicos de acolhimento, inclusive tendo em vista dar conta desse tipo de violência?

Vale lembrar que, na contramão disso, o governo Bolsonaro propôs 94% a menos de orçamento à rede de proteção para combate à violência contra mulheres que o governo anterior, e que várias políticas foram desmanteladas.[14] Debates de justiça restaurativa ganham pouca atenção do legislativo, e quase nenhuma da mídia. O repertório do combate à misoginia fica limitado, não considera os efeitos colaterais e não centra a reparação da vítima e a transformação da sociedade. Para o combate à misoginia, focar em lidar com o fantasma da "ideologia de gênero" e do silenciamento dos debates de igualdade de gênero nos ambientes educacionais é mais urgente que pensar em punição.

Nesse contexto, é importante também reforçar que os contornos da definição jurídica de misoginia vieram focando na condição de *mulher*, não incorporando um debate que cresce no âmbito da academia e da sociedade civil sobre a misoginia como prática contra o *feminino*, contemplando gênero como *sistema*, e não como mera expressão cultural de um binômio baseado no sexo.[15] Embora faça sentido usar a categoria *mulheres*, reconhecer o gênero como um sistema que opera nas relações traz a necessidade de reconhecermos que podem operar vetores misóginos também em violências contra outros sujeitos, por exemplo, homens gays. Há uma tendência de que, na densificação e complexificação do debate de misoginia, essas questões venham a aparecer com mais força.

Para concretizar outras vias de combate à misoginia on-line, devemos ter em mente que não é mais possível tocar em paralelo as discussões feministas sobre misoginia e as discussões de políticas de internet. A internet é um lócus muito central da articulação de mulheres, da visibilização de suas pautas, de seu protagonismo e concomitantemente um terreno fértil para a misoginia. Trabalhando há anos nesse campo dos direitos e políticas de internet, é evidente o quanto custa para que debates de gênero sejam integrais aos debates de liberdade de expressão, de liberdade de associação, de políticas para eleições e democracia, de desinformação. Eles ainda são marginais ou, quando ganham o centro, logo são mandados de volta para as margens. Basta ver toda a mobilização em torno de uma possível nova regulação da internet no Brasil tendo em vista as ameaças ao Estado Democrático de Direito, em 2023: misoginia e gênero rapidamente saíram do debate e de muitas das propostas centrais, embora tenham sido problemas básicos de ameaça à democracia e aos direitos em todos os anos anteriores, e mesmo que ataques e massacres em escolas de caráter misógino, mobilizados por fóruns misóginos, tenham continuado a acontecer enquanto o debate de internet avança. O mesmo pode ser dito para antirracismo, luta indígena, direitos LGBTQIAP+. Direitos e políticas de internet ainda são formulados tendo em mente o homem branco cis, usuário de internet, morador de cidades, de alto poder aquisitivo. E isso precisa mudar.

Em 2023, não podemos mais aceitar um debate de liberdade de expressão que não considere a expressão das pessoas silenciadas por violências de forma integral. Não podemos falar de políticas de combate a desinformação ou de integridade eleitoral sem ter violência política de gênero no cerne da discussão. Um dos principais projetos de lei discutidos nos últimos anos, o PL 2 630/20, previu uma imunidade para parlamentares na internet, motivada por receio de *desplataformização*, como aconteceu com Trump nos Estados Unidos — sem considerar o imenso impacto que falas de parlamentares tiveram sobre a violência contra mulheres no Brasil nos últimos anos, que discuti particularmente no quinto capítulo. Quais políticas são necessárias para reverter esse cenário?

As empresas de plataformas de redes sociais muitas vezes compõem equipes extremamente capacitadas e bem-intencionadas na defesa desses direitos e avanço em políticas de moderação de conteúdo. Elas priorizam a segurança, o bem-estar e os direitos de grupos historicamente marginalizados, mas com frequência têm dificuldade de fazer suas questões serem priorizadas internamente. Isso quando não são desmanteladas e deslegitimadas em momentos de crise, ou, ainda, são alvo de grande número das demissões nos famosos *lay-offs* que vêm acontecendo aos montes nas empresas de tecnologia.

As empresas de redes sociais não investem suficientemente em uma moderação de conteúdo que consiga dar conta do contexto local para compreender os problemas de modo integral, particularmente em economias não centrais (como é o Brasil, embora até relativamente privilegiado, se considerados outros países da América Latina). Vemos que perspectivas críticas internas são aceitas até a página dois, como ficou claro com a demissão de Timnit Gebru do Google em 2020[16] e em muitas revelações dos Facebook Papers.[17] Nenhuma plataforma oferece de forma satisfatória dados desagregados que mostrem a incidência da misoginia, do racismo, da LGBTQIAPfobia e as ações tomadas por elas. Quase não há mecanismos de participação ou governança democrática na formulação e aplicação das políticas das plataformas — e na elaboração das leis que regulam a internet, diga-se de passagem. Várias políticas são criadas sem escuta aos problemas concretos: por exemplo, muitas redes sociais consideram que pessoas públicas têm uma "casca grossa" e removem menos conteúdos ofensivos contra elas, sem considerar que a misoginia empurra mulheres jornalistas e políticas para fora da internet o tempo todo.

O presente e o futuro apontam para novos desafios, que vão precisar de novas pesquisas e novas soluções. Enquanto eu escrevia este livro, estourou a boom dos sistemas de inteligência artificial generativa, como o ChatGPT e afins, e com isso as preocupações sobre como essas ferramentas obtêm informações e representam as diferentes populações nos resultados que oferecem. A discriminação por algoritmos já era uma preocupação, mas começa a ganhar outras proporções com as promessas em torno dessas ferramentas. Elon Musk comprou o Twitter e começou a dificultar o acesso a dados, bem como a priorizar uma política absolutista de liberdade de expressão, o que apenas evidenciou questões críticas sobre o poder privado por trás dessas plataformas — no caso, concentrado em um único homem — e que exigem soluções mais ousadas.

Pesquisar esses temas é difícil, diante da ausência de dados, de ferramentas e de projetos efetivos de compartilhamento de informações com pesquisadoras e pesquisadores. Quando falamos em regulamentação, há limites intrínsecos nos negócios que têm sua monetização baseada em conteúdos viralizáveis, que buscam capturar a atenção do usuário pelo maior tempo possível e explorar a microssegmentação do direcionamento de conteúdos e de anúncios a partir de dados pessoais e da construção de perfis que cristalizam e estigmatizam. É por isso que debater regulação de modelos de negócio, proteção de dados, regimes e direitos relacionados a moderação de conteúdo, responsabilização das plataformas de internet, regras de transparência nas políticas e nas práticas de controle de conteúdo, políticas de acesso e diversidade no conhecimento e na cultura na internet, que levem em conta conhecimentos diversos, representatividade nas equipes de programação, regras para prevenção e reparação de discriminação algorítmica, e políticas de soberania e autonomia tecnológica para populações marginalizadas são partes integrais do debate da misoginia nos dias de hoje. E mais: quando o direito é o instrumento, o debate não acaba na aprovação de leis. Vimos que a aplicação e as instituições são todo um campo de disputas. O feminismo tem dado cada vez mais conta desses debates, e é preciso que eles incorporem o feminismo. Nossa tarefa é debater quais são as regras, para além do direito penal, que precisaremos ter daqui para frente para encarar a misoginia na internet.

Este livro foca no caminho construído pelo direito, sem, no entanto, apostar que o direito resolverá o problema da misoginia. Em todos os momentos, tornei evidente o papel da cultura, do poder, dos conflitos sociais nas manifestações misóginas. Mas o direito pensado para além da mera criminalização tem um papel. Em um poderoso texto de 1987, trazido ao meu conhecimento por pesquisadoras que apostam no caminho dos direitos e que tenho a sorte de chamar de amigas,[18] a professora da Columbia University Patricia Williams dialoga com a tradição dos *critical legal studies*, à qual pertence. Nele ela rejeita a visão de abandonar o discurso e a linguagem dos direitos, argumentando que, para quem sofre discriminação racial, a concessão de direitos é uma elevação do status de corpo humano ao status de ser social. Em outras palavras, não podemos abrir mão dele. E, diante de tudo que passamos até aqui, eu acrescento: enquanto mulheres, tampouco podemos abrir mão da internet.

Agradecimentos

Este trabalho é um diálogo com dez anos de pesquisas feitas no InternetLab. Agradeço especialmente aos meus codiretores, parceiros e amigos Fernanda Martins, Francisco Brito Cruz e Heloísa Massaro, pelo apoio ao longo da escrita e pelas trocas intelectuais diárias. Ele não teria sido possível sem o apoio financeiro do IDRC (International Development Research Center), do governo do Canadá, no âmbito do projeto *#RecognizeResistRemedy: a research project to combat gender-based hate speech against women in Brazil and India*, que financiou pesquisas, incluindo este livro, e atividades a respeito de misoginia on-line no InternetLab entre 2019 e 2023, e da gerente de programa sênior Ruhiya Seward. À organização indiana IT for Change pela parceria no projeto e por todo o diálogo, particularmente as queridas Anita Gurumurthy e Nandini Chami. Pelas parcerias para realização das pesquisas de campo no Brasil, à Rede Conhecimento Social, IBEAC, *Revista AzMina*, Núcleo Jornalismo, Casa1, MariaLab, Núcleo de Inteligência Eleitoral e Lux Ferreira; pelas parcerias de disseminação e capacitação, ao Instituto Alziras e A Tenda. Mais uma vez à Fernanda, agora pela cocoordenação ou coordenação direta e extremamente sensível e competente das muitas frentes de pesquisa nesse projeto. À Universidade de St. Gallen, pelo apoio às minhas atividades de pesquisa, que foi essencial nos meses finais de escrita.

Ao longo desses dez anos, muitos pesquisadores e pesquisadoras do InternetLab contribuíram ativamente no esforço de levantamento de dados, elaboração de publicações e formulação de questões que fazem parte deste trabalho. Agradeço a Natália Neris, com quem trabalhei em dupla por muitos anos em um momento de abertura desses caminhos, e às outras pessoas que atuaram diretamente nas pesquisas: Juliana Ruiz, Lucas Bulgarelli, Clarice Tambelli, Beatriz Kira, Nathalie Fragoso, Thiago Oliva, Alessandra Gomes, Clarice Tavares, Ester Borges, Catharina Pereira, Blenda Santos, Jade Becari e Juliana Fonteles. Pela leitura atenta e trocas mais recentes, Stephanie Lima, Alice Lana, Iná Jost, Barbara Simão. E a toda a equipe, presente e passada, que faz do InternetLab um espaço único e muito empolgante de produção de conhecimento engajado a respeito de direitos e tecnologias digitais no Brasil.

Foi essencial também o espaço de trocas ao longo dos últimos anos no Núcleo Direito e Democracia do Cebrap, particularmente no subgrupo Contrapúblicos. Pela leitura generosa e atenta do manuscrito e pelas críticas pertinentes e pedidos especiais, Fernando Túlio, Isabela Del Monde, Bianca Tavolari, Marcos Nobre, Clara Iglesias Keller, Natália Paiva, Nina Santos, Fabiola Fanti. Evidentemente, erros e faltas são de minha responsabilidade.

Pelo encorajamento, a Rita Mattar da Fósforo. Pela leitura cuidadosa e animada e por todo o apoio, à editora Eloah Pina.

Pela interlocução e inspiração, às muitas mulheres de tantos campos que vieram construindo o debate de misoginia na internet no Brasil, da academia, sociedade civil, de partidos políticos, órgãos públicos e empresas. Espero que este livro faça jus às nossas trocas e abra novos caminhos entre nós. Pela luta, às muitas meninas e mulheres que vêm colocando a própria voz na internet no Brasil. Pela fagulha de novos sonhos, à neném que está na minha barriga e ainda não tem nome.

Notas

MISOGINIA, DIREITO E TECNOLOGIA [PP. 7-39]

1. Ivan Padilla, "Cafofo on-line". *Época*, 2002.

2. "Internet cresce no Brasil; audiência de esporte salta 60%". *Folha de S.Paulo*, 10 jun. 2022.

3. "15 anos do Penta: como era o mundo da tecnologia em 2002". *Tecmundo*, 2017.

4. Letícia González, "Sexo, vingança e vergonha na rede: expostas por seus ex, elas dão o troco na justiça". *Marie Claire*, 2011.

5. "'Cantinho do amor': aluna da FGV será indenizada por ter sido fotografada em momento íntimo". *Migalhas*, 6 out. 2014.

6. Kate Manne, *Down Girl: The Logic of Misogyny*. Londres: Penguin, 2019, p. 32.

7. Idem.

8. Ibid., p. 50.

9. Ibid., p. 46.

10. Patricia Hill Collins, "Se perdeu na tradução? Feminismo negro, interseccionalidade e política emancipatória". *Parágrafo*, v. 5, n. 1, pp. 6-17, 2017.

11. Sueli Carneiro (entrevista), "Raça estrutura classe no Brasil". *Cult*, n. 223, pp. 13-20, 2017.

12. Patricia Hill Collins, "Se perdeu na tradução? Feminismo negro, interseccionalidade e política emancipatória", op. cit. Ver também: Cristiano Rodrigues, "Atualidade do conceito de interseccionalidade para a pesquisa e

prática feminista no Brasil". In: Seminário Internacional Fazendo Gênero, v. 10, Florianópolis, pp. 1-12, 2013.

13. Em que pesem os importantes debates teóricos sobre a vagueza do uso do conceito de interseccionalidade em muitos contextos. Patricia Hill Collins, "Intersectionality's Definitional Dilemmas". *Annual Review of Sociology*, v. 41, n. 1, pp. 1-20, 2015.

14. Kate Manne, op. cit., p. 79.

15. Ibid., p. 80.

16. Neste livro será chamado pela sigla NCII (em inglês, *non-consensual intimate images*, ou disseminação não consentida de imagens íntimas).

17. Contamos essa história no livro *O corpo é o código*, publicação que resultou da primeira fase dessa pesquisa: Mariana Valente et al., *O corpo é o código: estratégias jurídicas de enfrentamento ao* revenge porn *no Brasil*. São Paulo: InternetLab, 2016.

18. ONU, UIT, WSIS, "Tunis Agenda for the Information Society", 2005.

19. Internet Governance Forum, *Dynamic Coalition on Gender and Internet Governance: Report of Activities*, 2009.

20. Elisabeth Jay Friedman, *Interpreting the Internet: Feminist and Queer Counterpublics in Latin America*. Berkeley: University of California Press, 2016, p. 81.

21. APC, "Facts on #TakeBacktheTech", 12 out. 2015.

22. settle4truth, *Another UN Report on Net Censorship Coming 11/10/2015*, YouTube, 2015.

23. Dialogo aqui com Penelope Harvey e Peter Gow, que, por sua vez, dialogam com Riches. Penelope Harvey e Peter Gow, *Sex and Violence: The Psychology of Violence and Risk Assessment*. Londres; Nova York: Routledge, 1994.

24. Maria Filomena Gregori, "Limites da sexualidade: violência, gênero e erotismo". *Revista de Antropologia*, v. 51, n. 2, pp. 575-606, 2008.

25. Rita Segato, *Las estructuras elementales de la violencia: ensayos sobre género entre la antropología, el psicoanálisis y los derechos humanos*. Bernal, Argentina: Universidad Nacional de Quilmes Editorial, 2003, p. 253; Graciela Natansohn e Susana Morales, "As estruturas elementares da violência digital de gênero". In: Bia Barbosa, Laura Tresca e Tana Lauschner (Orgs.), *TIC, governança da internet e gênero 2*. São Paulo: CGI.br, 2022.

26. Henrietta Moore, "The Problem of Explaining Violence in the Social Sciences". In: Penelope Harvey e Peter Gow (Orgs.), op. cit., pp. 138-55.

27. Pierre Lévy, *Cibercultura*. São Paulo: Ed. 34, 1997.

28. John Perry Barlow, *A Declaration of the Independence of Cyberspace*, 1996.

29. Mariana Valente, Natália Neris e Lucas Bulgarelli, "Not Revenge, Not Porn: Analysing the Exposure of Teenage Girls Online in Brazil". *Giswatch*, 2015.

30. Sylvia Albuquerque, "Meninas abandonam estudos e tentam suicídio após entrar para lista das 'mais vadias'". *R7*, 27 maio 2015.

31. Mariana Valente, Natália Neris e Lucas Bulgarelli, op. cit.

32. No artigo "Para falar de violência de gênero on-line: uma proposta teórica e metodológica", eu e Natália Neris analisamos uma parte da literatura que trata disso, discutindo abordagens de "determinismo tecnológico" — que veem a tecnologia como um dado, com papel decisivo e predeterminado na mudança social, por exemplo, Marshall McLuhan e Lewis H. Lapman, *Understanding Media: The Extensions of Man*. Cambridge, Mass: MIT Press, 1994 — e da "construção social da tecnologia", que focam em usos e apropriações para explicitar que diferentes grupos sociais entendem tecnologias de diferentes formas. Com isso, talvez subestimando também especificidades da tecnologia (por exemplo, Travor J. Pinch e Wiebe E. Bijker, "The Social Construction of Facts and Artefacts: or How the Sociology of Science and the Sociology of Technology might Benefit Each Other". *Social Studies of Science*, v. 14, n. 3, pp. 399-441, 1984). Argumentamos que abordagens de "condicionamento recíproco" (ver Maria Simões, Soledad las Heras e Amélia Augusto, "Gênero e tecnologias da informação e da comunicação no espaço doméstico: não chega ter, é preciso saber, querer e poder usar". *Cultura, Tecnologia e Identidade*, v. 8, p. 155-72, 2011) e "construção mútua" (Judy Wajcman, *TechnoFeminism*. Cambridge/ Malden, MA: Polity, 2004) são mais profícuas. Ver Mariana Valente e Natália Neris, "Para falar de violência de gênero na internet: uma proposta teórica e metodológica". In: Graciela Natahnsohn e Florencia Rovetto (Orgs.), *Internet e feminismos*. Salvador: Edufba, 2019.

33. Cynthia Cockburn e Susan Ormrod, *Gender and Technology in the Making*. Thousand Oaks, CA: Sage, 1993.

34. Judy Wajcman, *TechnoFeminism*, op. cit.; "Feminist Theories of Technology". *Cambridge Journal of Economics*, v. 34, n. 1, pp. 143-52, 2010.

35. Janet Abbate, *Recoding Gender: Women's Changing Participation in Computing*. Cambridge, MA: MIT Press, 2012.

36. Donna Haraway, "A manifesto for Cyborgs: Science, Technology, and Socialist Feminism in the 1980s". *Australian Feminist Studies*, v. 2, n. 4, pp. 1-42, 1987.

37. Brasil, lei 13.772/2019 (Lei Rose Leonel).

38. A expressão foi utilizada pelas ativistas Faith Wilding e María Hernández, do coletivo cyberfeminista SubRosa, em entrevista à pesquisadora Elisabeth Jay Friedman: "It is foolish to believe that major social, economic, and political

issues can be addressed by throwing technology at them" (Elisabeth Jay Friedman, op. cit., p. 4).

39. Dubravka Šimonović, *Report of the Special Rapporteur on Violence against Women, its Causes and Consequences on Online Violence against Women and Girls from a Human Rights Perspective*. Genebra: United Nations OHCHR, 2018; Suzie Dunn, *Technology-Facilitated Gender-Based Violence: An Overview*. Waterloo: Centre for International Governance Innovation, 2020; Graciela Natansohn e Susana Morales, "As estruturas elementares da violência digital de gênero". In: Bia Barbosa, Laura Tresca e Tana Lauschner (Orgs.), op. cit.; danah boyd, "Social Network Sites as Networked Publics: Affordances, Dynamics, and Implications". *A Networked Self*. [s.l.]: Routledge, 2010.

40. Novamente estive presente como palestrante, e em diálogo soube que mais uma vez a continuidade da Coalizão, que tem de ser aprovada pelo Secretariado do Fórum, segue não garantida.

41. Para as minutas completas do evento: Internet Governance Forum, "IGF 2022 Day 0 Event #75, Future of a Female Web".

42. Taylor Lorenz, "'Zoombombing': When Video Conferences Go Wrong". *The New York Times*, 2020.

43. A Pesquisa Nacional de Vitimização, da Secretaria Nacional de Segurança Pública com o DataFolha em 2013, indicou que a taxa de notificação de crimes no Brasil era de 19,9% em geral — mas de 90% no caso de roubo de carros e apenas 7,5% no caso de crimes sexuais (Datafolha, Crisp e Senasp, *Pesquisa Nacional de Vitimização*. Brasília/ São Paulo: Datafolha; Crisp, 2013). Uma pesquisa mais recente do Datafolha com o Fórum Brasileiro de Segurança Pública indicou também que, em 2021, 24,7% das mulheres brasileiras que sofreram violência procuraram órgãos oficiais (polícia, entidade de proteção à mulher, delegacias, Central de Atendimento à Mulher n. 180). Ver Samira Bueno et al., *Visível e invisível: a vitimização de mulheres no Brasil*. São Paulo: Fórum Brasileiro de Segurança Pública, 2019.

44. Safernet, *Indicadores helpline*.

45. Cetic.br, *Pesquisa sobre o uso da internet por crianças e adolescentes no Brasil: TIC kids on-line Brasil 2021*. São Paulo: Comitê Gestor da Internet no Brasil, 2022.

46. Plan International, *Free to Be Online? A report on Girls' and Young Women's Experiences of Online Harassment*, 2020. Outro número importante nessa pesquisa foi: 41% das meninas e mulheres brasileiras comentaram ter sido vítimas de comentários racistas, contra 29% no global.

47. Anita Gurumurthy, Amrita Vasudevan e Nandini Chami, *Born Digital, Born Free? A Socio-Legal Study on Young Women's Experiences of Online Violence in South India*. Bangalore: IT for Change, 2019.

48. Entre 2022 e 2023, a convite do Cigi, fiz a análise e contextualização dos dados sobre brasileiros. Mariana Valente, *Online Gender-Based Violence in Brazil: New Data Insights*. Waterloo: Cigi, 2023.

49. Id. Ibid. Não houve diferenças estatisticamente relevantes entre pessoas dos gêneros feminino e masculino — 59,1% de pessoas no mundo, 54,2% no Brasil relatam ter sofrido danos on-line. Vale dizer que os números são muito maiores quando consideradas apenas as pessoas LGBTQIAP+ (75% no caso global, 80,4% no brasileiro). Mas, globalmente, 39,2% de pessoas do gênero feminino afirmam que, no caso mais relevante, foram vitimadas por seu gênero, contra 26,7% de pessoas do gênero masculino. No Brasil, são 37,9% e 29,5%. Trinta e seis por cento dos brasileiros e brasileiras respondem que violência on-line é um grande problema para os homens (33% globalmente), mas 67% acham que é um grande problema para as mulheres; quando só mulheres respondem, o número sobe para 72%.

50. Emily A. Vogels, *The State of Online Harassment*. Washington: Pew Research Center, 2021.

51. Mariana Valente, *Online Gender-Based Violence in Brazil: New Data Insights*, op. cit.

52. TK Logan e Robert Walker, "Partner Stalking: Psychological Dominance or 'Business as Usual'?". *Trauma, Violence & Abuse*, v. 10, n. 3, pp. 247-70, 2009.

53. Cynthia Khoo, Kate Robertson e Ronald Deibert, "Installing Fear: A Canadian Legal and Policy Analysis of Using, Developing, and Selling Smartphone Spyware and Stalkerware Applications", 2019.

54. Suzie Dunn, op. cit.

55. Fabio José Novaes de Senne, *A inclusão digital importa?: origens, efeitos e geografia das desigualdades na Internet no Brasil*. Tese (doutorado). São Paulo: Universidade de São Paulo, 2022; Alliance for Affordable Internet, "Meaningful Connectivity: Unlocking the Full Power of Internet Access".

56. Alexander J. A. M. van Deursen e Jan A. G. M. van Dijk, "The First-Level Digital Divide Shifts from Inequalities in Physical Access to Inequalities in Material Access". *New Media & Society*, v. 21, n. 2, pp. 354-75, 2019.

57. Ibid.

58. Cetic.br, *TIC Domicílios 2021*. São Paulo, 2022.

59. International Telecommunications Union, *Manual for Measuring ICT Access and Use by Households and Individuals*. Genebra: ITU, 2020.

60. Cetic.br, *TIC Domicílios 2021*, op. cit.

61. Ibid.

62. Bárbara Simão et al., "Acesso móvel à internet: franquia de dados e bloqueio do acesso dos consumidores". *TIC Domicílios 2019*. São Paulo: Comitê Gestor da Internet no Brasil, 2020.

63. Algumas autoras americanas e europeias vêm escrevendo sobre a misoginia como resposta seja ao ativismo de mulheres on-line, seja a uma cultura de "politicamente correto" que teria dominado certos espaços on-line. Ver Eugenia Siapera, "Online Misogyny as Witch Hunt: Primitive Accumulation in the Age of Techno-Capitalism". In: Debbie Ging e Eugenia Siapera (Orgs.), *Gender Hate Online: Understanding the New Anti-Feminism*. Dublin: Palgrave Macmillan, 2019; Angela Nagle, *Kill All Normies: Online Culture Wars from 4Chan and Tumblr to Trump and The Alt-Right*. Winchester, RU/ Washington, EUA: Zero Books, 2017. A interpretação da misoginia como resposta a algo também encontra espaço em discussões qualificadas no Brasil; o cuidado aqui é para não abstratizar o problema, como se ele não estivesse inscrito em raízes histórico-sociais. Não nos esqueçamos de que, no Brasil, a violência sexual contra mulheres negras escravizadas foi um instrumento colonial, ver Lélia Gonzalez, op. cit.

64. Guita Grin Debert e Maria Filomena Gregori, "Violência e gênero: novas propostas, velhos dilemas". *Revista Brasileira de Ciências Sociais*, v. 23, pp. 165-85, 2008.

65. Ibid. Na década seguinte, o debate de violência de gênero começou a abordar como aquela noção gerou certa essencialização.

66. Ibid. As autoras mostram também que, com a criação dos Juizados Especiais em 1995, eles passaram a ser muito usados para casos de violência doméstica e que sua característica de priorizar a conciliação e penas alternativas levou da "defesa da mulher à defesa da família".

67. Marcos Nobre e José Rodrigo Rodriguez, "'Judicialização da política': déficits explicativos e bloqueios normativistas". *Novos Estudos Cebrap*, pp. 5-20, 2011; ver também Débora Alves Maciel e Andrei Koerner, "Sentidos da judicialização da política: duas análises". *Lua Nova: Revista de Cultura e Política*, pp. 113-33, 2002.

68. Michael McCann, "Law and Social Movements: Contemporary Perspectives". *Annual Review of Law and Social Science*, v. 2, n. 1, pp. 17-38, 2006.

69. Fabiola Fanti, *Mobilização social e luta por direitos: um estudo sobre o movimento feminista*. Tese (doutorado). Campinas: Unicamp, 2016.

70. De volta ao campo da violência de gênero, Guita Debert e Maria Filomena Gregori (op. cit.) respondem à crítica da "judicialização" de que as delegacias especiais de polícia voltadas para a defesa de minorias transformariam problemas da cidadania em um "ordenamento de juristas", dizendo que elas são fruto de reivindicações sociais, uma "intervenção na esfera política capaz de traduzir em direitos os interesses dos grupos sujeitos ao estatuto da dependência pessoal".

71. Maria Amélia de Almeida Teles, *Breve história do feminismo no Brasil e outros ensaios*. São Paulo: Alameda, 2017; Natália Neris, *A voz e a palavra do movimento negro na Constituinte de 1988*. Belo Horizonte: Letramento, 2018.

72. Thula Pires, *Criminalização do racismo: entre política de reconhecimento e meio de legitimação do controle social sobre os negros*. Rio de Janeiro: Ed. PUC-RIO, 2016.

73. Dubravka Šimonović, *Report of the Special Rapporteur on Violence against Women, its Causes and Consequences on Online Violence against Women and Girls from a Human Rights Perspective.* Genebra: United Nations OHCHR, 2018. Disponível em: <https://digitallibrary.un.org/record/1641160>; Irene Khan, *Report on Gender Justice and the Right to Freedom of Opinion and Expression.* Genebra: United Nations OHCHR, 2021.

A INTERNET DO ATIVISMO E AS PRIMEIRAS LEIS [PP. 40-72]

1. Disponível em: <http://assedio.online>. Acesso em: 24 maio 2023.

2. Mariana Valente, *Online Gender-Based Violence in Brazil*, op. cit.

3. Nina Jankowicz, *How to Be a Woman Online: Surviving Abuse and Harassment, and How to Fight Back.* Londres/ Nova York: Bloomsbury Academic, 2022.

4. "Carolina Dieckmann fala pela 1ª vez sobre fotos e diz que espera 'justiça'". *G1*, 2012.

5. "Polícia encontra hackers que roubaram fotos de Carolina Dieckmann". *Fantástico.* Rio de Janeiro: Rede Globo, 2012.

6. E. Gabriella Coleman, *Coding Freedom: The Ethics and Aesthetics of Hacking.* Nova Jersey: Princeton University Press, 2012, p. 16.

7. Mariana Valente, Natália Neris e Lucas Bulgarelli, "Not Revenge, Not Porn: Analysing the Exposure of Teenage Girls Online in Brazil", op. cit.

8. Guilherme de Souza Nucci, *Código Penal comentado*. Rio de Janeiro: Forense, 2021.

9. Paulo René da Silva Santarém, *O direito achado na rede: a concepção do Marco Civil da Internet no Brasil*. São Paulo: Dialética, 2022.

10. "Google tem responsabilidade por fotos, diz advogado de Dieckmann". *G1*, 2012.

11. Bernardo Tabak, "Após carta do Google, advogado de Dieckmann desiste de processar site". *G1*, 11 maio 2012.

12. "Polícia encontra hackers que roubaram fotos de Carolina Dieckmann", op. cit.

13. VNS Matrix, *A Cyberfeminist Manifesto for the 21st Century* (tradução própria).

14. Sadie Plant, "The Future Looms: Weaving Women and Cybernetics". *Body & Society*, v. 1, n. 3/4, pp. 45-64, 1995.

15. Anna Sampaio e Janni Aragón, "'To Boldly Go (Where No Man Has Gone Before)': Women and Politics in Cyberspace". *Ethnic Studies*, 1997.

16. Nancy Paterson, "Cyberfeminism". *Fireweed: a feminist quarterly of writing, politics, art and culture*, n. 54, 1996 (tradução própria).

17. Fred Turner, *From Counterculture to Cyberculture: Stewart Brand, the Whole Earth Catalog, and the Rise of Digital Utopianism*. Chicago/ Londres: The University of Chicago Press, 2008.

18. John Perry Barlow, op. cit.

19. Richard Barbrook e Andy Cameron, "The Californian Ideology".

20. Nic.br, R7, "'População comum' ganhou acesso à internet em 1995", 2009.

21. Emma Jane, *Misogyny Online: A Short (and Brutish) History*. Los Angeles/ Londres/ Delhi: Sage, 2016, p. 18.

22. Elisabeth Jay Friedman, op. cit., pp. 3-4 (tradução própria).

23. Sonia E. Alvarez, "Articulación y transnacionalización de los feminismos latinoamericanos". *Debate Feminista*, v. 15, 1997; "Para além da sociedade civil: reflexões sobre o campo feminista". *Cadernos Pagu*, pp. 13-56, 2014.

24. Jonas Medeiros e Fabiola Fanti, "Recent Changes in the Brazilian Feminist Movement: The Emergence of New Collective Actors". In: Pablo Ferrero, Ana Natalucci e Luciana Tatagiba (Orgs.), *Socio-Political Dynamics within the Crisis of the Left: Argentina and Brazil*. Lahnham: Rowman & Littlefield Publishers, 2019; Camila Rocha e Jonas Medeiros, "'Vão todos tomar no...': a política do choque e a esfera pública". *Horizontes ao Sul*, 2020; Jonas Medeiros, "Do 'feminismo popular' ao 'feminismo periférico': mudanças estruturais em contrapúblicos da Zona Leste de São Paulo". *Novos Rumos Sociológicos*, v. 7, n. 11, pp. 300-35, 2019.

25. Nancy Fraser, "Rethinking the Public Sphere: A Contribution to the Critique of Actually Existing Democracy". *Social Text*, n. 25/26, pp. 56-80, 1990.

26. Elisabeth Jay Friedman, op. cit., p. 31.

27. Constança Lima Duarte, "Feminismo: uma história a ser contada". In: Heloísa Buarque de Hollanda (Org.), *Pensamento feminista brasileiro: formação e contexto*. Rio de Janeiro: Bazar do Tempo, 2019.

28. Ibid.

29. Sueli Carneiro, "Mulheres em movimento". *Estudos Avançados*, v. 17, pp. 117-33, 2003; Luiza Bairros, "Lembrando Lélia Gonzalez 1935-1994". *Afro-Ásia*, n. 23, 2000.

30. Janet Greenberg, "Toward a History of Women's Periodicals in Latin America: A Working Bibliography". *Women, Culture, and Politics in Latin America*. Berkeley: University of California Press, 1990, pp. 181-231.

31. Constança Lima Duarte, op. cit.

32. Sueli Carneiro, "Mulheres em movimento", op. cit.

33. Janet Greenberg, op. cit.

34. Elisabeth Jay Friedman, op. cit., p. 12.

35. Albertina de Oliveira Costa, Carmen Barroso e Cynthia Sarti, "Pesquisa sobre a mulher no Brasil: do limbo ao gueto?". In: Heloísa Buarque de Hollanda (Org.), op. cit.

36. Janet Abbate, *Inventing the Internet*. Cambridge, Mass.: MIT Press, 2000.

37. Carlos Nepomuceno, Maria de Nazaré Freitas Pereira e Universidade Federal do Rio de Janeiro, *Na távola da internet: o Centro de Informação Alternex-RNP*. Rio de Janeiro: UFRJ, 1997.

38. Elisabeth Jay Friedman, op. cit.

39. Ibid., p. 73.

40. Ibid., p. 71.

41. Ibid., p. 93.

42. Ibid., p. 118.

43. Ibid., p. 98.

44. Ibid., p. 99.

45. Ibid., p. 104.

46. Jonas Medeiros e Fabiola Fanti, op. cit.

47. Sonia E. Alvarez, "Para além da sociedade civil: reflexões sobre o campo feminista", op. cit.

48. Carla Gomes e Bila Sorj, "Corpo, geração e identidade: a Marcha das Vadias no Brasil". *Sociedade e Estado*, v. 29, pp. 433-47, 2014.

49. Jonas Medeiros e Fabiola Fanti, op. cit.

50. Ana Flávia Magalhães Pinto, "Do trágico ao épico: a Marcha das Vadias e os desafios políticos das mulheres negras". *Blogueiras Negras*, 27 jun. 2013.

51. Camila Rocha, *Menos Marx, mais Mises: o liberalismo e a nova direita no Brasil*. São Paulo: Todavia, 2021, p. 94.

52. Laís Modelli Rodrigues, *Blogs coletivos feministas: um estudo sobre o*

feminismo brasileiro na era das redes sociais na internet. Dissertação (mestrado). Bauru: Unesp, 2016; Daniele Ferreira Seridório et al., "Movimento feminista em rede: análise do blog e do Facebook 'Lugar de Mulher'". *Pensamento Plural*, n. 17, pp. 151-72, 2016; Nícia de Oliveira Santos e Jordana Fonseca Barros, "O movimento feminista no Facebook: uma análise das páginas Moça, Você é Machista e Feminismo sem Demagogia". In: Simpósio Internacional de Tecnologia e Narrativas Digitais, Maranhão, dez. 2015; Renata Barreto Malta e Laila Thaíse Batista de Oliveira, "Enegrecendo as redes: o ativismo de mulheres negras no espaço virtual". *Revista Gênero*, v. 16, n. 2, 2016.

53. Fernanda K. Martins, "Narrativas sobre relacionamentos abusivos e mudança de sensibilidades do que é violência". Seminário FESPSP: Incertezas do Trabalho. São Paulo: 2017.

54. Por exemplo, o coletivo de mulheres grafiteiras M.A.N.A. (Mulher Atitude Negritude e Arte) Crew teve início a partir do encontro de duas (futuras) lideranças pelo Instagram, separadas fisicamente por quase vinte quilômetros na cidade de São Paulo: uma em Ermelino Matarazzo, a outra em Cidade Tiradentes. Jonas Medeiros, "Microssociologia de uma esfera pública virtual: a formação de uma rede feminista periférica na internet". Seminário FESPSP, São Paulo: 17-20 out. 2016.

55. Ibid.

56. Mariana Valente e Natália Neris, "Elas vão feminizar a internet? O papel e o impacto do ativismo on-line para o feminismo no Brasil". *Sur*, v. 27, 2018.

57. Cass Sunstein, *#Republic*. Princeton: Princeton University Press, 2017. Há ainda quem proponha que usemos *feedback loop*, para nos referirmos de forma mais precisa aos ciclos de retroalimentação entre humanos e máquinas. Ver Luke Thorburn, Jonathan Stray e Priyanjana Bengani, "'When You Hear 'Filter Bubble', 'Echo Chamber', or 'Rabbit Hole': Think 'Feedback Loop'".

58. Letícia Cesarino, *O mundo do avesso: verdade e política na era digital*. São Paulo: Ubu, 2022.

59. danah boyd, "Escrevendo a sua própria existência (orig. 2008)". *Internet & Sociedade*, v. 1, n. 1, 2020.

60. Letícia Cesarino, op. cit., p. 104.

61. Camila Rocha, op. cit.

62. Flávia Biroli et al., *Gênero, neoconservadorismo e democracia: disputas e retrocessos na América Latina*. São Paulo: Boitempo, 2020.

63. Whitney Phillips, *This Is Why We Can't Have Nice Things: Mapping the Relationship between Online Trolling and Mainstream Culture*. Cambridge: MIT Press, 2015; Angela Nagle, *Kill All Normies: Online Culture Wars from 4Chan and*

Tumblr to Trump and The Alt-Right. Winchester, RU/ Washington, EUA: Zero Books, 2017.

64. Marcos Nobre, *Limites da democracia: de junho de 2013 ao governo Bolsonaro*. São Paulo: Todavia, 2022.

DO CORPO AOS *NUDES*: SEXUALIDADE, GÊNERO E INTERNET [PP. 73-103]

1. Fabíola Perez, "Vingança mortal". *IstoÉ*, 22 nov. 2013.

2. "'Não tenho mais vida', diz Fran sobre vídeo íntimo compartilhado na web". *G1/Fantástico*, 2013.

3. Beatriz Accioly Lins, *Caiu na net:* nudes *e exposição de mulheres na internet*. Rio de Janeiro: Telha, 2021.

4. Disponível em: <https://peticaopublica.com.br/pview.aspx?pi=BR75370>. Acesso em: 26 maio 2023.

5. Antes disso, vários projetos tentando regular nudez e pornografia na internet tinham sido propostos, especialmente no período que Paulo René chama de "pré-história legislativa" da regulação da internet. Eram projetos que usavam "obscenidade" como recurso retórico, com forte caráter moral, ver Paulo René da Silva Santarém, op. cit. Ver também a reconstrução da história desses projetos, no Brasil e em outras partes do mundo, no capítulo 3 de Mariana Valente et al., op. cit.

6. Francisco Carvalho de Brito Cruz, *Direito, democracia e cultura digital: a experiência de elaboração legislativa do Marco Civil da Internet*. Dissertação (mestrado). São Paulo: Universidade de São Paulo, 2015; Ana Carolina Papp, *Em nome da internet: os bastidores da construção coletiva do Marco Civil*. Trabalho de conclusão de curso. São Paulo: Universidade de São Paulo, 2014; Pedro Abramovay et al., *A democracia equilibrista: políticos e burocratas no Brasil*. São Paulo: Companhia das Letras, 2022.

7. É a regra que obriga que provedores de conexão tratem igualmente os pacotes de dados que trafegam na internet, sem degradar ou discriminar, por exemplo, por tipo de conteúdo, ou tipo de serviço, ou quem está enviando ou recebendo. Ver o art. 9º do Marco Civil.

8. Ana Carolina Papp, op. cit.

9. Natália Neris, Juliana Pacetta Ruiz e Mariana Valente, "Análise comparada de estratégias de enfrentamento a '*revenge porn*' pelo mundo". *Revista Brasileira de Políticas Públicas*, v. 7, n. 3, pp. 333-47, 2017. Ver também Natália Neris, Juliana Pacetta Ruiz e Mariana Valente, *Enfrentando disseminação*

não consentida de imagens íntimas: uma análise comparada. São Paulo: InternetLab, 2018.

10. Sonia Corrêa, Horacio Sívori e Bruno Zilli, "Internet Regulation and Sexual Politics in Brazil". *Development*, v. 55, n. 2, pp. 213-8, 2012.

11. Mariana Valente et al., op. cit.

12. Ibid., p. 118.

13. Amit Singhal, "'Revenge porn' and Search", 2015.

14. Monika Plaha et al., "Por dentro do mundo secreto do comércio de *nudes*". *BBC News Brasil*, 22 ago. 2022.

15. Mariana Valente et al., op. cit.

16. Conforme casos que selecionamos para o artigo: Mariana Valente e Natália Neris, "Para falar de violência de gênero na internet: uma proposta teórica e metodológica". In: Graciela Natahnsohn e Florencia Rovetto (Orgs.), *Internet e feminismos*, op. cit.

17. Outras duas pesquisas com decisões de tribunais brasileiros chegaram a números muito semelhantes. Carolina Bouchardet, "Disseminação não consentida de imagens íntimas: uma análise jurisprudencial das compensações por danos morais". *Dignidade Re-Vista*, v. 5, n. 9, 2020; Jhon Kennedy Teixeira Lisbino e Sónia Maria Martins Caridade, "Exposição não consentida de conteúdos íntimos na perspectiva do Poder Judiciário brasileiro". *Suprema: Revista de Estudos Constitucionais*, v. 2, n. 1, 2022.

18. Julia Warken e Ligia Helena, "Por que Stênio Garcia não se envergonha com o vazamento das fotos íntimas, e Marilene Saade sim?". *Geledés*, 2 out. 2015.

19. Tatiana Jereissati e Javiera F. M. Macaya, "Vazamento de *nudes*: entre tensões e contradições". In: Bia Barbosa, Laura Tresca e Tana Lauschner (Orgs.), op. cit.

20. Beatriz Accioly Lins, op. cit., p. 43.

21. Coding Rights, *Safer Nudes!*, 25 mar. 2021.

22. Como também aponta Lins, é muito mais profícuo olhar para a produção e troca de *nudes* como uma prática de prazer e risco, que articula os chamados "limites da sexualidade". Maria Filomena Gregori, "Limites da sexualidade: violência, gênero e erotismo", op. cit.

23. Apelação n. 0003141-93.2007.8.26.0224, 1ª Câmara de Direito Privado, TJ/SP, 29/10/13.

24. A pesquisa de Caroline Bouchardet novamente identificou algo bastante semelhante, olhando para o TJSP e o TJRS nos casos cíveis: a indenização é definida a partir de padrões doutrinários de fixação de danos morais por violação à imagem e à honra, mas não entram nos efeitos subjetivos e muito menos no

caráter de gênero. Ver Carolina Bouchardet, op. cit. Já a pesquisa de Jhon Lisbino e Sónia Caridade, olhando para outros tribunais e para o STJ, identificou decisões que reconheciam ora o caráter de violência de gênero, ora de violência doméstica dos casos de NCII. Penso que isso possa ter a ver com as palavras-chave que eles usaram para encontrar os acórdãos, que já trazem resultados mais ligados com essa interpretação: "vingança pornográfica"; "*revenge porn*"; "violência de gênero". Inclusive por isso, eles analisaram dezoito decisões, um corpus bastante inferior que a nossa pesquisa e também a de Bouchardet. Afinal, muitos casos de NCII não são necessariamente chamados como tal pelos magistrados em suas decisões, ver Jhon Kennedy Teixeira Lisbino e Sónia Maria Martins Caridade, op. cit.

25. Parecia que os magistrados resistiam em aplicar um tipo penal entendido como tão gravoso para casos que envolvessem pessoas com pouca diferença de idade (por exemplo, um homem de vinte anos e uma adolescente de dezessete anos), ou que tivessem um relacionamento prévio. Mariana Valente et al., op. cit.

26. Depois da polêmica, instaurada principalmente por matéria da revista *Marie Claire*, que reproduziu trechos desse voto (Amauri Arrais, "Justiça de Minas Gerais culpa jovem que teve imagens íntimas divulgadas na internet por se expor". *Marie Claire*, 2014), o processo ganhou segredo de justiça. Tenho acesso ao inteiro teor dos votos por ter obtido a decisão nesse momento anterior.

27. Silvia Pimentel, Valéria Pandjiarjian e Juliana Belloque, "'Legítima defesa da honra': ilegítima impunidade dos assassinos — um estudo crítico da legislação e jurisprudência da América Latina". *Cadernos Pagu*, Coleção Encontros, pp. 65-134, 2006.

28. Beatriz Accioly Lins, op. cit., p. 121.

29. Ibid., p. 164.

30. Marina Zanatta Ganzarolli, *Produção legislativa e gênero no Brasil*. Dissertação (mestrado). São Paulo: Universidade de São Paulo, 2016.

31. Participei de uma iniciativa com alunos da Universidade de São Paulo que, naquele momento, se manifestou contra o entendimento de que a NCII fosse algo que coubesse no campo da "honra", na linha das conclusões da pesquisa que havíamos conduzido. Clarice Tambelli, "InternetLab e NDIS-USP levam nota técnica sobre violência de gênero na internet a Brasília", 13 dez. 2016.

32. "Entenda o caso do estupro coletivo de adolescente". *O Globo*, Infográficos, 2016.

33. Renata Mendonça, "O que o caso do homem que ejaculou em mulher no ônibus diz sobre a lei brasileira?". *BBC News Brasil*, 31 ago. 2017.

34. Lola Aronovich, "A trajetória e resistência do Escreva Lola Escreva". *Estudos Feministas*, v. 30, 2022.

35. Ibid.

O ÓDIO E A LIBERDADE DE EXPRESSÃO DAS MULHERES [PP. 104-48]

1. Lola Aronovich, "A trajetória e resistência do Escreva Lola Escreva", op. cit.

2. Rogério Christofoletti e Ana Paula França Laux, "Confiabilidade, credibilidade e reputação: no jornalismo e na blogosfera". *Intercom: Revista Brasileira de Ciências da Comunicação*, 2008.

3. Lola Aronovich, "A trajetória e resistência do Escreva Lola Escreva", op. cit.

4. Id., "A ordem dos homens de bem quer que as mulheres morram". *Escreva Lola Escreva*, 21 out. 2008.

5. Mariana Serafini, "Como os *red pills* espalham ódio contra as mulheres nas redes sociais". *Carta Capital*, 16 mar. 2023.

6. Fausto Salvadori, "Site racista do Rio é novo ataque de *trolls* de extrema direita". *Ponte Jornalismo*, 2018.

7. Instituto Avon e Decode, *Muito além do* cyberbullying*: a violência real do mundo virtual*. Brasil, 2021.

8. Leonardo Coelho, "Sol, Luciana, Elidia, Massacres de Suzano e Realengo: as 23 vítimas do terrorismo misógino". *Ponte Jornalismo*, 9 mar. 2021.

9. Marie Declercq, "Nos *chans*, se celebra o massacre na escola de Suzano". *Vice*, 13 mar. 2019.

10. Leonardo Coelho, op. cit.

11. Paulo Eduardo Dias e Tulio Kruse, "Em carta, autor do ataque em escola de SP cita bullying, tristeza e ódio". *Folha de S.Paulo*, 2023.

12. Talita Pires, "Ataque à escola não é decisão individual e reflete contato com extremistas, diz pesquisadora". *Brasil de Fato*, 2023.

13. Entrevista concedida ao InternetLab em 2021.

14. Renata Baptista, "Senti que existe justiça, diz Lola sobre vitória em ação contra misógino". *UOL Tilt*, 24 nov. 2020.

15. Lola Aronovich, "A trajetória e resistência do Escreva Lola Escreva", op. cit.

16. A Safernet mantém uma lista, disponível em: <https://new.safernet.org.br/content/delegacias-cibercrimes>. Acesso em: 29 maio 2023.

17. Mariana Valente et al., op. cit.

18. Beatriz Accioly Lins, op. cit., p. 114.

19. Mariana Valente et al., op. cit., p. 111.

20. Constituição Federal, art. 144, § 1º, I.

21. Beatriz Accioly Lins relata caso semelhante, ocorrido numa DDM: a delegada, depois de contar que não tinha como registrar caso de NCII no sistema, sugeriu a solução de que a vítima desativasse perfis em redes sociais (op. cit., p. 115).

22. Lei 10 446/2002, art. 1º. Na forma do inciso I do § 1º do art. 144 da Constituição, "quando houver repercussão interestadual ou internacional que exija repressão uniforme, poderá o Departamento de Polícia Federal do Ministério da Justiça, sem prejuízo da responsabilidade dos órgãos de segurança pública arrolados no art. 144 da Constituição Federal, em especial das Polícias Militares e Civis dos Estados, proceder à investigação, dentre outras, das seguintes infrações penais: [...]".

23. Diário da Câmara dos Deputados, 10 de novembro de 2017, p. 553.

24. Silvia Chakian, "Existem outras formas de contenção social que não apenas a legal-penal". InternetLab, 2021.

25. Luanna Tomaz de Souza, Danielle Pinto Petroli e Letícia Vitória Nascimento Magalhães, "A Lei Lola e os usos acadêmicos da misoginia no Brasil". *Paradigma*, v. 31, n. 2, pp. 231-57, 2022.

26. José Vianna e Thaís Kaniak, "PF prende uma pessoa em operação contra racismo, ameaça, incitação e terrorismo praticados na internet". *G1*, 10 maio 2018.

27. Arthur Leal, "Dez massacres em escolas foram evitados em 2021 no Brasil com apoio de agência americana, diz governo federal após caso no RN". *O Globo*, 17 ago. 2021.

28. Daniela Valenga e Paula Guimarães, "Lola Aronovich: misoginia de Bolsonaro incentiva seus aliados a fazerem o mesmo". *Catarinas*, 25 out. 2022.

29. Apesar de a página ter saído do ar, é possível encontrá-la em serviços de arquivamento de páginas da internet. Não vou reproduzir o link, por causa do grau de violência dos textos e da perturbação que eles causam. Algumas matérias reproduziram parte dos conteúdos: "Site dá passo a passo de 'como estuprar uma mulher'". *Fórum*, 27 jul. 2015; "MPE apura blog com guia do estupro 'testado' na Unesp de Araraquara". *G1*, 28 jul. 2015.

30. E terminaram em ações públicas desenvolvidas inteiramente por eles — uma ação de colagem de lambes, a campanha #todescontraoódio e o podcast *Pilotas*. Esse projeto foi parte do projeto mais amplo Reconhecer, Resistir e Remediar, que conduzimos em parceria com a organização indiana IT for Change e que foi financiado pelo International Development Research Center (IDRC), do Canadá. Este livro também é resultado desse projeto. Sobre o componente de pesquisa-ação com os jovens, e os resultados das atividades que foram desenvolvidas, ver: Fernanda K. Martins e Karina Oliveira, "Jovens protagonizam ações de combate ao discurso de ódio contra mulheres".

InternetLab, 8 fev. 2021. Disponível em: <https://internetlab.org.br/pt/noticias/jovens-protagonizam-acoes-de-combate-ao-discurso-de-odio-contra-mulheres>. Acesso em: 29 maio 2023.

31. Jhussyenna Reis de Oliveira, "Uma reflexão crítica sobre a representação social do discurso de ódio". *Investigações*, v. 34, n. 2, 2021.

32. Jeremy Waldron, *The Harm in Hate Speech*. Cambridge: Harvard University Press, 2012.

33. Fiz um debate mais detido sobre essa discussão em: Mariana Valente, "Liberdade de expressão e discurso de ódio na internet". In: José Eduardo Faria (Org.), *A liberdade de expressão e as novas mídias*. São Paulo: Perspectiva, 2020, p. 79. Ver também Rosane Leal da Silva et al., "Discursos de ódio em redes sociais: jurisprudência brasileira". *Revista Direito GV*, v. 7, pp. 445-68, 2011; Samantha Ribeiro Meyer-Plug, *Liberdade de expressão e discurso do ódio*. São Paulo: Revista dos Tribunais, 2009.

34. Kim Barker e Olga Jurasz, *Online Misogyny as Hate Crime: A Challenge for Legal Regulation?* Londres: Routledge, 2018.

35. Convenção Interamericana Contra Toda Forma de Discriminação e Intolerância. Disponível em: <https://www.oas.org/en/sla/dil/docs/inter_american_treaties_A-69_Convencao_Interamericana_disciminacao_intolerancia_POR.pdf>. Acesso em: 29 maio 2023.

36. Daniel Sarmento, "A liberdade de expressão e o problema do *hate speech*". In: *Livres e iguais: estudos de direito constitucional*. Rio de Janeiro: Lumen Juris, 2006.

37. É o chamado teste de Brandenburg, do caso "Brandenburg v. Ohio, 395 U.S. 444 (1969)". Ver Winfried Brugger, "Proibição ou proteção do discurso do ódio? Algumas observações sobre o direito alemão e o americano". *Direito Público*, v. 4, n. 15, 2007. Ver também: Daniel Sarmento, op. cit.

38. "R.A.V. vs. City of Saint Paul", de 1992, e "Virginia vs. Black et al.", de 2003. Ver Daniel Sarmento, op. cit.; Geoffrey R. Stone et al., *The First Amendment*. Nova York: Wolters Kluwer, 2016.

39. Winfried Brugger, op. cit., p. 118.

40. Daniel Sarmento, op. cit.

41. Adilson José Moreira, *O que é discriminação?*. Belo Horizonte: Casa do Direito, 2017, p. 195.

42. Nesse sentido, ver também autoras e autores da tradição do *critical racial studies*, nos Estados Unidos: Mari Matsuda, "Public Response to Racist Speech: Considering the Victim's Story". *Michigan Law Review*, v. 87, n. 8, pp. 2320-81, 1989; Richard Delgado, "Words that Wound: A Tort Action for Racial Insults,

Epithets, and Name-Calling". *Harvard Civil Rights-Civil Liberties Law Review*, v. 17, pp. 133, 1982.

43. Fernanda K. Martins e Jade Becari, "O ódio às mulheres tem nome, o ódio às pessoas negras e às pessoas LGBT também tem nomes", entrevista com Fabiana Benedito. InternetLab, 15 set. 2021.

44. Conselho Nacional de Justiça, *Discriminação e violência contra a população LGBTQIA+: relatório da pesquisa*. Brasília: CNJ/ Pnud, 2022, p. 116.

45. Raspamos dados de seis Tribunais de Justiça (Bahia, Distrito Federal e Territórios, Pará, Minas Gerais, Santa Catarina e São Paulo) com a linguagem de programação R. Agradeço à programadora Alessandra Gomes, que fez esse trabalho com enorme competência, e também às pesquisadoras Blenda Santos, Catharina Pereira, Clarice Tavares, Ester Borges, Fernanda K. Martins, Jade Becari, Juliana Fonteles, Natália Neris e ao Thiago Oliva, que trabalharam nesse projeto em múltiplas etapas, leram decisões judiciais e lideraram outras frentes que foram desenvolvimentos do projeto inicial. Sobre a pesquisa de jurisprudência aqui mencionada, um dos materiais produzidos, com resultados preliminares, foi: Fernanda Martins et al., "Violência contra mulheres on-line e os tribunais: observações preliminares". InternetLab, 11 dez. 2020.

46. Em entrevista, a promotora de justiça Silvia Chakian mencionou a possibilidade de que esse enquadramento esteja sendo feito de forma estratégica, pela advocacia e pelo Ministério Público, na falta de previsões legais mais adequadas para casos que ocorrem no público. Ver Silvia Chakian, op. cit.

47. Valeska Zanello, "Xingamentos: entre a ofensa e a erótica". In: Seminário Internacional Fazendo Gênero, n. 8, Florianópolis, 2008.

48. Setenta e sete dos 81 casos, a julgar pelos nomes, o que certamente leva a erros, mas provavelmente não a erros grosseiros.

49. Sessenta e um casos, sendo seis de companheiros atuais.

50. Violência doméstica não é um crime em si; a Lei Maria da Penha prevê algumas circunstâncias especiais quando um crime acontece em conexão com uma relação íntima de afeto, doméstica ou familiar, mas não prevê novos delitos (a não ser um, acrescentado depois, pelo descumprimento de medidas protetivas).

51. A referência da decisão é Apelação Criminal n. 1.0024.12.266703-3/001.

52. Marta Rodriguez de Assis Machado, Márcia Lima e Natália Neris, "Racismo e insulto racial na sociedade brasileira: dinâmicas de reconhecimento e invisibilização a partir do direito". *Novos Estudos Cebrap*, v. 35, pp. 11-28, 2016.

53. Marta Rodriguez de Assis Machado et al., *Segurança da população negra brasileira: como o sistema de justiça responde a episódios individuais e*

institucionais de violência racial — sumário executivo. São Paulo: Núcleo de Justiça Racial e Direito (FGV-SP), 2022.

54. "Ludmilla perde processo judicial contra apresentador após ser chamada de 'macaca'; cantora irá recorrer". *O Globo*, 28 mar. 2023.

55. Tribunal de Justiça de São Paulo, Agravo de Instrumento n. 2130844-48.2016.8.26.0000, 14 dez. 2016.

56. Um voto vencido do desembargador Coimbra Schmidt considerou a publicidade uma boa peça de humor, afirmando ainda que "nas praias, os trajes femininos são cada vez mais sumários. É fato ser o ideal da musa componente do imaginário masculino e isso desde tempos bem antigos". Tribunal de Justiça de São Paulo, Apelação n. 0005431-07.2010.8.26.0053, 7ª Câmara de Direito Privado, 11 mar. 2016.

57. Muniz Sodré, "Por um conceito de minoria". In: Raquel Paiva e Alexandre Barbalho (Orgs.), *Comunicação e cultura das minorias*. São Paulo: Paulus, 2005.

58. Raquel Coelho de Freitas e Luciana Nogueira Nóbrega, "Indignação epistêmica e decolonização do conceito de minorias / Epistemic Indignation and Decolonization of the Concept of Minorities". *Direito e Práxis*, 2022.

59. Andrea Maihofer, "O gênero como construção social: uma consideração intermediária". *Direito e Práxis*, v. 7, n. 3, pp. 874-88, 2016.

60. Fávero mostra como meninos e meninas sentem emoções de forma muito semelhante, mas meninas são socializadas para mostrar emoções com mais frequência; além disso, as emoções aceitáveis são distintas em cada caso. Maria Helena Fávero, *Psicologia do gênero: psicobiografia, sociocultura e transformações*. Curitiba: UFPR, 2011. Mas: "O fato de que as categorias de gênero ocidentais são apresentadas como inerentes à natureza (dos corpos), e operam numa dualidade dicotômica, binariamente oposta entre masculino/feminino, homem/mulher, em que o macho é presumido como superior e, portanto, categoria definidora, é particularmente alienígena a muitas culturas africanas. Quando realidades africanas são interpretadas com base nessas alegações ocidentais, o que encontramos são distorções, mistificações linguísticas e muitas vezes uma total falta de compreensão, devido à incomensurabilidade das categorias e instituições sociais" (tradução de Juliana Araújo Lopes).

61. Cynthia Sarti, "A vítima como figura contemporânea". *Caderno CRH*, v. 24, pp. 51-61, 2011.

62. Ação Civil Pública Cível (65) n. 5014547-70.2020.4.03.6100 / 6ª Vara Cível Federal de São Paulo.

63. Já em 2013, o Conselho de Direitos Humanos da ONU adotou uma resolução afirmando o papel da liberdade de opinião e de expressão de mulheres na sua interação com a sociedade, especialmente na participação econômica e política, e uma "preocupação profunda" de que violências como

discriminação, intimidação e assédio e violência, *inclusive* em espaços públicos, impedem o exercício de direitos humanos pelas mulheres (A/HRC/RES/23/2, disponível em: <https://www.refworld.org/docid/53bd1c254.htm>. Acesso em: 30 maio 2023). Essas interseções foram temas do relatório perito independente para a proteção contra violência e discriminação baseada em orientação sexual e identidade de gênero em 2019 (A/74/181, disponível em: <https://undocs.org/A/74/181>. Acesso em: 30 maio 2023) e do relator especial para minorias da Assembleia Geral da ONU em 2021 (A/HRC/46/57, disponível em: <https://undocs.org/en/A/HRC/46/57>. Acesso em: 30 maio 2023).

64. Isabela Del Monde, Tainã Góis e Maira Pinheiro, "Jornalista processada por expor abuso ganha ação: Judiciário fez justiça", *UOL Universa*, 2 jun. 2022.

65. Tainã Góis, "Pode a sobrevivente falar? O assédio judicial em casos de violência sexual". *Carta Capital*, 30 jan. 2021.

66. "Titi Müller é proibida de falar do ex-marido, Tomás Bertoni, nas redes sociais". *CNN Brasil*, 23 fev. 2023.

67. "Justiça derruba liminar que proibia Titi Müller de falar sobre ex-marido". *G1*, 21 abr. 2023.

68. Nos cinco tribunais estaduais de segunda instância que analisamos, encontramos cinco casos que se encaixavam nessa categoria. Em quatro deles, as mulheres ganharam; em um, não. Os quatro em que as mulheres ganharam: um homem queria que Twitter e Facebook removessem conteúdos e contas e estabelecessem filtros para impedir conteúdos sobre eles vindos dessas contas (Agravo de Instrumento n. 2143875-96.2020.8.26.0000, TJ-SP); um homem pediu medida protetiva pela Lei Maria da Penha contra sua ex-esposa, para impedir que ela falasse sobre ele nas redes sociais (Apelação Cível n. 1004126-87.2017.8.26.0323, TJ-SP); uma mulher postou sobre o deputado federal Alberto Fraga (PL-DF), que havia dito que "mulher que fala grosso tem que apanhar", acusando-o de incitação ao feminicídio, e foi processada por danos morais (Apelação Cível n. 0030262-36.2015.8.07.0001, TJ-DF, 10 maio 2017); uma aluna que postou sobre machismo de estudantes em Blumenau tinha tido o post removido e conseguiu restaurá-lo (Apelação Cível n. 2014.002980-7, TJ-SC, 26 maio 2014). Em um caso, uma aluna que postou violência após relacionamento com professor foi processada por ele, e perdeu em primeira instância e em segunda (onde teve a indenização baixada), com o argumento de que não havia provado o ocorrido (Apelação Cível n. 0500792-59.2013.8.24.0045, TJ-SC, 7 fev. 2018).

69. Tainã Góis, op. cit.

70. Judith M. McFarlane et al., "Stalking and Intimate Partner Femicide". *Homicide Studies*, v. 3, n. 4, pp. 300-16, 1999.

71. Juliana Caramigo Gennarini, "A criminalização do *stalking*". *Direito Penal e Processo Penal*, v. 3, n. 1, pp. 67-79, 2021.

72. Vitor Pereira Pacheco, "O crime de perseguição: breves críticas sobre o *stalking* no direito brasileiro". *Migalhas*, 5 abr. 2021.

73. David Biller, "Swift Backlash for Brazil Students Targeting Misinformation". *Associated Press*, 13 dez. 2020.

74. Coalizão Direitos na Rede, *Manifestação de apoio ao Sleeping Giants Brasil (SGBR)*, 22 mar. 2023.

75. E o MPF, dois anos depois, processou Sikêra Jr. com base na lei n. 7 716/89. Intervozes, "MPF pede prisão de Sikêra Jr. e multa por crime de racismo". *Carta Capital*, 2 fev. 2023.

76. "Estudantes de direito são suspeitos de crime contra apresentador Sikeira Junior em PG". *MZ Notícia*, 28 set. 2021.

ESCREVER, REPORTAR, MILITAR [PP. 149-84]

1. Patricia Hill Collins, *Pensamento feminista negro: conhecimento, consciência e a política do empoderamento*. São Paulo: Boitempo, 2019, p. 54.

2. Thays Monticelli, "A administração, as negociações e as desigualdades constituídas no lar: reflexões sobre uma cultura da domesticidade no Brasil". *Revista Feminismos UFBA*, v. 5, n. 2/3, pp. 85-98, 2017.

3. Lélia Gonzalez, op. cit., p. 58.

4. Flávia Biroli, "Ciência, política e gênero". In: Flávia Biroli et al., *Mulheres, poder e ciência política: debates e trajetórias*. Campinas: Editora da Unicamp, 2020.

5. Ibid. A separação estrita entre esfera pública e privada foi fundamental na instituição dos valores do mundo burguês, segundo Habermas, e das relações de gênero, do patriarcado e das relações coloniais, segundo críticas feministas e pós-coloniais. Mais: o debate que teve início na segunda metade do século 20 sobre a sub-representação feminina na política, na América Latina e em outros lugares do mundo, começou a também centrar-se em uma economia política dos privilégios para desestabilizar a categoria "mulheres", que oculta diferenças internas a esse grupo.

6. Joanna Burigo, *Patriarcado, gênero, feminismo*. Porto Alegre: Zouk, 2022.

7. Nirmal Puwar, *Space Invaders: Gender, Race and Bodies Out of Place*. Londres: Bloomsbury Academic, 2004.

8. Mariana Valente, *Online Gender-Based Violence in Brazil: New Data Insights*, op. cit.

9. bell hooks, *Remembered Rapture: The Writer at Work*. Nova York: Holt Paperbacks, 1999 (tradução própria).

10. “Justiça condena dois homens por racismo e injúria racial contra jornalista Maju Coutinho”. *G1*, 9 mar. 2020. Disponível em: <https://g1.globo.com/sp/sao-paulo/noticia/2020/03/09/tj-de-sp-condena-dois-homens-por-racismo-e-injuria-racial-contra-a-jornalista-maju-coutinho.ghtml>. Acesso em: 13 jun. 2023.

11. “Justiça mantém condenação de responsáveis por racismo contra Maju Coutinho”. *F5*, 18 jan. 2022. Disponível em: <https://f5.folha.uol.com.br/celebridades/2022/01/justica-mantem-condenacao-de-responsaveis-por-racismo-contra-maju-coutinho.shtml>. Acesso em: 13 jun. 2023.

12. Clarice Tavares e Ester Borges, *Falando sobre ataques on-line* e trolls*: um guia para jornalistas de criadores de conteúdo na internet*. São Paulo: InternetLab/ Redes Cordiais, 2021.

13. Whitney Phillips, op. cit.

14. Julie Posetti et al., *The Chilling: Global Trends in Online Violence against Women Journalists*. [s.l.]: Unesco, 2021.

15. Becky Gardiner, “‘It’s a Terrible Way to Go to Work’: What 70 Million Readers’ Comments on *The Guardian* Revealed about Hostility to Women and Minorities Online”. *Feminist Media Studies*, v. 18, n. 4, pp. 592-608, 2018.

16. Anita Gurumurthy et al., *Getting it Right Online: Yount Women’s Negotiations in the Face of Cyberviolence in Karnataka*. Bangalore: IT for Change, 2019.

17. Géssica Brandino, “Justiça condena Hans River a indenizar repórter da *Folha* em R$ 50 mil por danos morais”. *Folha de S.Paulo*, 2021.

18. Marcela Lemos, “Bianca Santana vê ‘vitória coletiva’ em condenação de Bolsonaro”. *UOL*, 20 ago. 2021.

19. Katia Brebatti e Bia Barbosa, “Opinião: decisão da Justiça pode impactar trabalho de mulheres jornalistas”. *Folha de S.Paulo*, 2023.

20. Abraji, *Monitoramento de ataques a jornalistas no Brasil: edição 2022*. São Paulo, 2023.

21. Repórteres sem Fronteiras e Instituto de Tecnologia e Sociedade, *Relatório: Ataques ao jornalismo se alastraram nas redes*. Rio de Janeiro, 2021.

22. InternetLab et al., *Como operações de influência entre plataformas são usadas para atacar jornalistas e enfraquecer democracias?* São Paulo, 2022.

23. Marina Rossi, “Debora Diniz: ‘Não sou desterrada. Não sou refugiada. Qual é a minha condição?’”. *El País*, 17 jun. 2019.

24. Anna Carolina Venturini et al., *Violações à liberdade acadêmica no Brasil: caminhos para uma metodologia*. São Paulo: Centro de Análise da Liberdade e do Autoritarismo (Laut), 2022.

25. Ana Paula Lisboa, "Acadêmicos brasileiros se exilam por ameaças de morte". *Correio Braziliense*, 13 mar. 2020.

26. Renata Agostini, "MEC cortará verba de universidade por 'balbúrdia' e já enquadra UnB, UFF e UFBA". *O Estado de S. Paulo*, 30 abr. 2019.

27. Flavia Bozza Martins e Victoria Regia Silva, "Eleições 2020". *Gênero e Número*, 2020.

28. Luciana de Oliveira Ramos et al., *Candidatas em jogo: um estudo sobre os impactos das regras eleitorais na inserção de mulheres na política*. São Paulo: FGV Direito, 2020; Ivan Mardegan, Juliana Fabbron e Luciana Ramos, "Raça, gênero e representatividade nas cotas eleitorais". *Nexo Jornal*, 28 set. 2022.

29. Inter-Parliamentary Union, *Women in Parliament 2022*. Disponível em: <https://www.ipu.org/resources/publications/reports/2023-03/women-in-parliament-2022>. Acesso em: 30 mar. 2023.

30. Flávia Biroli, "Political Violence against Women in Brazil: Expressions and Definitions". *Direito e Práxis*, v. 7, n. 15, pp. 557-89, 2016.

31. Jhussyenna Reis de Oliveira, "Uma reflexão crítica sobre a representação social do discurso de ódio". *Investigações*, v. 34, n. 2, 2021.

32. "Other Latin American countries have typified this kind of violence — Bolivia, Mexico and Peru — or assumed a broader concept of violence in national laws — Argentina and Venezuela". [Outros países latino-americanos tipificaram esse tipo de violência — Bolívia, México e Peru — ou assumiram um conceito mais amplo de violência nas leis nacionais — Argentina e Venezuela.] Flávia Biroli, "Political Violence against Women in Brazil: Expressions and Definitions", op. cit.; Mona Lena Krook et al., "Género y violencia política en América Latina: Conceptos, debates y soluciones". *Política y Gobierno*, v. 23, n. 1, pp. 127-62, 2016.

33. Natália Neris e Mariana Valente, *#OutrasVozes: gênero, raça, classe e sexualidade nas eleições de 2016*. São Paulo: InternetLab, 2017; Natália Neris et al., *#OutrasVozes: gênero, raça, classe e sexualidade nas eleições de 2018*. São Paulo: InternetLab, 2019.

34. Revista AzMina e InternetLab, *MonitorA: relatório sobre violência política* on-line *em páginas e perfis de candidatas(os) nas eleições municipais de 2020*. São Paulo: AzMina, InternetLab e Volt Data Lab, 2021.

35. VoteLGBT, "A política LGBT+ brasileira: entre potências e apagamentos", 2022. Disponível em: <https://votelgbt.org/pesquisas>. Acesso em: 13 jun. 2023.

36. Daniela Araújo, Lucila Lang Carvalho e Mariana de Camargo Penteado, "Violência política, gênero e sexualidade: contribuições para a análise do discurso de ódio contra grupos socialmente minorizados". In: Bia Barbosa, Laura Tresca e Tana Lauschner (Orgs.), op. cit.

37. Fernanda K. Martins, "MonitorA 2022: a diferenciação necessária entre insultos e ataques no debate sobre moderação de conteúdo". InternetLab, 6 set. 2022.

38. InternetLab e Revista AzMina, *MonitorA 2022: observatório de violência política de gênero*, op. cit.

39. Amnesty International, *Toxic Twitter: A Toxic Place for Women*, 2018.

40. Brasil 247, "Após ser alvo de ataques transfóbicos e racistas, Erika Hilton irá processar 50 pessoas", *Geledés*, 6 jun. 2021. Infelizmente, Hilton não foi a única candidata negra e transgênero a ser atacada durante as eleições; Carol Dartora de Curitiba (PR), Ana Lúcia Martins de Joinville (SC), Benny Briolly de Niterói (RJ) e Duda Salabert de Belo Horizonte (MG) também receberam ameaças de morte por e-mail. As ameaças têm várias semelhanças: elas foram dirigidas a mulheres negras e/ou transgênero que foram eleitas pela primeira vez por voto popular e com grandes margens de vitória, em sua maioria. Isadora Rupp, "Ameaças de neonazistas a vereadoras negras e trans alarmam e expõem avanço do extremismo no Brasil". *El País*, 10 jan. 2021.

41. Emma Jane, op. cit.

42. Julie Posetti et al., op. cit., p. 16.

43. Lauren Jackson e Desiree Ibekwe, "Jack Dorsey on Twitter's Mistakes". *The New York Times*, 7 ago. 2020.

44. Amélia Gomes, "Deputada negra de MG que contabiliza 3,5 mil ameaças de morte perde escolta policial". *Brasil de Fato*, 11 abr. 2022.

45. Carol Macário, Catiane Pereira e Iara Diniz, "'Violência política contra as mulheres é agravada pela desinformação', diz ex-deputada Áurea Carolina". *Lupa*, 8 mar. 2023.

46. Mariana Gonzalez, "Como a violência impacta saúde mental e afasta mulheres da política". *Mina*, 30 nov. 2022.

47. Luís Gustavo Carmo, "Em ano de eleições no Brasil, mulheres na política denunciam ameaças recorrentes". *Global Voices*, 26 ago. 2022.

48. Henrique Rodrigues, "Isa Penna é ameaçada de morte; autor exige que Douglas Garcia não seja cassado". *Fórum*, 19 set. 2022.

49. Manuela D'Ávila (Org.), *Sempre foi sobre nós: Relatos da violência política de gênero no Brasil*. Rio de Janeiro: Rosa dos Tempos, 2022.

50. Vídeo disponível em: <https://www.instagram.com/p/Cps8yFkvTkh/?hl=en>. Acesso em: 31 maio 2023.

51. "Facebook censura vaga referência a nudez na página do Blue Bus", 2013, disponível em: <http://www.bluebus.com.br/facebook-censura-vaga-referencia-a-nudez-na-pagina-do-blue-bus>; "Facebook censura postagem da Folha com nudez", *Folha de S.Paulo*, fev. 2014, disponível em: <http://www1.folha.uol.com.br/poder/2014/02/1418174-facebook-censura-postagem-da-folha-com-nudez.shtml>; "Nudez de Simone de Beauvoir e o moralismo do Facebook", *Jornal Opção*, mar. 2012, disponível em: <http://www.jornalopcao.com.br/colunas/imprensa/nudez-de-simone-de-beauvoir-e-o-moralismo-do-facebook>; "Facebook censura postagem da Folha com nudez", *Folha de S.Paulo*, jan. 2014, disponível em: <http://www1.folha.uol.com.br/poder/2014/01/1394399-facebook-censura-postagem-da-folha-com-nudez.shtml>; "Como o Facebook censurou a postagem antiga, estamos republicando. Nudez em pro...", *ReBaixada*, fev. 2014, disponível em: <http://rebaixada.org/como-o-facebook-censurou-a-postagem-antiga-estamos-republicando-nudez-em-pro>. Acessos em: 31 maio 2014.

52. "Facebook censura foto de boneca de porcelana por nudez", *Terra*, jul. 2010, disponível em: <https://www.terra.com.br/byte/confeiteira-tem-imagem-de-bolo-retirada-do-facebook-por-nudez,eab201ef86fd4410VgnVCM5000009ccceboaRCRD.html>; "Confeiteira tem imagem de bolo retirada do Facebook por nudez", *Terra*, mar. 2014, disponível em: <http://tecnologia.terra.com.br/confeiteira-tem-imagem-de-bolo-retirada-do-facebook-por-nudez,eab201ef86fd4410VgnVCM5000009ccceboaRCRD.html>. Acessos em: 31 maio 2023.

53. André de Souza, "Ministério da Cultura vai entrar na Justiça contra Facebook por foto de índia bloqueada". *O Globo*, 17 abr. 2015.

54. Um excelente livro que discute as questões e os dilemas da moderação de conteúdo é: Tarleton Gillespie, *Custodians of the Internet: Platforms, Content Moderation, and the Hidden Decisions that Shape Social Media*. New Haven: Yale University Press, 2018.

55. Fernanda Martins, Clarice Tavares e Lux Ferreira, "InternetLab envia contribuição para caso de identidade de gênero e nudez do Comitê de Supervisão do Facebook". *InternetLab*, 2 set. 2022.

56. Ariana Tobin, Madeleine Varner e Julia Angwin, "Facebook's Uneven Enforcement of Hate Speech Rules Allows Vile Posts to Stay Up". *ProPublica*, 28 dez. 2017.

57. Dan Milmo, "Rohingya sue Facebook for £150bn over Myanmar Genocide". *The Guardian*, 6 dez. 2021; Jeffrey Sablosky, "Dangerous Organizations: Facebook's Content Moderation Decisions and Ethnic Visibility in Myanmar". *Media, Culture & Society*, v. 43, n. 6, pp. 1017-42, 2021.

58. Regras do Twitter, disponível em: <https://help.twitter.com/en/rules-and-policies/twitter-rules>. Diretrizes da Comunidade do TikTok, disponível em: <https://www.tiktok.com/community-guidelines?lang=pt-BR>. Acesso em: mar. 2023.

59. Lawrence Lessig, *Code: and Other Laws of Cyberspace*. Nova York: Basic Books, 1999.

60. Thiago Oliva, Victor Pavarin Tavares e Mariana Valente, *Uma solução única para toda a internet? Riscos do debate regulatório brasileiro para a operação de plataformas de conhecimento*. São Paulo: InternetLab, 2020.

61. Fiz essa discussão em detalhes no texto "Terms of Service as a Case of Legal Pluralism", que apresentei na conferência Law and Society em 2014.

62. Disponível em: <https://transparency.fb.com/pt-br/policies/community-standards/hate-speech/>. Acesso em: 31 maio 2023.

63. "Com decretações via rede social, assassinato de meninas dispara no CE". *Folha de S.Paulo*, 5 jan. 2020. Agradeço à Laura Schertel Mendes por me trazer a referência desse caso.

64. Clara Iglesias Keller, "Policy by Judicialisation: The Institutional Framework for Intermediary Liability in Brazil". *International Review of Law, Computers & Technology*, v. 35, n. 3, pp. 1-19, 2020.

65. Jamil Chade, "Brasil veta termo 'gênero' em resoluções da ONU e cria mal-estar". *UOL*, 27 jun. 2019; Petra Queiroz, "Gênero e política externa no governo Bolsonaro". *Observatório Feminista de Relações Internacionais*.

66. Revista AzMina e InternetLab, *MonitorA 2022: observatório de violência política de gênero*, op. cit.

67. Ver, por exemplo: Letícia Paiva, "Campanha de Tebet rejeita questionar violência política de gênero na Justiça". *Jota*, 24 ago. 2022.

OS CAMINHOS À FRENTE [PP. 185-96]

1. Kleber Tomaz, "Justiça de SP concede medida cautelar, e Thiago Schutz terá de ficar 300 metros distante de Livia La Gatto e não falar com ela". *G1*, 7 mar. 2023.

2. Natuza Nery, "Redpill: a misoginia como lucro". *O Assunto*, n. 912.

3. Beatriz Borges, "Ideia para criminalizar misoginia obtém 23 mil assinaturas em cinco dias e vira projetos na Câmara e no Senado". *G1*, 9 mar. 2023.

4. Soraia Mendes, "Criminalizar a misoginia não é punitivismo". *Catarinas*, 6 mar. 2023.

5. Marcia Tiburi, "Criminalizar a misoginia é essencial e urgente". *Brasil 247*, 5 mar. 2023.

6. Débora Diniz, "feminismo punitivista". Post no Instagram, 4 mar. 2023.

7. Juliana Borges, *Encarceramento em massa*. São Paulo: Jandaíra, 2019.

8. Juliana Borges (@JULIANABORGES_1), "Criminalizar qualquer coisa...", 5 mar. 2018. Tweet.

9. Ver também Carla Akotirene, *Interseccionalidade*. São Paulo: Jandaíra, 2019.

10. Luciana Boiteux (@LUBOITEUX), "Por um feminismo antipunitivista! O caso da comediante...", 5 mar. 2023, 12:43 PM. Tweet.

11. De acordo com a professora Ana Flauzina: "Num plano mais geral, entendemos que o Estado acolhe as pressões do movimento negro a partir do Direito Penal pelo simples fato de que os efeitos de tais postulações serão necessariamente inócuos. São inócuos porque o Direito Penal, ao contrário dos demais ramos do Direito, é um campo da negatividade e da repressão, não se constituindo enquanto espaço para a promoção de interesses de caráter emancipatório". Ver Ana Luiza Pinheiro Flauzina, *Corpo negro caído no chão: o sistema penal e o projeto genocida do Estado brasileiro*. Dissertação (mestrado). Brasília: UnB, 2006.

12. Thula Pires, op. cit.

13. "A agência trabalha com as partes envolvidas, facilitando negociação para que se possa chegar, mais rapidamente, a soluções extrajudiciais, além de aconselhar as vítimas, providenciar orientações sobre segurança on-line, educar o público em geral e colaborar com os provedores de conexão e conteúdo e demais agências governamentais para que o objetivo da lei seja cumprido. Somente mediante impossibilidade de resolução via agência, os casos são encaminhados ao Judiciário", ver Natália Neris, Juliana Pacetta Ruiz e Mariana Valente, "Análise comparada de estratégias de enfrentamento a '*revenge porn*' pelo mundo", op. cit.

14. Alexandro Martello, "Governo Bolsonaro propõe 94% menos de recursos no Orçamento para combate à violência contra mulheres, diz levantamento". *G1*, 29 set. 2022.

15. Marília Moschkovich, "Notas para um materialismo bi-alético". *Revista Brasileira de Estudos da Homocultura*, v. 3, n. 10, pp. 109-27, 2020.

16. Cade Metz e Daisuke Wakabayashi, "Google Researcher Says She Was Fired Over Paper Highlighting Bias in A.I.". *The New York Times*, 2020.

17. Núcleo Jornalismo, "Veja a cobertura brasileira do Facebook Papers". *Núcleo*, 5 nov. 2021.

18. Natália Neris, "Um efeito alquímico: sobre o uso do discurso dos direitos pelas/os negras/os". *Direito e Práxis*, v. 9, n. 1, pp. 250-75, 2018; Marta Rodriguez de Assis Machado, Márcia Lima e Natália Neris, "Racismo e insulto racial na sociedade brasileira: dinâmicas de reconhecimento e invisibilização a partir do direito". *Novos Estudos Cebrap*, v. 35, pp. 11-28, 2016.

Referências bibliográficas

"15 ANOS do Penta: como era o mundo da tecnologia em 2002". *Tecmundo*, 2017. Disponível em: <https://www.tecmundo.com.br/tecnologia/118575-15-anos-penta-mundo-tecnologia-2002.htm>. Acesso em: 2 nov. 2022.

ABBATE, Janet. *Inventing the Internet*. 5. ed. Cambridge: MIT Press, 2000.

______. *Recoding Gender: Women's Changing Participation in Computing*. Cambridge: MIT Press, 2012. (History of Computing).

ABRAJI. *Monitoramento de ataques a jornalistas no Brasil: edição 2022*. São Paulo, 2023. Disponível em: <https://abraji-bucket-001.s3.sa-east-1.amazonaws.com/uploads/publication_info/details_file/4d6cb1b2-ca1a-4d7b-9c7b-1edcea1bb294/ABRAJI_Monitoramento_de_ataques_a_jornalistas_no_Brasil_2022__PT_.pdf>. Acesso em: 1º jun. 2023.

ABRAMOVAY, Pedro; LOTTA, Gabriela; SABATINI, Felipe et al. *A democracia equilibrista: políticos e burocratas no Brasil*. São Paulo: Companhia das Letras, 2022.

AGOSTINI, Renata. "MEC cortará verba de universidade por 'balbúrdia' e já enquadra UnB, UFF e UFBA". *O Estado de S. Paulo*, 30 abr. 2019. Disponível em: <https://www.estadao.com.br/educacao/mec-cortara-verba-de-universidade-por-balburdia-e-ja-mira-unb-uff-e-ufba/>. Acesso em: 8 abr. 2023.

AKOTIRENE, Carla. *Interseccionalidade*. São Paulo: Jandaíra, 2019.

ALBUQUERQUE, Sylvia. "Meninas abandonam estudos e tentam suicídio após entrar para lista das 'mais vadias'". *R7*, 27 maio 2015. Disponível em: <https://noticias.r7.com/sao-paulo/meninas-abandonam-estudos-e-tentam-suicidio-apos-entrar-para-lista-das-mais-vadias-27052015>. Acesso em: 13 nov. 2022.

ALVAREZ, Sonia E. "Articulación y transnacionalización de los feminismos latinoamericanos". *Debate Feminista*, v. 15, 1997. Disponível em: <https://debatefeminista.cieg.unam.mx/df_ojs/index.php/debate_feminista/article/view/379>. Acesso em: 18 maio 2023.

_______. "Para além da sociedade civil: reflexões sobre o campo feminista". *Cadernos Pagu*, pp. 13-56, 2014.

AMNESTY INTERNATIONAL. *Toxic Twitter: a Toxic Place for Women*, 2018. Disponível em: <https://www.amnesty.org/en/latest/research/2018/03/online-violence-against-women-chapter-1-1/>. Acesso em: 17 out. 2022.

APC. "Facts on #TakeBacktheTech", 12 out. 2015. Disponível em: <https://www.apc.org/en/pubs/facts-takebackthetech>. Acesso em: 20 dez. 2022.

ARAÚJO, Daniela; CARVALHO, Lucila Lang; PENTEADO, Mariana de Camargo. "Violência política, gênero e sexualidade: contribuições para a análise do discurso de ódio contra grupos socialmente minorizados". In: BARBOSA, Bia; TRESCA, Laura e LAUSCHNER, Tana (Orgs.). *TIC, governança da internet e gênero 2*. São Paulo: CGI.br, 2022.

ARONOVICH, Lola. "A ordem dos homens de bem quer que as mulheres morram". *Escreva Lola Escreva*, 21 out. 2008. Disponível em: <https://escrevalolaescreva.blogspot.com/2008/10/ordem-dos-homens-de-bem-quer-que-as.html>. Acesso em: 6 abr. 2023.

_______. "A trajetória e resistência do *Escreva Lola Escreva*". *Estudos Feministas*, v. 30, 2022. Disponível em: <http://www.scielo.br/j/ref/a/MZ3PGMd3bZmNFncPfBypMPv/abstract/?lang=pt>. Acesso em: 11 fev. 2023.

ARRAIS, Amauri. "Justiça de Minas Gerais culpa jovem que teve imagens íntimas divulgadas na internet por se expor". *Marie Claire*, 2014. Disponível em: <https://revistamarieclaire.globo.com/Mulheres-do-Mundo/noticia/2014/07/justica-de-minas-gerais-culpa-jovem-que-teve-imagens-intimas-divulgadas-na-internet-por-se-expor.html>. Acesso em: 9 fev. 2023.

BAIRROS, Luiza. "Lembrando Lélia Gonzalez 1935-1994". *Afro-Ásia*, n. 23, 2000. Disponível em: <https://periodicos.ufba.br/index.php/afroasia/article/view/20990>. Acesso em: 18 maio 2023.

BAPTISTA, Renata. "Senti que existe justiça, diz Lola sobre vitória em ação contra misógino". *UOL Tilt*, 24 nov. 2020. Disponível em: <https://www.uol.com.br/tilt/noticias/redacao/2020/11/24/lola-aronovich-celebra-vitoria-judicial-em-caso-contra-mascu.htm>. Acesso em: 27 jul. 2022.

BARBROOK, Richard; CAMERON, Andy. "The Californian Ideology". Disponível em: <http://www.imaginaryfutures.net/2007/04/17/the-californian-ideology-2/>. Acesso em: 5 ago. 2015.

BARKER, Kim; JURASZ, Olga. *Online Misogyny as Hate Crime: A Challenge for Legal Regulation?*. Londres: Routledge, 2018.

BARLOW, John Perry. *A Declaration of the Independence of Cyberspace*, 8 fev. 1996. Disponível em: <https://projects.eff.org/~barlow/Declaration-Final.html>. Acesso em: 1º jun. 2023.

BILLER, David. "Swift Backlash for Brazil Students Targeting Misinformation". *Associated Press*, 13 dez. 2020. Disponível em: <https://apnews.com/article/brazil-rio-de-janeiro-misinformation-coronavirus-pandemic-latin-america-ba4a7dbd4b57a53a6c4748aeb94b9bde>. Acesso em: 26 mar. 2023.

BIROLI, Flávia. "Ciência, política e gênero". In: ______ et al. *Mulheres, poder e ciência política: debates e trajetórias*. Campinas: Editora da Unicamp, 2020.

______. "Political Violence against Women in Brazil: Expressions and Definitions". *Direito e Práxis*, v. 7, n. 15, pp. 557-89, 2016.

______; VAGGIONE, Juan Marco; MACHADO, Maria das Dores Campos et al. *Gênero, neoconservadorismo e democracia: disputas e retrocessos na América Latina*. São Paulo: Boitempo, 2020.

BOITEUX, Luciana (@LUBOITEUX). "Por um feminismo antipunitivista! O caso da comediante...", 5 mar. 2023, 12:43 pm. Tweet. Disponível em: <https://twitter.com/luboiteux/status/1632406538886234113>. Acesso em: 31 mar. 2023.

BORGES, Beatriz. "Ideia para criminalizar misoginia obtém 23 mil assinaturas em cinco dias e vira projetos na Câmara e no Senado". *G1*, 9 mar. 2023. Disponível em: <https://g1.globo.com/politica/noticia/2023/03/09/ideia-para-criminalizar-misoginia-obtem-23-mil-assinaturas-em-5-dias-e-vira-projetos-na-camara-e-no-senado.ghtml>. Acesso em: 31 mar. 2023.

BORGES, Juliana. *Encarceramento em massa*. São Paulo: Jandaíra, 2019.

______. (@JULIANABORGES_1). "Criminalizar qualquer coisa...". Tweet. Disponível em: <https://twitter.com/julianaborges_1/status/1632051578474569731>. Acesso em: 31 mar. 2023.

BOUCHARDET, Carolina. "Disseminação não consentida de imagens íntimas: uma análise jurisprudencial das compensações por danos morais". *Dignidade Re-Vista*, v. 5, n. 9, 2020. Disponível em: <https://www.maxwell.vrac.puc-rio.br/46618/46618.PDF>. Acesso em: 1º jun. 2023.

BOYD, danah. "Escrevendo a sua própria existência (orig. 2008)". *Internet & Sociedade*, v. 1, n. 1, 2020.

______. "Social Network Sites as Networked Publics: Affordances, Dynamics, and Implications". In: *A Networked Self*. Londres: Routledge, 2010.

BRANDINO, Géssica. "Justiça condena Hans River a indenizar repórter da *Folha* em R$ 50 mil por danos morais". *Folha de S.Paulo*, 2021. Disponível em: <https://www1.folha.uol.com.br/poder/2021/04/justica-condena-hans-

river-a-indenizar-reporter-da-folha-em-r-50-mil-por-danos-morais.shtml>. Acesso em: 30 mar. 2023.

BRASIL. Lei 13 772/2019 (Lei Rose Leonel). Disponível em: <http://www.planalto.gov.br/ccivil_03/_Ato2015-2018/2018/Lei/L13772.htm#art2>. Acesso em: 20 dez. 2022.

BRASIL 247. "Após ser alvo de ataques transfóbicos e racistas, Erika Hilton irá processar 50 pessoas". *Geledés*, 6 jun. 2021. Disponível em: <https://www.geledes.org.br/apos-ser-alvo-de-ataques-transfobicos-e-racistas-erika-hilton-ira-processar-50-pessoas>. Acesso em: 11 mar. 2023.

BREBATTI, Katia; BARBOSA, Bia. "Opinião: Decisão da Justiça pode impactar trabalho de mulheres jornalistas". *Folha de S.Paulo*, 2023. Disponível em: <https://www1.folha.uol.com.br/opiniao/2023/03/decisao-da-justica-pode-impactar-trabalho-de-mulheres-jornalistas.shtml>. Acesso em: 30 mar. 2023.

BRUGGER, Winfried. "Proibição ou proteção do discurso do ódio? Algumas observações sobre o direito alemão e o americano". *Direito Público*, v. 4, n. 15, 2007. Disponível em: <https://www.portaldeperiodicos.idp.edu.br/direitopublico/article/view/1418>. Acesso em: 18 fev. 2023.

BUENO, Samira; MARTINS, Juliana; PIMENTEL, Amanda et al. *Visível e invisível: a vitimização de mulheres no Brasil*. São Paulo: Fórum Brasileiro de Segurança Pública, 2019. Disponível em: <https://www.forumseguranca.org.br/wp-content/uploads/2019/02/relatorio-pesquisa-2019-v5.pdf>. Acesso em: 1º jun. 2023.

BURIGO, Joanna. *Patriarcado, gênero, feminismo*. Porto Alegre: Zouk, 2022.

"'CANTINHO do amor': Aluna da FGV será indenizada por ter sido fotografada em momento íntimo". *Migalhas*, 6 out. 2014. Disponível em: <https://www.migalhas.com.br/quentes/208902/cantinho-do-amor----aluna-da-fgv-sera-indenizada-por-ter-sido-fotografada-em-momento-intimo>. Acesso em: 2 nov. 2022.

CARMO, Luís Gustavo. "Em ano de eleições no Brasil, mulheres na política denunciam ameaças recorrentes". *Global Voices*, 26 ago. 2022. Disponível em: <https://pt.globalvoices.org/2022/08/26/em-ano-de-eleicoes-no-brasil-mulheres-na-politica-denunciam-ameacas-recorrentes>. Acesso em: 1º abr. 2023.

CARNEIRO, Sueli. "Mulheres em movimento". *Estudos Avançados*, v. 17, pp. 117-33, 2003.

______. "Raça estrutura classe no Brasil" (Entrevista). *Cult*, ed. 223, pp. 13-20, 2017.

"CAROLINA Dieckmann fala pela 1ª vez sobre fotos e diz que espera 'justiça'". *G1*, 2012. Disponível em: <http://g1.globo.com/pop-arte/noticia/2012/05/carolina-dieckmann-fala-pela-1-vez-sobre-roubo-de-fotos-intimas.html>. Acesso em: 7 dez. 2022.

CESARINO, Letícia. *O mundo do avesso: verdade e política na era digital*. São Paulo: Ubu, 2022.

CETIC.BR. *Pesquisa sobre o uso da internet por crianças e adolescentes no Brasil: TIC Kids* On-line *Brasil 2021*. São Paulo: Comitê Gestor da Internet no Brasil, 2022. Disponível em: <https://cetic.br/media/docs/publicacoes/2/20221121120124/tic_kids_online_2021_livro_eletronico.pdf>. Acesso em: 17 maio 2023.

______. *TIC domicílios 2021*. São Paulo, 2022. Disponível em: <https://cetic.br/pesquisa/domicilios/>. Acesso em: 30 jul. 2022.

CHADE, Jamil. "Brasil veta termo 'gênero' em resoluções da ONU e cria mal-estar". *UOL*, 27 jun. 2019. Disponível em: <https://jamilchade.blogosfera.uol.com.br/2019/06/27/brasil-veta-termo-genero-em-resolucoes-da-onu-e-cria-mal-estar/>. Acesso em: 31 mar. 2023.

CHAKIAN, Silvia. "Existem outras formas de contenção social que não apenas a legal-penal". Entrevista. InternetLab, 2021. Disponível em: <https://internetlab.org.br/pt/especial/existem-outras-formas-de-contencao-social-que-nao-apenas-a-legal-penal>. Acesso em: 19 mar. 2023.

CHAPKIS, Wendy. *Live Sex Acts: Women Performing Erotic Labor*. Nova York: Routledge, 1996.

CHRISTOFOLETTI, Rogério; LAUX, Ana Paula França. "Confiabilidade, credibilidade e reputação: no jornalismo e na blogosfera". *Intercom: Revista Brasileira de Ciências da Comunicação*, 2008. Disponível em: <https://revistas.intercom.org.br/index.php/revistaintercom/article/view/194>. Acesso em: 2 nov. 2022.

COALIZÃO DIREITOS NA REDE. *Manifestação de apoio ao Sleeping Giants Brasil (SGBR)*, 22 mar. 2023. Disponível em: <https://direitosnarede.org.br/2023/03/22/manifestacao-de-apoio-ao-sleeping-giants-brasil-sgbr>. Acesso em: 26 mar. 2023.

COCKBURN, Cynthia; ORMROD, Susan. *Gender and Technology in the Making*. Londres: Sage, 1993.

CODING RIGHTS. *Safer Nudes!* 25 mar. 2021. Disponível em: <https://medium.com/codingrights/safer-nudes-b59b57d1021d>. Acesso em: 18 mar. 2023.

COELHO, Leonardo. "Sol, Luciana, Elidia, Massacres de Suzano e Realengo: as 23 vítimas do terrorismo misógino". *Ponte Jornalismo*, 9 mar. 2021. Disponível em: <https://ponte.org/sol-luciana-elidia-massacres-de-suzano-e-realengo-as-23-vitimas-do-terrorismo-misogino>. Acesso em: 11 fev. 2023.

COLEMAN, E. Gabriella. *Coding Freedom: The Ethics and Aesthetics of Hacking*. Nova Jersey: Princeton University Press, 2012.

COLLINS, Patricia Hill. “Intersectionality’s Definitional Dilemmas”. *Annual Review of Sociology*, v. 41, n. 1, pp. 1-20, 2015.

_______. *Pensamento feminista negro: conhecimento, consciência e a política do empoderamento*. São Paulo: Boitempo, 2019.

_______. “Se perdeu na tradução? Feminismo negro, interseccionalidade e política emancipatória”. *Parágrafo*, v. 5, n. 1, pp. 6-17, 2017.

“COM decretações via rede social, assassinato de meninas dispara no CE”. *Folha de S.Paulo*, 5 jan. 2020. Disponível em: <https://www1.folha.uol.com.br/cotidiano/2020/01/com-decretacoes-via-rede-social-assassinato-de-meninas-dispara-no-ce.shtml>. Acesso em: 25 mar. 2023.

CONSELHO NACIONAL DE JUSTIÇA. *Discriminação e violência contra a população LGBTQIA+: relatório da pesquisa*. Brasília: CNJ/ PNUD, 2022. Disponível em: <https://www.cnj.jus.br/wp-content/uploads/2022/08/relatorio-pesquisa-discriminacao-e-violencia-contra-lgbtqia.pdf>. Acesso em: 1º jun. 2023.

CORRÊA, Sonia; SÍVORI, Horacio; ZILLI, Bruno. “Internet Regulation and Sexual Politics in Brazil”. *Development*, v. 55, n. 2, pp. 213-8, 2012.

COSTA, Albertina de Oliveira; BARROSO, Carmen; SARTI, Cynthia. “Pesquisa sobre a mulher no Brasil: do limbo ao gueto?”. In: HOLLANDA, Heloísa Buarque de (Org.). *Pensamento feminista brasileiro: formação e contexto*. Rio de Janeiro: Bazar do Tempo, 2019.

CRUZ, Francisco Carvalho de Brito. *Direito, democracia e cultura digital: a experiência de elaboração legislativa do Marco Civil da Internet*. Dissertação (mestrado). São Paulo: Universidade de São Paulo, 2015. Disponível em: <http://www.teses.usp.br/teses/disponiveis/2/2139/tde-08042016-154010>. Acesso em: 7 fev. 2023.

DAHLBERG, Lincoln. “Rethinking the Fragmentation of the Cyberpublic: from Consensus to Contestation”. *New Media & Society*, v. 9, n. 5, pp. 827-47, 2007.

DATAFOLHA; CRISP; SENASP. *Pesquisa nacional de vitimização*. Brasília/ São Paulo: Datafolha/ Crisp, 2013. Disponível em: <https://www.crisp.ufmg.br/wp-content/uploads/2013/10/Sumario_SENASP_final.pdf>. Acesso em: 1º jun. 2023.

D’ÁVILA, Manuela (Org.). *Sempre foi sobre nós: Relatos da violência política de gênero no Brasil*. 3. ed. Rio de Janeiro: Rosa dos Tempos, 2022.

DEBERT, Guita Grin; GREGORI, Maria Filomena. “Violência e gênero: novas propostas, velhos dilemas”. *Revista Brasileira de Ciências Sociais*, v. 23, pp. 165-85, 2008.

DECLERCQ, Marie. “Nos chans, se celebra o massacre na escola de Suzano”. *Vice*, 13 mar. 2019. Disponível em: <https://www.vice.com/pt/article/qvya87/

nos-chans-ja-se-celebra-o-massacre-na-escola-de-suzano>. Acesso em: 11 fev. 2023.

DEL MONDE, Isabela; GOIS, Tainã; PINHEIRO, Maira. "Isabela Del Monde: Jornalista processada por expor abuso ganha ação: Judiciário fez justiça". *UOL Universa*, 2 jun. 2022. Disponível em: <https://www.uol.com.br/universa/colunas/isabela-del-monde/2022/06/02/jornalista-processada-por-expor-estupro-ganha-acao-judiciario-fez-justica.htm>. Acesso em: 25 mar. 2023.

DELGADO, Richard. "Words that Wound: A Tort Action for Racial Insults, Epithets, and Name-Calling". *Harvard Civil Rights-Civil Liberties Law Review*, v. 17, p. 133, 1982.

DIAS, Paulo Eduardo; KRUSE, Tulio. "Em carta, autor do ataque em escola de SP cita bullying, tristeza e ódio". *Folha de S.Paulo*, 2023. Disponível em: <https://www1.folha.uol.com.br/cotidiano/2023/03/em-carta-autor-do-ataque-em-escola-de-sp-cita-bullying-tristeza-e-odio.shtml>. Acesso em: 6 abr. 2023.

DINIZ, Débora. "feminismo punitivista". Post no Instagram, 4 mar. 2023. Disponível em: <https://www.instagram.com/p/CpXM7cPuhAG>. Acesso em: 31 mar. 2023.

DUARTE, Constança Lima. "Feminismo: uma história a ser contada". In: HOLLANDA, Heloísa Buarque de (Org.). *Pensamento feminista brasileiro: formação e contexto.* Rio de Janeiro: Bazar do Tempo, 2019.

DUNN, Suzie. *Technology-Facilitated Gender-Based Violence: An Overview.* Waterloo: Centre for International Governance Innovation, 2020.

"ENTENDA o caso do estupro coletivo de adolescente". *O Globo*, Infográficos, 2016. Disponível em: <https://infograficos.oglobo.globo.com/rio/entenda-o-caso-do-estupro-coletivo-de-uma-menor.html>. Acesso em: 18 mar. 2023.

"ESTUDANTES de Direito são suspeitos de crime contra apresentador Sikeira Junior em PG". *MZ Notícia*, 28 set. 2021. Disponível em: <https://mznoticia.com.br/estudantes-de-direito-sao-suspeitos-de-crime-contra-apresentador-sikeira-junior-em-pg>. Acesso em: 26 mar. 2023.

FANTI, Fabiola. *Mobilização social e luta por direitos: um estudo sobre o movimento feminista.* Tese (doutorado). Campinas: Unicamp, 2016. Disponível em: <https://bdtd.ibict.br/vufind/Record/UNICAMP-30_daobeab6122e86533ae231ec6b03bcf>. Acesso em: 1º jun. 2023.

FÁVERO, Maria Helena. *Psicologia do gênero: psicobiografia, sociocultura e transformações.* Curitiba: UFPR, 2011.

FLAUZINA, Ana Luiza Pinheiro. *Corpo negro caído no chão: o sistema penal e o projeto genocida do Estado brasileiro.* Dissertação (mestrado). Brasília: UnB, 2006. Disponível em: <https://repositorio.unb.br/handle/10482/5117>. Acesso em: 9 abr. 2023.

______. "Lei Maria da Penha: entre os anseios da resistência e as posturas da militância". In: ______ et al. *Discursos negros: legislação penal, política criminal e racismo*. Brasília: Brado Negro, pp. 115-44, 2015.

FRASER, Nancy. "Rethinking the Public Sphere: A Contribution to the Critique of Actually Existing Democracy". *Social Text*, n. 25/26, p. 56-80, 1990.

FREITAS, Raquel Coelho de; NÓBREGA, Luciana Nogueira. "Indignação epistêmica e decolonização do conceito de minorias / Epistemic Indignation and Decolonization of the Concept of Minorities". *Direito e Práxis*, 2022. Disponível em: <https://www.e-publicacoes.uerj.br/index.php/revistaceaju/article/view/62119>. Acesso em: 25 mar. 2023.

FRIEDMAN, Elisabeth Jay. *Interpreting the Internet: Feminist and Queer Counterpublics in Latin America*. Berkeley: University of California Press, 2016.

GANZAROLLI, Marina Zanatta. *Produção legislativa e gênero no Brasil*. Dissertação (mestrado), 2016. Disponível em: <https://repositorio.usp.br/item/002778506>. Acesso em: 10 abr. 2023.

GARDINER, Becky. "'It's a Terrible Way to Go to Work': What 70 Million Readers' Comments on *The Guardian* Revealed about Hostility to Women and Minorities Online". *Feminist Media Studies*, v. 18, n. 4, pp. 592-608, 2018.

GENNARINI, Juliana Caramigo. "A criminalização do *Stalking*". *Direito Penal e Processo Penal*, v. 3, n. 1, pp. 67-79, 2021.

GILLESPIE, Tarleton. *Custodians of the Internet: Platforms, Content Moderation, and the Hidden Decisions that Shape Social Media*. New Haven: Yale University Press, 2018.

GÓIS, Tainã. "Pode a sobrevivente falar? O assédio judicial em casos de violência sexual". *Carta Capital*, 30 jan. 2021. Disponível em: <https://www.cartacapital.com.br/opiniao/pode-a-sobrevivente-falar-o-assedio-judicial-em-casos-de-violencia-sexual>. Acesso em: 25 mar. 2023.

GOMES, Amélia. "Deputada negra de MG que contabiliza 3,5 mil ameaças de morte perde escolta policial". *Brasil de Fato*, 11 abr. 2022. Disponível em: <https://www.brasildefato.com.br/2022/04/11/deputada-negra-de-mg-que-contabiliza-3-5-mil-ameacas-de-morte-perde-escolta-policial>. Acesso em: 1º abr. 2023.

GOMES, Carla; SORJ, Bila. "Corpo, geração e identidade: a Marcha das Vadias no Brasil". *Sociedade e Estado*, v. 29, pp. 433-47, 2014.

GONZALEZ, Lélia. *Por um feminismo afro-latino-americano*. Rio de Janeiro: Zahar, 2020.

GONZÁLEZ, Letícia. "Sexo, vingança e vergonha na rede: expostas por seus ex, elas dão o troco na justiça". *Marie Claire*, 2011. Disponível em: <https://revistamarieclaire.globo.com/Revista/Common/0,,EMI259500-17737-1,00-SEXO+

VINGANCA+E+VERGONHA+NA+REDE+EXPOSTAS+POR+SEUS+EX+ELAS+DAO+O+TROCO+NA+J.html>. Acesso em: 2 nov. 2022.

GONZALEZ, Mariana. "Como a violência impacta saúde mental e afasta mulheres da política". *Mina*, 30 nov. 2022. Disponível em: <https://minabemestar.uol.com.br/mulheres-da-politica-saude-mental/>. Acesso em: 1º abr. 2023.

"GOOGLE tem responsabilidade por fotos, diz advogado de Dieckmann". *G1*, 2012. Disponível em: <http://g1.globo.com/rio-de-janeiro/noticia/2012/05/google-tem-responsabilidade-por-fotos-diz-defesa-de-dieckmann.html>. Acesso em: 10 nov. 2022.

GREENBERG, Janet. "Toward a History of Women's Periodicals in Latin America: a Working Bibliography". In: *Women, Culture, and Politics in Latin America*. Berkeley: University of California Press, 1990. pp. 181-231.

GREGORI, Maria Filomena. "Limites da sexualidade: violência, gênero e erotismo". *Revista de Antropologia*, v. 51, n. 2, pp. 575-606, 2008.

GURUMURTHY, Anita; VASUDEVAN, Amrita; CHAMI, Nandini. *Born Digital, Born Free? A Socio-Legal Study on Young Women's Experiences of Online Violence in South India*. Bangalore: IT for Change, 2019.

_______ et al. *Getting it Right Online: Young Women's Negotiations in the Face of Cyberviolence in Karnataka*. Bangalore: IT for Change, 2019. Disponível em: <https://itforchange.net/sites/default/files/1618/Karnataka_Report_Righting-Gender-Wrongs_1.pdf>. Acesso em: 1º jun. 2023.

HARAWAY, Donna. "A manifesto for Cyborgs: Science, Technology, and Socialist Feminism in the 1980s". *Australian Feminist Studies*, v. 2, n. 4, pp. 1-42, 1987.

HARVEY, Penelope; GOW, Peter (Orgs.). *Sex and Violence: The Psychology of Violence and Risk Assessment*. Londres/ Nova York: Routledge, 1994.

HERSCOVICI, Aline; BIONI, Bruno; VERGILI, Gabriela; MENDONÇA, Julia; KITAYAMA, Marina; ZANATTA, Rafael. "O direito e a filosofia da privacidade: entrevista com Anita L. Allen". *Data Privacy Brasil*, 7 mar. 2023. Disponível em: <https://www.dataprivacybr.org/o-direito-e-a-filosofia-da-privacidade-entrevista-com-anita-l-allen/>. Acesso em: 1º abr. 2023.

HOOKS, bell. *Remembered Rapture: The Writer at Work*. Nova York: Holt Paperbacks, 1999.

IBGE. *Desigualdades Sociais por Cor ou Raça no Brasil*. Brasília 2019. (Estudos e Pesquisas: Informação Demográfica e Socioeconômica). Disponível em: <https://biblioteca.ibge.gov.br/visualizacao/livros/liv101681_informativo.pdf>. Acesso em: 30 jul. 2022.

IGLESIAS KELLER, Clara. "Policy by Judicialisation: The Institutional Framework for Intermediary Liability in Brazil". *International Review of Law, Computers & Technology*, v. 35, n. 3, pp. 1-19, 2020.

INSTITUTO AVON; DECODE. *Muito Além do cyberbullying: a violência real do mundo virtual*. Brasil, 2021. Disponível em: <https://institutoavon.org.br/wp-content/themes/avon-wp/images/estudo-21/E-BOOK%20-%20Avon_Ebook_Ciberbullyng_2021.pdf>. Acesso em: 1º jun. 2023.

INTERNATIONAL TELECOMMUNICATIONS UNION. *Manual for Measuring ICT Access and Use by Households and Individuals*. Genebra: ITU, 2020. Disponível em: <https://www.itu.int/en/ITU-D/Statistics/Pages/publications/manual.aspx>. Acesso em: 14 nov. 2022.

"INTERNET cresce no Brasil; audiência de esporte salta 60%". *Folha de S.Paulo*, 10 jun. 2022. Disponível em: <https://www1.folha.uol.com.br/folha/informatica/ult124u10226.shtml>. Acesso em: 2 nov. 2022.

INTERNET GOVERNANCE FORUM. *Dynamic Coalition on Gender and Internet Governance: Report of Activities 2009*. Disponível em: <https://www.intgovforum.org/en/filedepot_download/4486/565>. Acesso em: 1º jun. 2023.

______. "IGF 2022 Day 0 Event #75 Future of a Female Web". Disponível em: <https://www.intgovforum.org/en/content/igf-2022-day-0-event-75-future-of-a-female-web-0>. Acesso em: 21 dez. 2022.

INTERNETLAB; INCT.DD; INSTITUTO VERO et al. *Como operações de influência entre plataformas são usadas para atacar jornalistas e enfraquecer democracias?* São Paulo, 2022. Disponível em: <https://internetlab.org.br/pt/noticias/como-operacoes-de-influencia-entre-plataformas-sao-usadas-para-atacar-jornalistas-e-enfraquecer-democracias/>. Acesso em: 11 mar. 2023.

INTERNETLAB; REVISTA AZMINA. *MonitorA 2022: observatório de violência política de gênero*. São Paulo: InternetLab, AzMina e Núcleo Jornalismo, 2023.

INTER-PARLIAMENTARY UNION. *Women in Parliament 2022*. Disponível em: <https://www.ipu.org/resources/publications/reports/2023-03/women-in-parliament-2022>. Acesso em: 30 mar. 2023.

INTERVOZES. "MPF pede prisão de Sikêra Jr. e multa por crime de racismo". *Carta Capital*, 2 fev. 2023. Disponível em: <https://www.cartacapital.com.br/blogs/intervozes/mpf-pede-prisao-de-sikera-jr-e-multa-por-crime-de-racismo/>. Acesso em: 26 mar. 2023.

JACKSON, Lauren; IBEKWE, Desiree. "Jack Dorsey on Twitter's Mistakes". *The New York Times*, 7 ago. 2020. Disponível em: <https://www.nytimes.com/2020/08/07/podcasts/the-daily/Jack-dorsey-twitter-trump.html>. Acesso em: 31 mar. 2023.

JANE, Emma. *Misogyny Online: A Short (and Brutish) History*. Los Angeles/ Londres/ Delhi: Sage, 2016.

JANKOWICZ, Nina. *How to Be A Woman Online: Surviving Abuse and Harassment, and How to Fight Back*. Londres/ Nova York: Bloomsbury Academic, 2022.

JEREISSATI, Tatiana; MACAYA, Javiera F. M. "Vazamento de *nudes*: entre tensões e contradições". In: BARBOSA, Bia; TRESCA, Laura e LAUSCHNER, Tana (Orgs.). *TIC, governança da internet e gênero*. São Paulo: CGI.br, 2021. "Justiça condena dois homens por racismo e injúria racial contra a jornalista Maju Coutinho". *G1*, 9 mar. 2020. Disponível em: <https://g1.globo.com/sp/sao-paulo/noticia/2020/03/09/tj-de-sp-condena-dois-homens-por-racismo-e-injuria-racial-contra-a-jornalista-maju-coutinho.ghtml>. Acesso em: 13 jun. 2023.

"JUSTIÇA derruba liminar que proibia Titi Müller de falar sobre ex-marido". *G1*, 21 abr. 2023. Disponível em: <https://g1.globo.com/pop-arte/noticia/2023/04/21/justica-derruba-liminar-que-proibia-titi-muller-de-falar-sobre-ex-marido.ghtml>. Acesso em: 19 maio 2023.

KHAN, Irene. *Report on Gender Justice and the Right to Freedom of Opinion and Expression*. Genebra: United Nations OHCHR, 2021. Disponível em: <https://www.ohchr.org/en/calls-for-input/2021/report-gender-justice-and-right-freedom-opinion-and-expression>. Acesso em: 29 jul. 2022.

KHOO, Cynthia; ROBERTSON, Kate; DEIBERT, Ronald. "Installing Fear: A Canadian Legal and Policy Analysis of Using, Developing, and Selling Smartphone Spyware and Stalkerware Applications". *TSpace*, 2019. Disponível em: <https://tspace.library.utoronto.ca/handle/1807/96321>. Acesso em: 14 jan. 2023.

KROOK, Mona Lena; RESTREPO SANÍN, Juliana; KROOK, Mona Lena et al. "Género y violencia política en América Latina: Conceptos, debates y soluciones". *Política y Gobierno*, v. 23, n. 1, pp. 127-62, 2016.

LEAL, Arthur. "Dez massacres em escolas foram evitados em 2021 no Brasil com apoio de agência americana, diz governo federal após caso no RN". *O Globo*, 17 ago. 2021. Disponível em: <https://oglobo.globo.com/brasil/seguranca-publica/dez-massacres-em-escolas-foram-evitados-em-2021-no-brasil-com-apoio-de-agencia-americana-diz-governo-federal-apos-caso-no-rn-25158621>. Acesso em: 12 fev. 2023.

LEMOS, Marcela. "Bianca Santana vê 'vitória coletiva' em condenação de Bolsonaro". *UOL*, 20 ago. 2021. Disponível em: <https://noticias.uol.com.br/politica/ultimas-noticias/2021/08/20/bianca-santana-ve-vitoria-coletiva-em-condenacao-de-bolsonaro.htm>. Acesso em: 30 mar. 2023.

LESSIG, Lawrence. *Code: And Other Laws Of Cyberspace*. Nova York: Basic Books, 1999.

LÉVY, Pierre. *Cibercultura*. São Paulo: Ed. 34, 1997.

LINS, Beatriz Accioly. *Caiu na net:* nudes *e exposição de mulheres na internet*. Rio de Janeiro: Telha, 2021.

LISBINO, Jhon Kennedy Teixeira; CARIDADE, Sónia Maria Martins. "Exposição não consentida de conteúdos íntimos na perspectiva do Poder Judiciário brasileiro". *Suprema: Revista de Estudos Constitucionais*, v. 2, n. 1, 2022. Disponível em: <https://suprema.stf.jus.br/index.php/suprema/article/view/157>. Acesso em: 1º abr. 2023.

LISBOA, Ana Paula. "Acadêmicos brasileiros se exilam por ameaças de morte". *Correio Braziliense*, 13 mar. 2020. Disponível em: <https://www.correiobraziliense.com.br/app/noticia/eu-estudante/ensino_ensinosuperior/2020/03/13/interna-ensinosuperior-2019,834162/academicos-brasileiros-se-exilam-por-ameacas-de-morte.shtml>. Acesso em: 8 abr. 2023.

LOGAN, TK; WALKER, Robert. "Partner Stalking: Psychological Dominance or 'Business as Usual'?". *Trauma, Violence & Abuse*, v. 10, n. 3, pp. 247-70, 2009.

LORENZ, Taylor. "'Zoombombing': When Video Conferences Go Wrong". *The New York Times*, 2020. Disponível em: <https://www.nytimes.com/2020/03/20/style/zoombombing-zoom-trolling.html>. Acesso em: 14 jan. 2023.

LUCCAS, Victor Nóbrega; GOMES, Fabrício Vasconcelos; SALVADOR, João Pedro Favaretto. *Guia de análise de discurso de ódio*. São Paulo: Centro de Pesquisa Jurídica Aplicada (CPJA), 2020. Disponível em: <http://bibliotecadigital.fgv.br:80/dspace/handle/10438/28626>. Acesso em: 19 mar. 2023.

"LUDMILLA perde processo judicial contra apresentador após ser chamada de 'macaca'; cantora irá recorrer". *O Globo*, 28 mar. 2023. Disponível em: <https://oglobo.globo.com/cultura/musica/noticia/2023/03/ludmilla-perde-processo-judicial-contra-apresentador-apos-ser-chamada-de-macaca-cantora-ira-recorrer.ghtml>. Acesso em: 1º abr. 2023.

MACÁRIO, Carol; PEREIRA, Catiane; DINIZ, Iara. "'Violência política contra as mulheres é agravada pela desinformação', diz ex-deputada Áurea Carolina". *Lupa*, 8 mar. 2023. Disponível em: <https://lupa.uol.com.br/jornalismo/2023/03/08/violencia-politica-mulheres-desinformacao-aurea-carolina>. Acesso em: 1º abr. 2023.

MACHADO, Marta Rodriguez de Assis; SANTOS, Amanda Laysi Pimentel dos; SILVA, Andressa Vieira et al. *Segurança da população negra brasileira: como o sistema de justiça responde a episódios individuais e institucionais de violência racial: sumário executivo*. São Paulo: Núcleo de Justiça Racial e Direito (FGV-SP), 2022. Disponível em: <http://bibliotecadigital.fgv.br:80/dspace/handle/10438/32916>. Acesso em: 23 mar. 2023.

MACHADO, Marta Rodriguez de Assis; LIMA, Márcia; NERIS, Natália. "Racismo e insulto racial na sociedade brasileira: dinâmicas de reconhecimento e invisibilização a partir do direito". *Novos Estudos Cebrap*, v. 35, pp. 11-28, 2016.

MACIEL, Débora Alves; KOERNER, Andrei. "Sentidos da judicialização da política: duas análises". *Lua Nova: Revista de Cultura e Política*, pp. 113-33, 2002.

MAGALHÃES PINTO, Ana Flávia. "Do trágico ao épico: a Marcha das Vadias e os desafios políticos das mulheres negras". *Blogueiras Negras*, 27 jun. 2013. Disponível em: <https://blogueirasnegras.org/desafios-politicos-feminismo-negro/>. Acesso em: 18 maio 2023.

MAIHOFER, Andrea. "O gênero como construção social: uma consideração intermediária". *Direito e Práxis*, v. 7, n. 3, pp. 874-88, 2016.

MALTA, Renata Barreto; OLIVEIRA, Laila Thaíse Batista de. "Enegrecendo as redes: o ativismo de mulheres negras no espaço virtual". *Gênero*, v. 16, n. 2, 2016. Disponível em: <https://periodicos.uff.br/revistagenero/article/view/31234>. Acesso em: 5 fev. 2023.

MANNE, Kate. *Down Girl: The Logic of Misogyny*. Londres: Penguin, 2019.

MARDEGAN, Ivan; FABBRON, Juliana; RAMOS, Luciana. "Raça, gênero e representatividade nas cotas eleitorais". *Nexo Jornal*, 28 set. 2022. Disponível em: <https://www.nexojornal.com.br/ensaio/2022/09/28/Ra%C3%A7a-g%C3%AAnero-e-representatividade-nas-cotas-eleitorais>. Acesso em: 30 mar. 2023.

MARTELLO, Alexandro. "Governo Bolsonaro propõe 94% menos de recursos no Orçamento para combate à violência contra mulheres, diz levantamento". *G1*, 29 set. 2022. Disponível em: <https://g1.globo.com/politica/noticia/2022/09/29/governo-bolsonaro-propoe-94percent-menos-de-recursos-no-orcamento-para-combate-a-violencia-contra-mulheres-diz-levantamento.ghtml>. Acesso em: 9 abr. 2023.

MARTINS, Fernanda K. "MonitorA 2022: a diferenciação necessária entre insultos e ataques no debate sobre moderação de conteúdo". *InternetLab*, 6 set. 2022. Disponível em: <https://internetlab.org.br/pt/noticias/monitora-2022-a-diferenciacao-necessaria-entre-insultos-e-ataques-no-debate-sobre-moderacao-de-conteudo>. Acesso em: 9 abr. 2023.

______. "Narrativas sobre relacionamentos abusivos e mudança de sensibilidades do que é violência". Seminário FESPSP: Incertezas do Trabalho. São Paulo, 2017.

______; OLIVEIRA, Karina. "Jovens protagonizam ações de combate ao discurso de ódio contra mulheres". *InternetLab*, 8 fev. 2021. Disponível em: <https://internetlab.org.br/pt/noticias/jovens-protagonizam-acoes-de-combate-ao-discurso-de-odio-contra-mulheres>. Acesso em: 29 maio 2023.

______; TAVARES, Clarice; FERREIRA, Lux. "InternetLab envia contribuição para caso de identidade de gênero e nudez do Comitê de Supervisão do Facebook". *InternetLab*, 2 set. 2022. Disponível em: <https://internetlab.org.br/pt/noticias/internetlab-envia-contribuicao-para-caso-de-identidade-de-genero-e-nudez-do-comite-de-supervisao-do-facebook/>. Acesso em: 25 mar. 2023.

______; VALENTE, Mariana; BORGES, Ester et al. "Violência contra mulheres on-line e os tribunais: observações preliminares". InternetLab, 10 dez. 2020.

Disponível em: <https://internetlab.org.br/pt/noticias/violencia-contra-mulheres-online-e-os-tribunais-observacoes-preliminares/>. Acesso em: 12 fev. 2023.

MARTINS, Flavia Bozza; SILVA, Victoria Regia. "Eleições 2020". *Gênero e Número*, 2020. Disponível em: <http://generonumero.media/eleicoes2020>. Acesso em: 29 jul. 2022.

MATSUDA, Mari. "Public Response to Racist Speech: Considering the Victim's Story". *Michigan Law Review*, v. 87, n. 8, pp. 2320-81, 1989.

MCCANN, Michael. "Law and Social Movements: Contemporary Perspectives". *Annual Review of Law and Social Science*, v. 2, n. 1, pp. 17-38, 2006.

MCFARLANE, Judith M.; CAMPBELL, Jacquelyn C.; WILT, Susan et al. "Stalking and Intimate Partner Femicide". *Homicide Studies*, v. 3, n. 4, pp. 300-16, 1999.

MCLUHAN, Marshall; LAPMAN, Lewis H. *Understanding Media: The Extensions of Man*. Cambridge: MIT Press, 1994.

"MEANINGFUL Connectivity: Unlocking the Full Power of Internet Access". Alliance for Affordable Internet. Disponível em: <https://a4ai.org/meaningful-connectivity>. Acesso em: 14 jan. 2023.

MEDEIROS, Jonas. "Do 'feminismo popular' ao 'feminismo periférico': mudanças estruturais em contrapúblicos da Zona Leste de São Paulo". *Novos Rumos Sociológicos*, v. 7, n. 11, pp. 300-35, 2019.

______. "Microssociologia de uma esfera pública virtual: a formação de uma rede feminista periférica na internet". Seminário FESPSP. São Paulo: 17-20 out. 2016. Disponível em: <https://www.fespsp.org.br/seminarios/anaisV/GT4/Microsocioesf_JonasMedeiros.pdf>. Acesso em: 1º ago. 2021.

______; FANTI, Fabiola. "Recent Changes in the Brazilian Feminist Movement: The Emergence of new Collective Actors". In: FERRERO, Pablo; NATALUCCI, Ana; TATAGIBA, Luciana (Orgs.). *Socio-Political Dynamics within the Crisis of the Left: Argentina and Brazil*. Lahnham: Rowman & Littlefield Publishers, 2019.

MENDES, Soraia. "Criminalizar a misoginia não é punitivismo". *Catarinas*, 6 mar. 2023. Disponível em: <https://catarinas.info/colunas/criminalizar-a-misoginia-nao-e-punitivismo>. Acesso em: 31 mar. 2023.

MENDONÇA, Renata. "O que o caso do homem que ejaculou em mulher no ônibus diz sobre a lei brasileira?". *BBC News Brasil*, 31 ago. 2017. Disponível em: <https://www.bbc.com/portuguese/brasil-41115869>. Acesso em: 19 mar. 2023.

METZ, Cade; WAKABAYASHI, Daisuke. "Google Researcher Says She Was Fired Over Paper Highlighting Bias in A.I.". *The New York Times*, 2020. Disponível em: <https://www.nytimes.com/2020/12/03/technology/google-researcher-timnit-gebru.html>. Acesso em: 31 mar. 2023.

MEYER-PLUG, Samantha Ribeiro. *Liberdade de expressão e discurso do ódio*. São Paulo: Revista dos Tribunais, 2009.

MILMO, Dan. "Rohingya sue Facebook for £150bn over Myanmar genocide". *The Guardian*, 6 dez. 2021. Disponível em: <https://www.theguardian.com/technology/2021/dec/06/rohingya-sue-facebook-myanmar-genocide-us-uk-legal-action-social-media-violence>. Acesso em: 25 mar. 2023.

MISKOLCI, Richard. "Novas conexões: notas teórico-metodológicas para pesquisas sobre o uso de mídias digitais". *Cronos*, v. 12, n. 2, 2011. Disponível em: <https://periodicos.ufrn.br/cronos/article/view/3160>. Acesso em: 13 nov. 2022.

MONTICELLI, Thays. "A administração, as negociações e as desigualdades constituídas no lar: reflexões sobre uma cultura da domesticidade no Brasil". *Revista Feminismos UFBA*, v. 5, n. 2/3, pp. 85-98, 2017.

MOORE, Henrietta. "The Problem of Explaining Violence in the Social Sciences". In: HARVEY, Penelope; GOW, Peter (Orgs.). *Sex and Violence: The Psychology of Violence and Risk Assessment*. Londres/ Nova York: Routledge, 1994, pp. 138-55.

MOREIRA, Adilson José. *O que é discriminação?* Belo Horizonte: Casa do Direito, 2017.

MOSCHKOVICH, Marília. "Notas para um materialismo bi-alético". *Revista Brasileira de Estudos da Homocultura*, v. 3, n. 10, pp. 109-27, 2020.

"MPE apura blog com guia do estupro 'testado' na Unesp de Araraquara". *G1*, 28 jul. 2015. Disponível em: <http://g1.globo.com/sp/sao-carlos-regiao/noticia/2015/07/mpe-apura-blog-que-prega-estupro-e-afirma-que-crime-foi-testado-na-unesp.html>. Acesso em: 18 fev. 2023.

NAGLE, Angela. *Kill All Normies: Online Culture Wars from 4Chan And Tumblr to Trump And The Alt-Right*. Winchester/ Washington: Zero Books, 2017.

"'NÃO tenho mais vida', diz Fran sobre vídeo íntimo compartilhado na web". *G1/ Fantástico*, 2013. Disponível em: <http://g1.globo.com/fantastico/noticia/2013/11/nao-tenho-mais-vida-diz-fran-sobre-video-intimo-compartilhado-na-web.html>. Acesso em: 6 fev. 2023.

NATANSOHN, Graciela; MORALES, Susana. "As estruturas elementares da violência digital de gênero". In: BARBOSA, Bia; TRESCA, Laura; LAUSCHNER, Tana (Orgs.). *TIC, governança da internet e gênero 2*. São Paulo: CGI.br, 2022.

NEPOMUCENO, Carlos; PEREIRA, Maria de Nazaré Freitas; UNIVERSIDADE Federal do Rio de Janeiro. *Na távola da internet: o Centro de Informação Alternex-RNP*. Rio de Janeiro: UFRJ, 1997.

NERIS, Natália. *A voz e a palavra do movimento negro na Constituinte de 1988*. Caiçaras: Letramento, 2018.

______. “Um efeito alquímico: sobre o uso do discurso dos direitos pelas/os negras/os”. *Direito e Práxis*, v. 9, n. 1, pp. 250-75, 2018.

______; RUIZ, Juliana Pacetta; VALENTE, Mariana. *Enfrentando disseminação não consentida de imagens íntimas: uma análise comparada*. São Paulo: InternetLab, 2018. Disponível em: <https://internetlab.org.br/pt/noticias/mapa-pornografia-de-vinganca>. Acesso em: 18 mar. 2023.

______. “Análise comparada de estratégias de enfrentamento a ‘*revenge porn*’ pelo mundo”. *Revista Brasileira de Políticas Públicas*, v. 7, n. 3, pp. 333-47, 2017.

______; VALENTE, Mariana. *#OutrasVozes: gênero, raça, classe e sexualidade nas eleições de 2016*. São Paulo: InternetLab, 2017. Disponível em: <http://www.internetlab.org.br/wp-content/uploads/2017/02/relatorio_outras_vozes.pdf>. Acesso em: 1º jun. 2016.

______; BRITO CRUZ, Francisco et al. *#OutrasVozes: gênero, raça, classe* e *sexualidade nas eleições de 2018*. São Paulo: InternetLab, 2019. Disponível em: <https://www.internetlab.org.br/wp-content/uploads/2019/10/OutrasVozes_2018.pdf>. Acesso em: 1º jun. 2016.

NERY, Natuza. “Redpill: a misoginia como lucro”. *O Assunto*, n. 912. Disponível em: <https://g1.globo.com/podcast/o-assunto/noticia/2023/03/03/o-assunto-912-redpill-a-misoginia-como-lucro.ghtml>. Acesso em: 31 mar. 2023.

NIC.BR, R7. “‘População comum’ ganhou acesso à internet em 1995”, 27 set. 2009. Disponível em: <https://nic.br/noticia/na-midia/populacao-comum-ganhou-acesso-a-internet-em-1995>. Acesso em: 2 abr. 2023.

NOBRE, Marcos. *Limites da democracia: de junho de 2013 ao governo Bolsonaro*. São Paulo: Todavia, 2022.

______; RODRIGUEZ, José Rodrigo. “‘Judicialização da política’: déficits explicativos e bloqueios normativistas”. *Novos Estudos Cebrap*, pp. 5-20, 2011.

NUCCI, Guilherme de Souza. *Código Penal Comentado*. 21. ed. Rio de Janeiro: Forense, 2021.

NÚCLEO JORNALISMO. “Veja a cobertura brasileira do Facebook Papers”. *Núcleo*, 5 nov. 2021. Disponível em: <https://nucleo.jor.br/fbpapers>. Acesso em: 31 mar. 2023.

OLIVA, Thiago; PAVARIN TAVARES, Victor; VALENTE, Mariana. *Uma solução única para toda a internet? Riscos do debate regulatório brasileiro para a operação de plataformas de conhecimento*. São Paulo: InternetLab, 2020. Disponível em: <https://papers.ssrn.com/abstract=4096189>. Acesso em: 25 mar. 2023.

OLIVEIRA, Jhussyenna Reis de. "Uma reflexão crítica sobre a representação social do discurso de ódio". *Investigações*, v. 34, n. 2, 2021. Disponível em: <https://periodicos.ufpe.br/revistas/INV/article/view/248457>. Acesso em: 19 fev. 2023.

ONU; UIT; WSIS. "Tunis Agenda for the Information Society", 2005. Disponível em: <https://www.itu.int/net/wsis/docs2/tunis/off/6rev1.html>. Acesso em: 7 dez. 2022.

OYĚWÙMI, Oyèronké. "Family Bonds/Conceptual Binds: African Notes on Feminist Epistemologies". *Signs*, v. 25, n. 4, Feminisms at a Millenium, pp. 1093-8, 2000.

PACHECO, Vitor Pereira. "O crime de perseguição: breves críticas sobre o *stalking* no direito brasileiro". *Migalhas*, 5 abr. 2021. Disponível em: <https://www.migalhas.com.br/depeso/342950/o-crime-de-perseguicao>. Acesso em: 26 mar. 2023.

PADILLA, Ivan. "Cafofo on-line". *Época*, 2002. Disponível em: <http://revistaepoca.globo.com/Revista/Epoca/0,,EDG51737-6014,00-CAFOFO+ONLINE.html>. Acesso em: 2 nov. 2022.

PAIVA, Letícia. "Campanha de Tebet rejeita questionar violência política de gênero na Justiça". *Jota*, 24 ago. 2022. Disponível em: <https://www.jota.info/eleicoes/campanha-de-tebet-rejeita-questionar-violencia-politica-de-genero-na-justica-24082022>. Acesso em: 1º jun. 2023.

PAPP, Ana Carolina. *Em nome da internet: os bastidores da construção coletiva do Marco Civil*. Trabalho de conclusão de curso. São Paulo: Universidade de São Paulo, 2014. Disponível em: <https://issuu.com/annacarolinapapp/docs/em_nome_da_internet>. Acesso em: 1º jun. 2023.

PATERSON, Nancy. "Cyberfeminism". *Fireweed: a Feminist Quarterly of Writing, Politics, Art and Culture*, n. 54, 1996. Disponível em: <https://vacuumwoman.senecacollege.ca/About/Main/Fireweed-Cyberfeminism-1996orig.pdf>. Acesso em: 1º jun. 2023.

PELÚCIO, Larissa. "O amor em tempo de aplicativos: notas afetivas e metodológicas sobre pesquisas com mídias digitais". In: PELÚCIO, Larissa; PAIT, Heloísa; SABATINE, Thiago (Orgs.). *No emaranhado da rede: gênero, sexualidade e mídia — desafios teóricos e metodológicos do presente*. São Paulo: Annablume, 2015.

PEREZ, Fabíola. "Vingança mortal". *IstoÉ*, 22 nov. 2013. Disponível em: <https://istoe.com.br/336016_VINGANCA+MORTAL>. Acesso em: 6 fev. 2023.

PHILLIPS, Whitney. *This Is Why We Can't Have Nice Things: Mapping the Relationship between Online Trolling and Mainstream Culture*. Cambridge: MIT Press, 2015.

PIMENTEL, Silvia; PANDJIARJIAN, Valéria; BELLOQUE, Juliana. "'Legítima defesa da honra': ilegítima impunidade dos assassinos — um estudo crítico da legislação e jurisprudência da América Latina". *Cadernos Pagu*, Coleção Encontros, pp. 65-134, 2006.

PINCH, Travor J.; BIJKER, Wiebe E. "The Social Construction of Facts and Artefacts: or How the Sociology of Science and the Sociology of Technology Might Benefit Each Other". *Social Studies of Science*, v. 14, n. 3, pp. 399-441, 1984.

PIRES, Talita. "Ataque à escola não é decisão individual e reflete contato com extremistas, diz pesquisadora". *Brasil de Fato*, 2023. Disponível em: <https://www.brasildefato.com.br/2023/03/29/ataque-a-escola-nao-e-decisao-individual-e-reflete-contato-com-extremistas-diz-pesquisadora>. Acesso em: 6 abr. 2023.

PIRES, Thula. *Criminalização do racismo: entre política de reconhecimento e meio de legitimação do controle social sobre os negros*. Rio de Janeiro: Ed. PUC-Rio, 2016.

PLAHA, Monika. "Por dentro do mundo secreto do comércio de *nudes*". *BBC News Brasil*, 22 ago. 2022. Disponível em: <https://www.bbc.com/portuguese/geral-62630785>. Acesso em: 7 fev. 2023.

PLAN INTERNATIONAL. *Free to Be Online? A Report on Girls' and Young Women's Experiences of Online Harassment*, 2020. Disponível em: <https://plan-international.org/publications/free-to-be-online>. Acesso em: 28 jul. 2022.

PLANT, Sadie. "The Future Looms: Weaving Women and Cybernetics". *Body & Society*, v. 1, n. 3/4, pp. 45-64, 1995.

"POLÍCIA encontra hackers que roubaram fotos de Carolina Dieckmann". *Fantástico*. Rio de Janeiro: Rede Globo, 2012. Disponível em: <https://globoplay.globo.com/v/1945667/>. Acesso em: 8 nov. 2022.

POSETTI, Julie; SHABBIR, Nabeelah; MAYBARD, Diana et al. *The Chilling: Global Trends in Online Violence against Women Journalists*. [s.l.]: Unesco, 2021. Disponível em: <https://en.unesco.org/publications/thechilling>. Acesso em: 8 ago. 2021.

PUWAR, Nirmal. *Space Invaders: Gender, Race and Bodies Out of Place*. Londres: Bloomsbury Academic, 2004.

QUEIROZ, Petra. "Gênero e política externa no governo Bolsonaro". *Observatório Feminista de Relações Internacionais*. Disponível em: <https://ofri.com.br/genero-e-politica-externa-no-governo-bolsonaro>. Acesso em: 31 mar. 2023.

RAMOS, Luciana de Oliveira; BARBIERI, Catarina Helena Cortada; HERSCOVICI, Aline et al. *Candidatas em jogo: um estudo sobre os impactos das regras eleitorais na inserção de mulheres na política*. São Paulo: FGV Direito, 2020. Disponível em: <http://bibliotecadigital.fgv.br:80/dspace/handle/10438/29826>. Acesso em: 29 jul. 2022.

REPÓRTERES SEM FRONTEIRAS; INSTITUTO DE TECNOLOGIA E SOCIEDADE. *Relatório: Ataques ao jornalismo se alastraram nas redes*. Rio de Janeiro, 2021. Disponível em: <https://rsf.org/sites/default/files/relatorio_ataquesaojornalismo_rsf_3.pdf>. Acesso em: 29 jul. 2022.

REVISTA AZMINA; INTERNETLAB. *MonitorA: relatório sobre violência política online em páginas e perfis de candidatas(os) nas eleições municipais de 2020*. São Paulo: AzMina, InternetLab e Volt Data Lab, 2021. Disponível em: <https://www.internetlab.org.br/wp-content/uploads/2021/03/5P_Relatorio_MonitorA-PT.pdf>. Acesso em: 1º ago. 2021.

RIOS, Flavia; MACIEL, Regimeire. "Brazilian Black Feminism in Rural and Urban Spaces". *Agrarian South: Journal of Political Economy*, v. 10, n. 1, pp. 59-85, 2021.

ROCHA, Camila. *Menos Marx, mais Mises: O liberalismo e a nova direita no Brasil*. São Paulo: Todavia, 2021.

______; MEDEIROS, Jonas. "'Vão todos tomar no...': a política do choque e a esfera pública". *Horizontes ao Sul*, 2020. Disponível em: <https://www.horizontesaosul.com/single-post/2020/04/27/vao-todos-tomar-no-a-politica-do-choque-e-a-esfera-publica>. Acesso em: 18 maio 2023.

RODRIGUES, Cristiano. "Atualidade do conceito de interseccionalidade para a pesquisa e prática feminista no Brasil". In: Seminário Internacional Fazendo Gênero, v. 10. Florianópolis, 2013, pp. 1-12.

RODRIGUES, Henrique. "Isa Penna é ameaçada de morte; Autor exige que Douglas Garcia não seja cassado". *Fórum*, 19 set. 2022. Disponível em: <https://revistaforum.com.br/politica/2022/9/19/isa-penna-ameacada-de-morte-autor-exige-que-douglas-garcia-nao-seja-cassado-123506.html>. Acesso em: 18 fev. 2023.

RODRIGUES, Laís Modelli. Blogs *coletivos feministas: um estudo sobre o feminismo brasileiro na era das redes sociais na internet*. Dissertação (mestrado). Bauru: Unesp, 2016. Disponível em: <https://repositorio.unesp.br/handle/11449/148674>. Acesso em: 5 fev. 2023.

ROSSI, Marina. "Debora Diniz: 'Não sou desterrada. Não sou refugiada. Qual é a minha condição?'". *El País*, 17 jun. 2019. Disponível em: <https://brasil.elpais.com/brasil/2019/02/22/politica/1550871025_250666.html>. Acesso em: 8 abr. 2023.

RUPP, Isadora. "Ameaças de neonazistas a vereadoras negras e trans alarmam e expõem avanço do extremismo no Brasil". *El País*, 10 jan. 2021. Disponível em: <https://brasil.elpais.com/brasil/2021-01-10/ameacas-de-neonazistas-a-vereadoras-negras-e-trans-alarmam-e-expoem-avanco-do-extremismo-no-brasil.html>. Acesso em: 11 mar. 2023.

SABLOSKY, Jeffrey. "Dangerous Organizations: Facebook's Content Moderation Decisions and Ethnic Visibility in Myanmar". *Media, Culture & Society*, v. 43, n. 6, pp. 1017-42, 2021.

SAFERNET. *Indicadores helpline*. Disponível em: <https://indicadores.safernet.org.br/helpline/helplineviz/pt/>. Acesso em: 30 jul. 2022.

______. *Lista de delegacias*. Disponível em: <https://new.safernet.org.br/content/delegacias-cibercrimes>. Acesso em: 13 jun. 2023.

SALVADORI, Fausto. "Site racista do Rio é novo ataque de *trolls* de extrema direita". *Ponte Jornalismo*, 2018. Disponível em: <https://ponte.org/site-racista-do-rio-e-novo-ataque-de-trolls-de-extrema-direita>. Acesso em: 12 fev. 2023.

SAMPAIO, Anna; ARAGÓN, Janni. "'To Boldly Go (Where No Man Has Gone Before)': Women and Politics in Cyberspace". *Ethnic Studies*, 1997. Disponível em: <https://scholarcommons.scu.edu/ethnic/32>. Acesso em: 1º jun. 2023.

SANTARÉM, Paulo Rená da Silva. *O direito achado na rede: a concepção do Marco Civil da Internet no Brasil*. São Paulo: Dialética, 2022.

SANTOS, Nícia de Oliveira; BARROS, Jordana Fonseca. "O movimento feminista no Facebook: uma análise das páginas Moça, Você é Machista e Feminismo sem Demagogia". In: Simpósio Internacional de Tecnologia e Narrativas Digitais. Maranhão, dez. 2015.

SARMENTO, Daniel. "A liberdade de expressão e o problema do '*hate speech*'". In: ______. *Livres e iguais: estudos de Direito Constitucional*. Rio de Janeiro: Lumen Juris, 2006.

SARTI, Cynthia. "A vítima como figura contemporânea". *Caderno CRH*, v. 24, pp. 51-61, 2011.

SEGATO, Rita. *Las estructuras elementales de la violencia: ensayos sobre género entre la antropología, el psicoanálisis y los derechos humanos*. Bernal, Argentina: Universidad Nacional de Quilmes Editorial, 2003.

SENNE, Fabio José Novaes de. *A inclusão digital importa?: origens, efeitos e geografia das desigualdades na internet no Brasil*. Tese (doutorado). São Paulo: Universidade de São Paulo, 2022. Disponível em: <https://www.teses.usp.br/teses/disponiveis/8/8131/tde-05102022-183134>. Acesso em: 14 jan. 2023.

SERAFINI, Mariana. "Como os *red pills* espalham ódio contra as mulheres nas redes sociais". *Carta Capital*, 16 mar. 2023. Disponível em: <https://www.cartacapital.com.br/sociedade/coaches-de-misoginia/>. Acesso em: 19 mar. 2023.

SERIDÓRIO, Daniele Ferreira; GRACIANO, Douglas Alves; MAGALHÃES, Eduardo et al. "Movimento feminista em rede: análise do blog e do Facebook 'Lugar de Mulher'". *Pensamento Plural*, n. 17, pp. 151-72, 2016.

SETTLE4TRUTH. *Another UN Report on Net Censorship Coming 11/10/2015*. YouTube, 2015. Disponível em: <https://www.youtube.com/watch?v=IK7nnL11dIE>. Acesso em: 20 dez. 2022.

SIAPERA, Eugenia. "Online Misogyny as Witch Hunt: Primitive Accumulation in the Age of Techno-capitalism". In: GING, Debbie; SIAPERA, Eugenia (Orgs.). *Gender Hate Online: Understanding the New Anti-Feminism*. Dublin: Palgrave Macmillan, 2019.

SILVA, Rosane Leal da; NICHEL, Andressa; MARTINS, Anna Clara Lehmann et al. "Discursos de ódio em redes sociais: jurisprudência brasileira". *Revista Direito GV*, v. 7, pp. 445-68, 2011.

SIMÃO, Bárbara; MOYSES, Diogo; OMS, Juliana et al. "Acesso móvel à internet: franquia de dados e bloqueio do acesso dos consumidores". In: *TIC Domicílios 2019*. São Paulo: Comitê Gestor da Internet no Brasil, 2020.

SIMAS, Luiz Antonio; RUFINO, Luiz. *Fogo no mato: a ciência encantada das macumbas*. Rio de Janeiro: Mórula, 2018.

SIMÕES, Maria; LAS HERAS, Soledad; AUGUSTO, Amélia. "Gênero e tecnologias da informação e da comunicação no espaço doméstico: não chega ter, é preciso saber, querer e poder usar". *Cultura, Tecnologia e Identidade*, v. 8, pp. 155-72, 2011.

ŠIMONOVIĆ, Dubravka. *Report of the Special Rapporteur on Violence against Women, Its Causes and Consequences on Online Violence against Women and Girls from a Human Rights Perspective*. Genebra: United Nations OHCHR, 2018. Disponível em: <https://digitallibrary.un.org/record/1641160>. Acesso em: 1º jun. 2023.

SINGHAL, Amit. "'*Revenge Porn*' and Search". 19 jun. 2015. Disponível em: <https://publicpolicy.googleblog.com/2015/06/revenge-porn-and-search.html>. Acesso em: 7 fev. 2023.

"SITE dá passo a passo de 'como estuprar uma mulher'". *Fórum*, 27 jul. 2015. Disponível em: <https://revistaforum.com.br/mulher/2015/7/27/site-da-passo-a-passo-de-como-estuprar-uma-mulher-13406.html>. Acesso em: 18 fev. 2023.

SODRÉ, Muniz. "Por um conceito de minoria". In: PAIVA, Raquel; BARBALHO, Alexandre (Orgs.). *Comunicação e cultura das minorias*. São Paulo: Paulus, 2005.

SOUZA, André de. "Ministério da Cultura vai entrar na Justiça contra Facebook por foto de índia bloqueada". *O Globo*, 17 abr. 2015. Disponível em:

<https://oglobo.globo.com/brasil/midia/ministerio-da-cultura-vai-entrar-na-justica-contra-facebook-por-foto-de-india-bloqueada-1-15910229>. Acesso em: 25 mar. 2023.

SOUZA, Luanna Tomaz de; PETROLI, Danielle Pinto; MAGALHÃES, Letícia Vitória Nascimento. "A Lei Lola e os usos acadêmicos da misoginia no Brasil". *Paradigma*, v. 31, n. 2, pp. 231-57, 2022.

STONE, Geoffrey R.; SEIDMAN, Louis M.; SUNSTEIN, Cass R. et al. *The First Amendment*. 5. ed. Nova York: Wolters Kluwer, 2016.

SUNSTEIN, Cass. *#Republic*. Princeton: Princeton University Press, 2017.

TABAK, Bernardo. "Após carta do Google, advogado de Dieckmann desiste de processar site". *G1*, 11 maio 2012. Disponível em: <http://g1.globo.com/rio-de-janeiro/noticia/2012/05/apos-carta-do-google-advogado-de-dieckmann-desiste-de-processar-site.html>. Acesso em: 10 nov. 2022.

TAMBELLI, Clarice. "InternetLab e NDIS-USP levam nota técnica sobre violência de gênero na Internet a Brasília", 13 dez. 2016. Disponível em: <https://internetlab.org.br/pt/noticias/internetlab-e-ndis-usp-levam-nota-tecnica-sobre-violencia-de-genero-na-internet-a-brasilia>. Acesso em: 12 mar. 2023.

TAVARES, Clarice; BORGES, Ester. *Falando sobre ataques on-line* e trolls*: um guia para jornalistas de criadores de conteúdo na internet*. São Paulo: InternetLab; Redes Cordiais, 2021. Disponível em: <https://internetlab.org.br/wp-content/uploads/2021/06/guia_trolls_paginasimples_12062021_ok.pdf>. Acesso em: 1º jun. 2023.

TELES, Maria Amélia de Almeida. *Breve história do feminismo no Brasil e outros ensaios*. São Paulo: Alameda, 2017.

THORBURN, Luke; STRAY, Jonathan; BENGANI, Priyanjana. "When You Hear 'Filter Bubble', 'Echo Chamber', or 'Rabbit Hole': Think 'Feedback Loop'". Disponível em: <https://medium.com/understanding-recommenders/when-you-hear-filter-bubble-echo-chamber-or-rabbit-hole-think-feedback-loop-7d1c8733d5c>. Acesso em: 1º abr. 2023.

TIBURI, Marcia. "Criminalizar a misoginia é essencial e urgente". *Brasil 247*, 5 mar. 2023. Disponível em: <https://www.brasil247.com/blog/criminalizar-a-misoginia-e-essencial-e-urgente>. Acesso em: 31 mar. 2023.

"TITI Müller é proibida de falar do ex-marido, Tomás Bertoni, nas redes sociais". *CNN Brasil*, 23 fev. 2023. Disponível em: <https://www.cnnbrasil.com.br/entretenimento/titi-muller-e-proibida-de-falar-do-ex-marido-tomas-bertoni-nas-redes-sociais/>. Acesso em: 25 mar. 2023.

TOBIN, Ariana; VARNER, Madeleine; ANGWIN, Julia. "Facebook's Uneven Enforcement of Hate Speech Rules Allows Vile Posts to Stay Up".

ProPublica, 28 dez. 2017. Disponível em: <https://www.propublica.org/article/facebook-enforcement-hate-speech-rules-mistakes>. Acesso em: 25 mar. 2023.

TOMAZ, Kleber. "Justiça de SP concede medida cautelar, e Thiago Schutz terá de ficar 300 metros distante de Livia La Gatto e não falar com ela". *G1*, 7 mar. 2023. Disponível em: <https://g1.globo.com/sp/sao-paulo/noticia/2023/03/07/justica-concede-medida-cautelar-e-thiago-schutz-deve-ficar-300-metros-distante-de-livia-la-gatto-e-nao-falar-com-ela.ghtml>. Acesso em: 31 mar. 2023.

TURNER, Fred. *From Counterculture to Cyberculture: Stewart Brand, the Whole Earth Catalog, and the Rise of Digital Utopianism*. Chicago/ Londres: The University of Chicago Press, 2008.

VALENGA, Daniela; GUIMARÃES, Paula. "Lola Aronovich: misoginia de Bolsonaro incentiva seus aliados a fazerem o mesmo". *Catarinas*, 25 out. 2022. Disponível em: <https://catarinas.info/lola-aronovich-misoginia-de-bolsonaro-incentiva-seus-aliados-a-fazerem-o-mesmo>. Acesso em: 12 fev. 2023.

VALENTE, Mariana. "Liberdade de expressão e discurso de ódio na internet". In: FARIA, José Eduardo (Org.). *A liberdade de expressão e as novas mídias.* São Paulo: Perspectiva, 2020, p. 79.

______. *Online Gender-Based Violence in Brazil: New Data Insights*. Waterloo: Cigi, 2023. (Supporting a Safer Internet Paper)

______. "Terms of Service as a Case of Legal Pluralism". Conferência Law and Society, 2014. Disponível em: <https://www.academia.edu/33055012/Terms_of_Service_as_a_Case_of_Legal_Pluralism>. Acesso em: 12 fev. 2023.

______; NERIS, Natália. "Elas vão feminizar a internet? O papel e o impacto do ativismo on-line para o feminismo no Brasil". *Sur*, v. 27, 2018. Disponível em: <https://sur.conectas.org/wp-content/uploads/2018/07/sur-27-portugues-mariana-valente-natalia-neris.pdf>. Acesso em: 29 jan. 2023.

______. "Para falar de violência de gênero na internet: uma proposta teórica e metodológica". In: NATAHNSOHN, Graciela; ROVETTO, Florencia (Orgs.). *Internet e feminismos*. Salvador: Edufba, 2019.

______; BULGARELLI, Lucas. "Not Revenge, Not Porn: Analysing the Exposure of Teenage Girls Online in Brazil". *Giswatch*, 2015. Disponível em: <https://genderit.org/sites/default/files/giswatch2015-brazil_o.pdf>. Acesso em: 15 out. 2022.

______; RUIZ, Juliana et al. *O corpo é o código: estratégias jurídicas de enfrentamento ao* revenge porn *no Brasil*. São Paulo: InternetLab, 2016.

VAN DEURSEN, Alexander J. A. M.; VAN DIJK, Jan A. G. M. "The First-Level Digital Divide Shifts from Inequalities in Physical Access to Inequalities in Material Access". *New Media & Society*, v. 21, n. 2, pp. 354-75, 2019.

VENTURINI, Anna Carolina; CARVALHO, Danyelle Reis; SALES, Fernando Romani et al. *Violações à liberdade acadêmica no Brasil: caminhos para uma metodologia*. São Paulo: Centro de Análise da Liberdade e do Autoritarismo (Laut), 2022. Disponível em: <https://laut.org.br/violacoes-a-liberdade-academica-no-brasil/>. Acesso em: 8 abr. 2023.

VIANNA, José; KANIAK, Thaís. "PF prende uma pessoa em operação contra racismo, ameaça, incitação e terrorismo praticados na internet". *G1*, 10 maio 2018. Disponível em: <https://g1.globo.com/pr/parana/noticia/pf-faz-operacao-contra-crimes-de-racismo-ameaca-e-incitacao-e-terrorismo-praticados-na-internet.ghtml>. Acesso em: 2 nov. 2022.

VNS MATRIX. *A Cyberfeminist Manifesto for the 21st Century*. Disponível em: <https://vnsmatrix.net/essays/manifesto>. Acesso em: 30 jan. 2023.

VOGELS, Emily A. *The State of Online Harassment*. Washington: Pew Research Center, 2021. Disponível em: <https://www.pewresearch.org/internet/2021/01/13/the-state-of-online-harassment/>. Acesso em: 8 ago. 2021.

VOTELGBT. *A política LGBT+ brasileira: entre potências e apagamentos*, 2022. Disponível em: <https://votelgbt.org/pesquisas>. Acesso em: 1º jun. 2023.

WAJCMAN, Judy. "Feminist Theories of Technology". *Cambridge Journal of Economics*, v. 34, n. 1, pp. 143-52, 2010.

______. *TechnoFeminism*. Cambridge; Malden: Polity, 2004.

WALDRON, Jeremy. *The Harm in Hate Speech*. Cambridge: Harvard University Press, 2012.

WARKEN, Julia; HELENA, Ligia. "Por que Stênio Garcia não se envergonha com o vazamento das fotos íntimas, e Marilene Saade sim?". *Geledés*, 2 out. 2015. Disponível em: <https://www.geledes.org.br/por-que-stenio-garcia-nao-se-envergonha-com-o-vazamento-das-fotos-intimas-e-marilene-saade-sim/>. Acesso em: 9 fev. 2023.

ZANELLO, Valeska. "Xingamentos: entre a ofensa e a erótica". In: Seminário Internacional Fazendo Gênero, n. 8, Florianópolis, 2008. Disponível em: <https://www.researchgate.net/publication/221706218_Xingamentos_entre_a_ofensa_e_a_erotica>. Acesso em: 1º jun. 2023.

Glossário

Advocacy: Prática de argumentação e defesa de causas e direitos, para influenciar políticas públicas, a sociedade e mesmo o setor corporativo.

Arquiteturas: A organização entre componentes técnicos, físicos ou não, e princípios que regem os usos, bem como suas relações entre si e o ambiente externo. O termo é usado para falar de plataformas digitais, de redes em si ou da tecnologia como um todo.

Big tech: As empresas mais dominantes no campo das tecnologias da informação e da comunicação. Pode se referir a empresas grandes e dominantes em geral ou ao conjunto das mais influentes, como por exemplo, num dado momento, o conjunto *GAFAM* (Google [Alphabet], Amazon, Facebook [Meta], Apple, Microsoft).

Câmaras de eco: Ambiente ou ecossistema de acesso a mídias em que, como resultado de oferta, lógicas de distribuição (como o funcionamento de algoritmos de curadoria), ou de sua própria demanda, participantes encontram-se em um espaço de amplificação de determinadas posições ou isolamento de contestação. O termo é usado frequentemente de forma leviana, sem levar em conta contextos mais amplos em que uma pessoa pode estar inserida.

Chan: Como são chamados os fóruns de debate anônimos na internet, podem ou não estar na *deep web* (ver adiante).

Código de conduta: Um conjunto de normas e orientações em uma organização. No contexto das políticas de internet, refere-se também a acordos voluntários entre empresas e reguladores, como feito na União Europeia, para avançar em certos temas ou como fase preparatória para uma regulação.

Cracker: Termo utilizado pela comunidade hacker para se referir a pessoas que violam sistemas com intenções maliciosas, normalmente ilegais. A intenção é diferenciar de hacker, que originalmente se refere a programadores avançados, capazes de resolver problemas complexos.

Deep web: Partes da internet não indexadas em mecanismos de busca, o que torna o acesso a elas mais difícil — oposição a "*surface web*", que é acessível a qualquer usuário da internet. *Deep web* inclui conteúdos protegidos por senha, bases de dados privadas (como o e-mail) e também a *dark web* — essa, a parte da internet escondida intencionalmente, protegida normalmente por criptografia, e que só se acessa com tecnologias específicas.

Deepfakes: Fotos, áudios e vídeos manipulados com inteligência artificial de forma a criar mídias que, embora convincentes, referem-se a situações que não ocorreram ou não são retratos da realidade. Normalmente, *deepfakes* são usados para artificialmente inserir uma pessoa em uma situação na qual ela não esteve. Conteúdo manipulado por processos algorítmicos, também é chamado de "mídia sintética".

Digital divide: Traduzido ora como brecha digital, ora como exclusão digital, refere-se ao acesso desigual à tecnologia, seja a equipamentos — computadores, smartphones etc. —, seja à própria internet. Há várias teorizações sobre *digital divide*, críticas ao conceito e, em geral, entende-se que é resultado de desigualdades, podendo também engendrar outras ou amplificar as existentes.

Dog-piling: No contexto de mídias sociais e violência on-line, o termo refere-se a ataques em massa, envolvendo grupos de pessoas que direcionam assédio ou abuso a alguém ou um grupo específico.

Doxxing: Também grafado como *doxing*, é a prática de publicar informações pessoais — como endereço, número de telefone, ou documentos — sem o consentimento da pessoa envolvida. Normalmente, o termo refere-se a contextos intimidatórios, em que a publicação das informações é feita para causar medo de outras violências.

Filtros-bolhas: Refere-se ao estado de limitação ou isolamento ideológico-intelectual em ambientes homogêneos, causado por algoritmos de curadoria em mecanismos de busca e mídias sociais. Difere-se de *câmara de eco* pela centralidade posta nos algoritmos e na personalização passiva. Há um debate acalorado sobre a adequação ou não desse conceito para dar conta dos fenômenos a que ele se refere.

Gaming the system: Usar conhecimento a respeito de regras e procedimentos para obter resultados não pretendidos por aquelas regras e conhecimentos. No contexto de serviços digitais, refere-se a burlar os efeitos pretendidos por regras e algoritmos, como, por exemplo, usar uma grafia alternativa para que uma palavra não seja capturada por filtros de conteúdo.

Gore: Do Inglês, sangue derramado como resultado de violência. No contexto, refere-se a conteúdos de violência explícita — como imagens gráficas de tortura, estupro e/ou assassinato — que são facilmente encontrados na *deep web* (ver acima).

Hacker: Vem de *hack*, solução técnica inteligente ou engenhosa por meios não óbvios. O termo *hacker* admite diversas conotações: entre o que se chama de comunidade hacker, é um distintivo que se refere a habilidades computacionais e uma tendência a buscar soluções, envolvendo inclusive um conjunto de valores e uma estética. Na imprensa e na linguagem comum, o termo refere-se frequentemente a pessoas de conhecimento técnico com intenções maliciosas (normalmente a invasão de sistemas informáticos). Ver também *cracker*.

Harassment: No contexto da internet, corresponde a diferentes formas de assédio, intimidação e violência on-line. Por exemplo, a disseminação de imagens íntimas sem consentimento (ver *Non-consensual intimate images*).

Harms: No campo de discussões de políticas de internet, a palavra *harm* é muito utilizada. Infelizmente, "dano" parece não traduzi-la tão bem. *Harm* expressa um mal, um prejuízo para além da ideia de dano, que parece muito quantificada. Na falta de uma palavra melhor, seguimos com "dano".

Helpline: Serviço telefônico on-line de apoio e aconselhamento, normalmente organizado em torno de temas específicos.

Impersonation: Fazer-se passar por outra pessoa. No contexto de violências on-line, é uma prática que visa gerar danos reputacionais, ganhar acesso a outras pessoas ou meramente intimidar. Normalmente envolve a criação de contas ou páginas falsas em nome de outra pessoa.

Mainframe: No início da história da computação, referia-se a descrição física dos primeiros sistemas computacionais. Os *mainframes* eram abrigados em espaços físicos enormes, que exigiam grande alimentação de energia elétrica e ar condicionado. Hoje, o termo refere-se a um servidor potente, de alta capacidade, que serve como um repositório central em uma organização, ao qual se conectam dispositivos menos potentes. Com o aumento de capacidade de processamento de máquinas menores e a distribuição progressiva de funções computacionais, *mainframe* vem sendo cada vez mais utilizado como um tipo de operação, em vez de uma máquina singularizada.

Moderação de conteúdo: Em conceituação ampla, é a elaboração, implementação e aplicação de políticas próprias de conteúdo pelos provedores de aplicação de internet. Um conceito mais estrito restringe a moderação de conteúdos aos processos específicos utilizados pelas plataformas sobre contas e conteúdos que violam seus termos de uso, não apenas sobre sua disponibilidade (práticas de remoção de conteúdo ou suspensão de perfis), mas também sua visibilidade (como redução de alcance ou proeminência) ou credibilidade (adição de informação complementar, superposição de tela de aviso etc.). A moderação de conteúdo pode envolver ações humanas, automatizadas, ou uma combinação dos dois.

Non-consensual intimate images (NCII): Imagens íntimas não consensuais, ou disseminação não consentida de imagens íntimas, conceito utilizado para dar conta da prática de envio ou distribuição de imagens envolvendo nudez ou práticas sexuais sem a autorização da pessoa retratada. É um conceito que descreve a prática de forma mais adequada que "pornografia de vingança" ou *revenge porn*, mas que também é objeto de críticas, como discutido neste livro.

Proxy: Variável que se apresenta no lugar de outra, mas que indica essa outra. Por exemplo, um algoritmo pode usar o endereço de uma pessoa como *proxy* para seu pertencimento étnico-racial, que não está disponível ou cujo uso é proibido. Assim, o endereço não é a informação étnico-racial, mas serve para identificá-la de forma mais ou menos competente.

Rabbit holes: Toca de coelho, em tradução literal do inglês. Pode ser usada como descrição de ambiente ou situação confusos ou de difícil entendimento. No contexto da internet, faz referência a um assunto extremamente envolvente e que consume a atenção e o tempo do usuário.

Revenge porn: Pornografia de vingança, termo (ruim) para se referir à disseminação não consentida de imagens íntimas (ver *Non-consensual intimate images*). É ruim por descrever de forma imprecisa e envolver elementos normativos — "pornografia" remete a um campo de produções próprio e, além de grande parte dos casos não envolver "vingança", esse termo estabelece uma relação de justificação com o suposto comportamento anterior da vítima.

Sextorsão: Junção de *sexo* e *extorsão*, refere-se à ameaça de distribuição de imagens de nudez ou de práticas sexuais para obter algum comportamento específico ou vantagens materiais.

Spyware: Tecnologias utilizadas para espionagem. No contexto, refere-se normalmente a aplicações instaladas secretamente nos dispositivos das vítimas, para obter informações privadas como conversas, e-mails, imagens, localização.

Stalkerware: Aplicações de *spyware* usadas para perseguir uma pessoa, obtendo informações sobre suas movimentações e relacionamentos (como forma de *stalking* — ver abaixo). A especificidade do *stalkerware* em relação ao *spyware* é o contexto de utilização — enquanto *spyware* pode ser usado, por exemplo, para monitoramento político, o *stalkerware* é frequentemente usado no contexto de violência doméstica ou de monitoramento obsessivo de uma pessoa por outra.

Stalking: Monitorar ou perseguir alguém de forma reiterada e não desejada. Independentemente da intenção de causar medo ou intimidação, esse é frequentemente seu resultado. A literatura mostra ligações importantes entre *stalking* e normativas e desigualdades de gênero.

Technology-facilitated gender-based violence: Violência de gênero facilitada por tecnologias. A tecnologia como simplificadora de práticas já conhecidas, ou como a base para novas formas de violência, imbuídas das desigualdades de gênero presentes na sociedade.

Think tank: Organização de pesquisa que também oferece recomendações de *policy*, ou seja, políticas públicas e privadas, em temas como sociedade, cultura, política e economia.

Trolling: Prática dos *trolls*, cujo comportamento tem como alvo um indivíduo, grupo, ideia ou causa, e um horizonte duplo: atingir o alvo e desestabilizar ou desvirtuar um debate ou ambiente on-line.

Trust and safety: "Confiança e segurança" em tradução literal. É um campo de práticas profissionais realizadas por serviços digitais para gerenciamento de riscos envolvendo conteúdo e conduta de usuários, combatendo violências on-line, promovendo direitos e bem-estar dos usuários, e tendo em vista a própria reputação. É um campo que envolve as políticas dos serviços e sua aplicação, bem como a relação entre autoridades e usuários ou grupos que os representem.

Zoombombing: Atos de perturbação durante videochamadas por pessoas não identificadas, que geralmente compartilham a tela e o áudio com conteúdos violentos. O *zoombombing* é uma forma específica de *trolling* (ver anteriormente).

Índice remissivo

Canada

This work was carried out with the aid of a grant from the International Development Research Centre, Ottawa, Canada. The views expressed herein do not necessarily represent those of IDRC or its Board of Governors

[Obra editada com o apoio do International Development Research Centre, Ottawa, Canadá. As opiniões aqui expressas não representam necessariamente a opinião do IDRC ou de seus representantes]

INTERNETLAB

A marca FSC® é a garantia de que a madeira utilizada na fabricação do papel deste livro provém de florestas gerenciadas de maneira ambientalmente correta, socialmente justa e economicamente viável e de outras fontes de origem controlada.

EDITORA Eloah Pina
ASSISTENTE EDITORIAL Millena Machado
PREPARAÇÃO Leonardo Ortiz Matos
REVISÃO Denise Camargo e Geuid Dib Jardim
ÍNDICE REMISSIVO Probo Poletti
DIRETORA DE ARTE Julia Monteiro
CAPA Fernanda Ficher
IMAGEM DE CAPA Felipe Hellmeister
PROJETO GRÁFICO Alles Blau
EDITORAÇÃO ELETRÔNICA Página Viva

Dados Internacionais de Catalogação na Publicação (CIP)
(Câmara Brasileira do Livro, SP, Brasil)

Valente, Mariana
Misoginia na internet : uma década de disputas por direitos / Mariana Valente. — São Paulo : Fósforo, 2023.

Bibliografia.
ISBN: 978-65-84568-33-4

1. Cibernética 2. Discurso de ódio na Internet — Legislação — Disposições penais 3. Misoginia 4. Redes sociais on-line 5. Violência contra a mulher 6. Violência de gênero — Direito e legislação I. Título.

23-161852 CDU — 34:681.324(81)

Índice para catálogo sistemático:
1. Brasil : Crimes cibernéticos : Aspectos jurídicos : Direito 34:681.324(81)

Tábata Alves da Silva — Bibliotecária — CRB-8/9253

Editora Fósforo
Rua 24 de Maio, 270/276, 10º andar, salas 1 e 2 — República
01041-001 — São Paulo, SP, Brasil — Tel: (11) 3224.2055
contato@fosforoeditora.com.br / www.fosforoeditora.com.br

Este livro foi composto em GT Alpina e
GT Flexa e impresso pela Ipsis em papel
Pólen Natural 80 g/m² da Suzano para a
Editora Fósforo em julho de 2023.